U0142569

圖解
著作權法

曾勝珍、黃鋒榮 著

三版序

　　感謝五南靜芬副總編與伊真責編和眾編輯們的協助，讓圖解著作權法第三版可以順利完成。

　　本書共同作者，黃鋒榮先生是我執教研究所早期的研究生，他取得兩個碩士學位後旋即取得會計師執照，並進入博士班進修，鋒榮與我師生情緣延續多年，此本著作亦是印證。此次改版，多賴他的辛勤付出，我真是與有榮焉。

　　2022年8月我應中國醫藥大學的盛情邀請，於科技法律碩士學位學程擔任專任教授，2023年8月榮任社會科學中心主任，特別感謝人科院陳悅生院長、牛惠之主任與周瑋琳小姐的協助。

　　這本書改版期間，我的孫兒女們與狗兒子們，一如既往，給我最大的快樂；我的可愛的研究生們，帶給我最大的成就感。最後，我尤其感謝最支持我學術研究和教學工作的先生與女兒、女婿、兒子們、媳婦們，沒有家人們強大支援與後盾，不可能產生累計至這本書（我的第28本著作）的產出。

曾勝珍

謹序於2023年8月
中國醫藥大學

 **自序**

研究論文到圖解叢書的企圖

　　寫學術論文的挑戰性與成就感，僅能與少數對拙作議題有興趣的小眾分享，相對地，因受限於市場與一般性讀者的接受度，包括我的親人或好友們，總是提出疑惑：不能寫比較淺顯好理解的書嗎？

　　當五南編輯靜芬與振煌向我邀書——出版圖解智財系列叢書時，也是用這個論點和我溝通，希望我以執教技職體系多年的經歷，向學子們或社會人士推廣保護智慧財產權，同時也是維護自身權益的觀念，而起點則是著作權法；說實話，出版論文專書我有把握，但要寫一般性、淺顯易懂的概念推廣法律觀點，又要配合插圖及表列式的說明，我覺得這是我至今的出書經驗中最困難的挑戰。

　　2009年從嶺東財法所畢業的黃鋒榮先生是我的高徒，早年已取得國立中山大學企管所的碩士學位及高考資格的他，碩士論文主題即是著作權法，這本書由我們共同執筆，有賴他蒐集資料並撰寫初稿，為師我才沒有打退堂鼓，可以說能有機會指導這麼優秀的學生，是教學一大樂事，畢業後並繼續投稿著作權法相關議題等學術論文，出版前夕，他甫通過會計師考試，更是可喜可賀之事。此外，財金所珈如及財法所祥維協助本書校稿，祥維更以設計專業提供書中圖稿的寶貴建議，這本書呈現師生情誼的美好紀念。

　　我的好朋友們在我進行這本書時對我鼓勵甚多，首先謝謝簡雅莉小姐對我在交通及生活上的協助，尤其是疏導我情緒的部分；林迪芬小姐幫我讀第一頁初稿，十分認真的做筆記，而且隨時督促我全書進度；一樣感謝我摯愛的家人，並向恩師陳文吟老師與郭振恭老師行弟子禮，勝珍會繼續在智財與科法領域積極努力。

曾勝珍
謹誌於嶺東科技大學財經法律研究所

 **自序**

我的初體驗

剛收到劉副總編輯電子郵件通知：『圖解著作權法』一書圖頁已經完成，2012年3月可以上市。當我正瞭解狀況時，恩師的電子郵件也到了，她也要我寫一篇序言；在我想找理由推辭，她已寫好自己的序言傳給劉副總編輯，並副知我；所以，這本書中就出現兩篇作者的自序。這樣的節奏與發展，正是促成本書誕生的原動力，也是運作的標準模式。這一切成果，首先要感謝恩師——曾勝珍教授耐心的引領與無限的付出，而被她動員支援各項工作的幕後英雄們，對本書文字內容與圖稿增校，讓原來粗澀的內涵變得甜潤，加上劉副總編輯率領的五南編輯團隊，嚴格的品質控管，讓我著實感佩，一併致上十二萬分謝意。

2008年底，我還在趕碩士論文時，恩師已構思編寫『著作權漫談』，以小珍、小明兩位小朋友與曾教授的對話，輔以漫畫插圖，用100則生活中的故事，介紹簡單的著作權觀念，先由黃雪芬與蔡欽文兩位同學負責起稿，我在完成論文後，也投入試著去編故事，進行半年多，才完成近20則初稿，經恩師與劉副總編輯審閱、討論後，認為應改變風格，轉成以淺顯易懂的文字說明，配合圖表方式，向國中以上學生與一般民眾介紹著作權法。此時，雪芬與欽文已在準備國考、論文而退出，頓時成為「四個孩子的媽」帶領一位「五十多歲的學生」的組合，師生在加拿大與臺灣間的來回傳遞，經近3年無數次的修正才完成文字稿，而圖稿部分則完全由恩師負責，其所承受的艱辛，非我所能比擬。

我個人是法律的門外漢，雖然教過7年的小學，也在公部門的經建部門服務多年，總覺得法學素養的不足，在嶺東科技大學財經法律研究所進修，承蒙恩師在智慧財產權、郭振恭老師在親屬與繼承法、黃清溪老師在商事法與法理學等方面的指導，讓我能增添不少功力，「學然後知不足」寫了才知道「江郎才盡」，要能深入淺出，我會再加努力。

著作權與我們日常生活息息相關，每天看書報、聽音樂、上網瀏覽下載資源等例行活動，逛街看電影、欣賞戲劇或表演、參觀畫展或建築等休閒活動，在不時地接觸他人著作的同時，我們也不經意地在創作，寫日記、畫張圖、拍個風景照……等等，您已成為一位作家。您或許很訝異，怎麼自己是作家而不自覺，一點也不會騙您，當您完成這些作品的那一刻起，就是著作權法中的著作人（俗稱作家），同時授予著作權（精準的說是著作人格權與著作財產權），這權利不但內容豐富多樣，而且大多數會跟隨您一輩子後，還能再延續50年，也就是說，它會存在比您更久，一定成為您身後遺產的一部分，詳細內容，請您翻閱本書吧！

今年「兩蔣日記」所有權爭議話題，就是很典型的例子，先總統蔣中正與蔣經國兩位先生，生前每天所寫的日記，在逝世二、三十年後的今天，他們第三代、第四代的子孫（媳）

還為此批遺產的所有權歸於誰，上法院對簿公堂呢！其實，國內許多名人，例如故中央研究院院長胡適先生及武俠小說家古龍（本名熊耀華先生）與司馬翎（本名吳思明先生）也發生類似情形，當您看完這本書，瞭解著作權的內容後，您可能會仔細檢查擁有多少的著作財產權，有空時列出清單吧！

　　最後，要感謝家人能容忍，當妳們看電視時，我是看著筆電寫作。更要感謝所有讀者的支持，您們的購買與閱讀是所有作者的最大鼓勵，本書中有不周詳或未盡理想之處，有待您的指正，謝謝大家！

黃鋒榮
寫於美麗的花園鄉城——南投中興新村

本書目錄

我國由經濟部主管

天涯若比鄰

國民待遇與互惠協定

首次發行

憲法、法律、命令或公文

中央或地方機關就憲法、法律、命令或公文所作成的翻譯物或編輯物

標語及通用之符號、名詞、公式、數表、表格、簿冊或時曆

單純為傳達事實之新聞報導所作成之語文著作

依法令舉行之各類考試試題及其備用試題

定義

世界各國規範

我國規定

第 2 章 著作權法的用語

版權是通俗說法

常見的授權寫法

著作物是著作所附著之物

著作是作者的表達

訂定契約注意正確用語

何謂著作人

影子作家

何謂著作權人

本書目錄

第 3 章 著作的類型

本書目錄

第 **5** 章　著作人格權

本書目錄

第6章 著作財產權的種類

第 ⑦ 章 著作財產權的存續期間、行使與消滅

本書目錄

第 8 章 著作權的合理使用與強制或法定授權

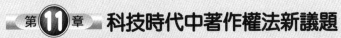

本書目錄

第1章

著作權法的基本概念

●●●●●●●●●●●●●●●●●●●●●●●●●●● 章節體系架構

UNIT 1-1
著作權法的世界觀

圖解著作權法

（一）世界第一部著作權法

世界第一部著作權法是英國國會在1709年12月12日通過的安妮法案（The Statute of Anne），並於1710年4月10日施行；我國自1928年國民政府頒布著作權法起，至今歷經17次修正，2013年1月22日是最新一次的修正。著作權源自英文copyright，也就是複製權，此乃因過去印刷術不普及，當時社會認為附隨於著作物最重要之權利，莫過於將之印刷出版之權，故有此稱呼。

（二）我國第一部著作權法律

國內民間亦有沿用日本之用法，將著作權稱為版權，但是中文最早使用「著作權」一詞，可推至中國第一部的著作權法律——大清著作權律時，即開始以著作權稱之，並沿用至今，因此版權並非法律用語，也不是正確的用法。

（三）伯恩公約

國際最早之著作權公約為伯恩公約（The Berne Convention for the Protection of Literary and Artistic Works），它可溯源自國際文學作家協會（Association litteraire internationale，1878年成立於法國巴黎之非政府組織）經數年討論後，在1886年9月9日由比利時、法國、德國、大不列顛、海地、義大利、賴比瑞亞、西班牙、瑞士及突尼西亞等10國於瑞士首都伯恩簽署了「保護文學及藝術著作之伯恩公約」（The Berne Convention for the protection of literary and Artistic works），並自1887年12月15日生效，目前有164個會員國。

（四）羅馬公約

隨後陸續有1961年之「保護表演人、錄音物製作人及廣播機構之國際公約」（簡稱為羅馬公約Rome Convention）及1971年7月在巴黎簽訂之世界著作權公約（Universal Copyright Convention, UCC）。

（五）與貿易有關之智慧財產權協定

世界貿易組織（World Trade Organization, WTO）之「與貿易有關之智慧財產權協定」（Trade Related Aspect of Intellectual Property Rights, TRIPS）及世界智慧財產權組織（World Intellectual Property Organization, WIPO）1996年12月20日外交會議通過之「表演及錄音物條約」（WIPO Performances and Phonograms Treaty, WPPT；目前有68個締約國）及「著作權條約」（WIPO Copyright Treaty, WCT；至今已有70個會員國），均是世界各國在制定其國內著作權法或是與其他國家在貿易中涉及彼此國民間著作權保護時，彼此相互遵守的重要國際公約。

小博士解說

我國在1990年1月1日依據關稅及貿易總協定（創立於1948年，為WTO的前身）章程第33條規定，以在對外貿易關係上具自主權地位的「台灣、澎湖、金門及馬祖個別關稅領域」向GATT秘書處提出入會申請，歷經多年努力，終於在2001年完成各項雙邊與多邊入會經貿諮商。於2002年1月1日成為WTO正式會員，因此我國也受到上述協定及公約之限制。

著作權法的歷史

世界第一部著作權法
安妮法案（The Statute of Anne）

1709年12月12日　通過

1710年4月10日　施行

我國著作權法

1928年5月14日國民政府　頒布

至今歷經21次修正

2022年6月15日是最新一次的　修正

國際公約

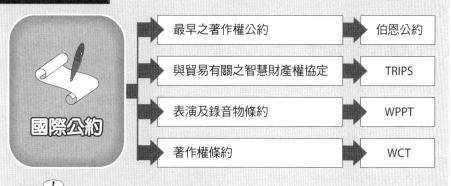

國際公約

最早之著作權公約	伯恩公約
與貿易有關之智慧財產權協定	TRIPS
表演及錄音物條約	WPPT
著作權條約	WCT

知識補充站 ★世界貿易組織

世界貿易組織（World Trade Organization）於1995年1月1日正式誕生，成為接替關稅暨貿易總協定的國際貿易機構，它的任務是監督國際商務活動，並負責清除世界貿易的障礙，總部設在日內瓦，關貿總協的一百多個會員國，經過長達七年的烏拉圭回合貿易談判，於1993年12月15日始達成世界貿易協定，並於1994年4月15日簽訂最終協議，奠定成立世界貿易組織的法源。台灣於2002年1月1日成為WTO正式會員，因此也受到上述協定及公約之限制。

UNIT *1-2*
著作權法的立法目的

圖解著作權法

著作是作者智慧的結晶，其著作權需要著作權法來保護，但不可諱言的，作者所創作之著作，仍是先前人類經驗、智慧的延伸與累積，並非全是自己所創見，同時，著作也要透過流通，讓其他人使用，才能創造出其經濟價值，所以著作權法肩負作者或著作權人與使用者間權益的平衡。簡單的說，著作權法像天平般，均衡著作者或著作權人之個人權益與使用者之社會公共利益；它是一部保護著作所有權人及其著作的法律，也是保護智慧財產權制度中重要的一環；著作所有權人透過著作權法的賦予，享受各種專有、獨占的權益，但同時為促進國家文化發展的需要，著作權法也對這些權益給予相當程度的限制，讓許多使用者可在法定或合理範圍內利用著作。

（一）獎勵作者的創作

著作權保護的目的是用來保護人類的精神創作，尤其是與文化有關的精神創作，例如文學、藝術、科學等。因為文化方面的創作是人類思想的泉源與智慧的結晶，屬於人類文化資產的一部分，對於人類文化的進步與發展有所貢獻；若是著作人的創作受到他人之侵害，則可能會使著作人無意願再發表其創作，這將是人類文化上的損失。例如，到網路上未付費即下載你喜愛歌手的新歌，使歌手及唱片公司收不到版稅，結果可能使你喜愛的歌手發行的唱片未能達到銷售業績，使歌手再無發行唱片之機會，對於喜愛他的樂迷不是一大損失嗎？同時，若是大多數的著作人都因而不願意再創作，將使人類的文化發展停滯不前，對於社會與國家的進步將是有害而無益的。

（二）調和社會公共利益

智慧財產權的保障與結構，一向萌生提升人類思想產品，使劍及履及的法規保護能如影隨形在創作人身旁，藉此鼓勵創作人的發表欲望，否則再優秀的心血結晶無法公開於世或為世人欣賞，宛若深谷幽蘭孤芳自賞實為遺珠之憾，為保障著作權人的著作權益，使著作人願意將其作品公開或授權給他人使用，並能從中得到精神及實質上的肯定，也就是使用者付費，創作者能得到適當的對價，藉此調和社會公共利益，促進國家文化發展。

（三）促進國家文化發展

人類之文化精神上創造，例如文學、科學、藝術或其他學術範圍，都是現代人常見之創作，創作人可能在不自覺且不間斷的情況下，累積豐富的著作權資產，也成為人類文化結晶的一部分。因此，世界各先進國家均以立法規範，一方面保障創作者的權利，另一方面亦給予相當之限制，以促其流通性，讓創作能因共享而綿延不斷，增進人類文化之發展。

🙂 小博士解說

著作權法上所存在特有之「對著作權之限制」制度，是為達成調和著作人與公眾利益之使命所必須的設計，通常採法定著作權保護期間之限制、法定與強制授權制度、合理使用與法定例外規定等方式，基於公益而針對著作權予以限制。

著作權法保護的目的

保障作者的權益 → 促進國家文化發展 → 調合社會公共利益 →

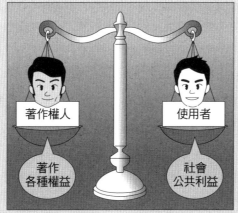

著作權人 — 著作各種權益

使用者 — 社會公共利益

知識補充站

財團法人台灣網路資訊中心公布2022年《台灣網路報告》調查結果顯示，台灣網路使用率與相關應用服務逐年增長，而提升資訊素養、鼓勵創新科技、縮短數位落差，將是影響台灣推動整體數位轉型發展中之三大關鍵議題。目前台灣民眾的整體上網率為84.3%，固網寬頻用戶普及率為65.32%，行動寬頻用戶普及率為81.47%，5G使用率為18.98%。上網率與行動上網普及率皆較去年增長。台灣民眾的上網頻率以一天數次為多，有兩成民眾幾乎一直上網。

UNIT **1-3** 著作權制度

（一）註冊與創作保護主義

從作者創作的觀點，將自己的思想或感情表達出來，讓其他的人能感知到創作的內容，著作就誕生了，這著作的權利就應屬於作者所享有。但是，由於時空環境變遷與科技或媒體發展，政府對於人民思想與言論自由的開放程度，以及大眾對著作使用多樣方式，有關著作權的保護制度，已揚棄最早期的許可制，依目前各國立法例，大致可分為下列兩種：❶註冊保護主義：即創作完成後，尚須向國家主管著作權機關履行註冊手續，始能取得著作權，受著作權法之保護；❷創作保護主義：依著作權法規定，著作人有完成創作的事實，不須經過申請或登記，即自動取得法律上保護，所以又稱為「自然發生主義」。

（二）我國採創作保護主義

早期世界各國對於著作權之保護，大多採用註冊保護主義，惟自伯恩公約簽訂以來，即主張創作發生時，著作權即產生並建議世界各國採行創作保護主義，並以著作權法來保障著作權人享有之權利。雖然在創作保護主義精神下，採用只要著作完成，並不須經過任何程序或手續，就可擁有著作權，這對著作權人的保障而言，簡單且明確。

我國著作權法於1985年起採取「創作保護主義」，也就是當 著作人完成屬於文學、科學、藝術或其他學術範圍之創作時，即產生著作權，並受著作權法之保護，不需經過登記或註冊的手續。

（三）當事人舉證責任

有人認為沒有了註冊登記的程序，缺少了主管機關核發的登記證明文件，以及登記後的公示制度，反而在權利歸屬發生爭議時，著作權人的舉證責任也隨之加重。因此，須提醒著作權人特別注意的是，應該保留如著作原稿、原件、設計草圖等創作過程及發行或其他有關資料，作為將來證明自身著作權之依據，日後若有發生著作權爭議時，著作權人可以將其創作過程的資料提出，當作有利之證據。

綜上可知，其實對於著作權之保護制度，不論採「創作保護主義」或「註冊保護主義」，都可以本於著作人於著作完成時即享有著作權之精神，給予著作權人應有之保護。

（四）註冊或登記僅為行政管理措施

辦理註冊或登記制度，大多不針對是否符合著作要件及其著作內容進行實質審查，而僅針對所提出申請的書件作形式審查，並核發證明文件，申請人只是透過主管機關之公示系統，提供該著作已存在之訊息。至於事後如發生權利歸屬爭議時，包括該著作權之存在（是否符合著作要件或有無抄襲之情形？），主張權利者是否為真正之作者或合法之著作權人等等，亦無法單憑主管機關核發的登記證明文件，即可完全確認，主張著作權人仍須提供其他相關佐證資料，接受法院實質的檢視。在註冊保護主義下，縱使著作權法僅適用於經向主管機關完成註冊登記之著作，而未經註冊登記之著作，雖然不能享受著作權法之保護，但除其著作物為物權外，其著作仍為著作人之權利，同受民、刑法之保障，如有受侵害之情事，仍可依民、刑法之途徑尋求救濟。

著作權的保護制度

著作權的
保護制度

註冊保護主義 → 創作完成後，尚須向國家主管著作權機關履行註冊手續，始能取得著作權，受著作權法之保護

創作保護主義 → 依著作權法規定，著作人有完成創作的事實，不須經過申請或登記，即自動取得法律上保護，所以又稱為「自然發生主義」

當事人舉證責任

你抄襲我的畫！

將著作權制度區分成「註冊保護主義」與「創作保護主義」二種，是學者為區別所擬制的學術名詞，世界各國及我國之著作權法中均未有這些用詞，雖然二者保障制度不同，但並不是代表二者對權利之發生看法不同，甚至二者有時仍可併存，例如上述我國在1985年至1998年間，雖認為已由「註冊保護主義」改為「創作保護主義」，但在著作權法條文中與實務上仍保有註冊或登記制度；另大家都認定美國著作權法採「創作保護主義」，但是仍保留著作人向國會圖書館（下設著作權局）申請註冊登記之規定，均是可見的實例。

UNIT **1-4**
著作的積極條件與消極條件（一）

圖解著作權法

著作係指屬於文學、科學、藝術或其他學術範圍之創作，一般認為著作須具備積極的條件與消極的條件，分別說明如下：

（一）積極的條件

❶須具有原創性

原創性之意義，有認為源於英文「originality」，英國法院由「辛勤原則」與「獨立創作」的概念，發展出現代英國著作權制度中「獨立完成（即非抄襲）和足夠的創作投入」的原創性標準。也有人認為是從美國憲法中著作權條款上的「author」及「writings」而來，經美國法院累積在個案中對此二字之定義不斷的解釋，引申出「作者獨立完成且須具備最低程度之創作性」作為作品是否受著作權保護的標準。

國內學界將原創性定義為「係指著作人基於其人格精神而獨立所作，以表達其思想、感情或個性，並具有最低程度之創意（minimal requirement of creativity）者」，與美國法院的實務見解相似。但是國內法院實務界的看法卻有不同，有些認為「本於自己獨立之思維、智巧、技匠而具有原創性之創作，即享有著作權。但原創性非如專利法所要求之新穎性，倘非重製或改作他人之著作，縱有雷同或相似，因屬自己獨立之創作，具有原創性，同受著作權法之保障。」也有認為「即使與他人作品酷似或雷同，如其間並無模仿或盜用之關係，且其精神作用達到相當之程度，足以表現出作者之個性及獨特性，即可認為具有原創性；惟如其精神作用的程度很低，不足以讓人認識作者的個性，則無保護之必要。」所要求的標準寬嚴不一。本文以為，其實原創性的標準不需要要求太高，只要在客觀上不是重製或抄襲他人著作，而是作者自己獨立完成的創作，即可認定為著作，至於其創作程度高低或所能表現的個性等較主觀的看法，正如這著作的價值一樣，可交由讀者或市場去判定，法律或許不須介入去界定它。

❷須具有客觀的一定形式

創作既然是思想與感情的表達，就必須依一定形式表現在外部，讓一般人得以觀察到它的存在，例如以語文敘述人的思想與感情，或用顏色筆觸彩繪風景，及以五線譜來表達音樂旋律等，均是將思想與感情以一定形式表現在外部。因此，對於著作權僅及於該著作表達的保護，而思想、程序、製程、系統、操作法、概念、原理、發現等，並不受著作權法的保護。

著作雖然要有一定形式的表現在外部，但並不以「固著性」（fixation）為著作受保護的要件，例如以聲音作演講或身體動作表演舞蹈，只要著作一經完成，並符合其他要件，不需要將著作以錄音或錄影方式附著在錄音帶或CD等有形物體，即以無形的形式也能成為著作，並獲得著作權的保護。

由於現代科技進步，電腦已被廣泛的作為繪圖及文字書寫之工具，一般繪圖者利用電腦繪圖系統程式，藉光筆或滑鼠的操作運用完成描繪、著色及書寫之行為，均需憑操作者之經驗與靈感，非電腦可代為判斷，此為思想或感情之表達，即為創作之行為。

著作權的積極條件

著作權的積極條件

須具有原創性
原創性的標準不需要要求太高，只要在客觀上不是重製或抄襲他人著作，而是作者自己獨立完成的創作，即可認定為著作。

須具有客觀的一定形式
創作既然是思想與感情的表達，就必須依一定形式表現在外部，讓一般人得以觀察到它的存在，例如以語文敘述人的思想與感情，或用顏色筆觸彩繪風景，及以五線譜來表達音樂旋律等，均是將思想與感情以一定形式表現在外部。

須屬於文學、科學、藝術或其他學術範圍
我國著作權法將著作界定在文學、科學、藝術或其他學術等，其適用範圍極為廣泛。

須非不受保護之著作
有些著作之內容為事實性報導，或為公部門之法令規章，與公益關係密切，其目的本在使公眾能加以了解其內容，為增加公眾對此類著作有較多接觸之機會，而將其排除於著作權所保護之著作之外，成為公共領域之著作，任何人均得自由使用。

如果有一個攝影比賽，50個人都站在同一個位置取景，即使拍出來的照片都很雷同，然而只要是自己拿著相機拍下來的作品，就沒有抄襲的問題，如果某甲是拿別人的攝影作品翻拍，抄襲創作者的創作，就是侵害著作權的行為。

UNIT **1-5**
著作的積極條件與消極條件（二）

「著作」是作者思想或感情表達創作的結果，但不強調固著在有形的媒體上，可以是無一定物理型態的抽象觀念；「著作物」則成為著作所附著的物，它是將「著作」具體化固著於某種具有物理型態的外型媒體。這樣的區分，主要在避免將「著作權」與「物權」二者混淆，「著作」為著作權之標的，而「著作物」為物權之標的。

❸須屬於文學、科學、藝術或其他學術範圍

我國著作權法將著作界定在文學、科學、藝術或其他學術等，其適用範圍極為廣泛。美國最高法院法官霍姆斯（Holmes）認為天才的著作通常容易被誤解，他們新奇的創作，在大眾學會前容易被排斥；而大眾喜歡的照片，可能大多會被受較高教育的法官，認定它並沒有美感與教育價值，不應受著作權保護。基於「保護天才的著作」與「尊重公眾之品味」之考量，將其著作的領域予以放寬，以保護更多元的文化創作，值得我們斟酌的參考。

❹須非不受保護之著作

由於有些著作之內容為事實性報導，或為公部門之法令規章，與公益關係密切，其目的本在使公眾能加以了解其內容，為增加公眾對此類著作有較多接觸之機會，而將其排除於著作權所保護之著作之外，成為公共領域之著作，任何人均得自由使用。

（二）消極的條件

在我國司法實務上，會考慮著作本身的適法性問題，認為著作權法所保障之對象，除個人或法人智慧之著作，使著作物為大眾公正利用外，並注重文化之健全發展，係以符合社會公共利益為目的，亦即所保障之著作，本身需具有適法、確定及不違背公共秩序或善良風俗之特質，如著作本身雖係由特定人所創作，然其內容在客觀上有礙維持社會秩序或違背公共利益之著述，既無由促進國家社會發展，且與著作權法之立法目的有違，基於既得權之保障仍需受公序良俗限制之原則，即難謂受著作權法之保護。

😊小博士解說

有關「色情雜誌」或「A片」在我國是否有享有著作權，主管機關經濟部智慧財產局認為，不論是本國或外國，應視具體個案內容是否符合著作的要件而定，如具有創作性，仍可視為著作權保護的標的。但司法實務上，則認為色情錄影帶、光碟等，有礙社會秩序或違背公共利益，無法促進國家社會發展，違背著作權法立法目的，基於既得權保障仍須受公序良俗限制的原則，即不屬於著作權法所稱著作，自不受著作權法不得製作或販賣的保障；如果有盜版、販賣盜版色情錄影帶、光碟的案件發生時，則以刑法第235條妨害風化罪處罰，並不適用著作權法相關規定。

著作權的消極條件

著作權
的消極條件

具有適法之特質

具有確定及不違背公共秩序之特質

具有確定及不違背善良風俗之特質

著作與著作物的概念

著作 → 是作者思想或感情表達創作的結果,但不強調固著在有形的媒體上,可以是無一定物理型態的抽象觀念。

著作物 → 成為著作所附著的物,它是將「著作」具體化固著於某種具有物理型態的外型媒體。

注意 我國著作權法作這樣的區分,主要在避免將「著作權」與「物權」二者混淆,「著作」為著作權之標的,而「著作物」為物權之標的。

知識★★★
★補充站

所謂之「固著」,係指由著作人或經其授權者,將著作永久或相當穩定地具體化於重製物或錄製物,以供於非短暫之存續期間內感知、重製或傳播。依美國著作權法之規定,著作物須以有形之形式(tangible)為保護要件,如啞劇、舞蹈表演或單純口述語文著作,雖已經以言語、聲音等方式表達其創作,因其尚未固著於有形物件上,不符合著作權法所要求之「固著性」,必須以膠捲或錄音帶等加以固定,始可獲得著作權之保護。

UNIT 1-6
著作權的主體與客體

法律保護著作權，其權利主體與客體分別為：

圖解著作權法

（一）著作權的主體

著作權的主體是指權利的歸屬，簡單的說，著作權由何人所享有。基本上著作權係以著作人為主體，但由於著作權包含著作人格權與著作財產權兩部分，二者又相互獨立存在，所以有時可能分屬不同的主體。

❶著作人格權

著作人格權專屬於著作人本身，不得讓與或繼承，因此其主體不會改變，恆為著作人所享有。又著作人係指創作著作之人，而著作的「創作行為」則屬於事實行為，不是法律行為，因此不分自然人與法人都可以成為主體。在自然人中也不管是無行為能力或限制行為能力之人，例如未滿7歲的孩童、未滿20歲或精神耗弱人或受監護宣告人，只要有創作著作的事實，都能成為著作人。至於法人包括公司、合作社、農會、公會、工會等社團，以及私立學校、醫院、慈善機構、基金會等財團，但不包括合夥事業、聯誼會、同鄉會等非法人團體。法人本來無人格權可言，但基於公益的考量，著作權法賦予法人因著作人的身分，而可享有專屬的著作人格權。

❷著作財產權

由於著作財產權可以任意轉讓，著作財產權人可以將著作財產權的全部或其中一部分讓與他人或與他人共有，所以著作財產權係隨轉讓而改變其主體。除僱傭、承攬、出資關係等職務上的著作外，通常係由著作人原始取得著作財產權，隨後可能因轉讓、贈與、互易，或因死亡而發生繼承情形，而轉由其他取得著作財產權，所以著作財產權人並不一定是著作人，且著作人也不一定是著作財產權人。

（二）著作權的客體

世界各國著作權法大多都以「works」為著作之客體，並強調創作須固著在有形的媒體上；而日本將「works」譯為「著作物」，並以著作物為著作權的客體。在我國從1928年公布著作權法以來，一直以著作物為著作權的客體，但是1985年7月10日修正公布的著作權法，配合「創作保護主義」之採行，將「著作物」改為「著作」，有意將二者加以區別。

由於著作財產權為一種無形的財產權，本來就與有形體的財產不相同，它不須以具體的著作物作為客體，所以擁有著作物的所有權人並不一定實際享有著作權；而沒有實際占有著作物的人，卻可能成為合法的著作財產權人。例如一位畫家將一幅油畫原稿賣給一位富翁收藏時，從法律觀點而言，富翁擁有這幅油畫原稿的（物權）所有權，但這幅油畫的著作財產權仍屬於畫家享有，如果這位富翁想重製這幅油畫為月曆或複製畫，都需要獲得畫家的同意。同時，這位畫家也可以把這幅油畫的重製權再賣給出版商去使用。只是實務上，雙方當事人雖沒有特別言明，畫家大多不會再向收藏這幅油畫的富翁主張著作財產權，變成在賣畫當時，也將這幅油畫的著作財產權，一併轉讓給富翁。

著作權主體

著作權主體 → 著作人格權 → 專屬於著作人本身，不得讓與或繼承，因此其主體不會改變，恆為著作人所享有。

著作權主體 → 著作財產權 → 由於著作財產權可以任意轉讓，著作財產權人可以將著作財產權的全部或其中一部分讓與他人或與他人共有，所以著作財產權係隨轉讓而改變其主體。

著作權客體

著作權客體 → 「著作」是作者思想或感情表達創作的結果，但不強調固著在有形的媒體上，可以是無一定物理型態的抽象觀念，「著作」為著作權之標的。

著作權轉讓

著作權轉讓

著作財產權

著作人格權

可轉讓
著作財產權係得任意轉讓。通常係由著作人原始取得著作財產權，隨後可能因轉讓、贈與、互易，或因死亡而發生繼承情形，而轉由其他取得著作財產權，所以著作財產權人並不一定是著作人，且著作人也不一定是著作財產權人。

不可轉讓
著作人格權專屬於著作人本身，不得讓與或繼承，因此其主體不會改變，恆為著作人所享有。

知識補充站

關於著作人是否僅限於自然人，各國立法的觀點不同，例如德國、西班牙的著作權法就以自然人為限，法人不得為著作人；而我國與美國、日本、南韓及大陸等，法人與自然人均得為著作人。

UNIT 1-7
著作權法的主管機關

圖解著作權法

（一）世界趨勢

著作權事務是關於與文學、藝術創作的著作，並與文化發展關係密切。又著作權標的之利用往往具備龐大經濟利益，如出版、電影、唱片、動漫事業等等，營造龐大的經濟商機；且近年來智慧財產權已成為國際貿易之重要議題，智慧財產權保護與國際貿易有越來越密不可分的趨勢，「世界貿易組織」也為規範智慧財產權事項，而達成「與貿易有關之智慧財產權協定」的簽訂。

（二）著作權主管機關分類

世界主要國家之著作權主管機關大致分類如下：

❶由文化或教育業務部會主管：例如法國、日本（文部省）、韓國（文化觀光部）、沙烏地阿拉伯（文化及資訊部）、伊拉克（文化部）、印度（人力資源發展部）、尼泊爾（文化觀光與民航部）、孟加拉（文化部）、捷克斯拉夫（文化部）、丹麥（文化部）、希臘（文化部）、西班牙（教育、文化及體育部）、安曼（傳統文化部）、千里達（文化部）、大陸（國務院國家版權局為正部級直屬機構，與「新聞出版總署」同一個機構，但掛兩塊牌子，為中華人民共和國最高的著作權行政管理部門，也是最高的著作權行政執法機關）等。

❷歸工商貿易業務之部會主管：例如英國（商業部）、加拿大（工業部、文化部）、新加坡（貿易工業部）、馬來西亞（貿易與消費者事務部）、泰國（商務部）、約旦（工商部）、黎巴嫩（經濟部）、巴基斯坦（商務部）、牙買加（商業科技部）、澳洲（外貿部）。

❸直接由法務部主管者，例如澳洲、瑞典、以色列、印尼（司法人權部）等國。而美國係由隸屬美國國會之國會圖書館下設著作權局主管，與世界其他國家的著作權法主管機關都是隸屬於行政部門，截然不同，但仍屬於文化性質。

（三）我國由經濟部主管

我國著作權法自1928年制定以來，著作權法的主管機關是由內政部主管著作權業務，這在世界上並不多見。鑑於智慧財產權在國際貿易中地位日漸重要，在2001年11月12日著作權法修正時，正式將著作權的主管機關改置於經濟部，並由經濟部下設之智慧財產權局為專責機構，且將商標、專利、營業秘密及著作權等事項合併管理。

😊 小博士解說

我國現行著作權相關法規如下：

❶著作權法2022年6月15日修正公布；❷網路服務提供者民事免責事由實施辦法；❸著作權法第5條第1項各款著作內容例示；❹著作權法第87條之1第1項第2款及第3款之一定數量；❺著作權法第47條第4項之使用報酬率；❻製版權登記辦法；❼音樂著作強制授權申請許可及使用報酬辦法；❽著作權爭議調解辦法；❾著作權集體管理條例；❿海關查扣著作權或製版權侵害物實施辦法；⓫著作權集體管理規費收費準則；⓬著作權相關案件規費收費標準；⓭經濟部智慧財產局著作權審議及調解委員會組織規程；⓮輸出視聽著作及代工鐳射唱片申請核驗著作權文件作業要點；⓯著作權法第80條之2第3項各款內容認定要點；⓰著作財產權質權登記暨查閱辦法；⓱著作財產權人不明著作利用之許可授權及使用報酬辦法；⓲北美事務協調委員會與美國在台協會著作權保護協定；⓳著作權法第46條規定之遠距教學應採取合理技術措施指引。

世界主要國家之著作權主管機關之分類

世界主要國家之著作權主管機關之分類

由文化或教育業務部會主管
例如法國、日本（文部省）、韓國（文化觀光部）。

歸工商貿易業務之部會主管
例如英國（商業部）、加拿大（工業部、文化部）、新加坡（貿易工業部）。

直接由法務部主管者
例如澳洲、瑞典、以色列、印尼。

由隸屬國會之國會圖書館下設著作權局主管
例如美國。

經濟部智慧財產局組織圖

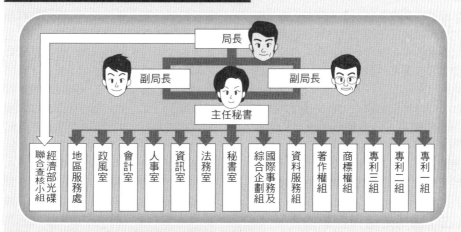

局長

副局長　　主任秘書　　副局長

聯合查核小組　經濟部光碟　地區服務處　政風室　會計室　人事室　資訊室　法務室　秘書室　綜合企劃組及國際事務及　資料服務組　著作權組　商標權組　專利三組　專利二組　專利一組

經濟部智慧財產權局管轄

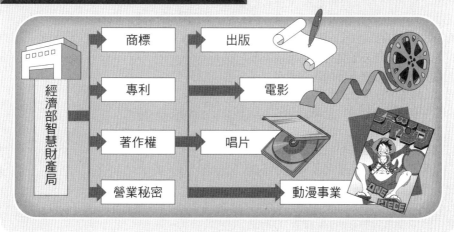

經濟部智慧財產局

商標　　出版

專利　　電影

著作權　　唱片

營業秘密　　動漫事業

UNIT 1-8
外國人的著作權

圖解著作權法

(一) 天涯若比鄰

對於外國人著作權的保護，過去有些捍衛本國文化者，認為應該給予相當程度的限制，甚至採禁止措施，以防止或杜絕外國文化入侵，避免本國傳統文化及相關產業的傷害。然而，文化是人類生活經驗與智慧的結晶，各國文化可能因地理區位、自然環境或人為政治型態的差異，各有獨特的文化，相互交流能豐富內涵；何況音樂、繪畫等藝術是人類共通的語言，而且現代交通運輸與網際網路的無遠弗屆，「天涯若比鄰」般的地球村，文化的交流是世界的潮流，為兼顧教育、學術及科技發展需要，國際間彼此國民的著作權保護，已不可避免。

目前世界主要國家，對於維護外國人的著作權益，大多依照伯恩公約、世界著作權公約等國際公約規定，主要考慮國民待遇或互惠協定與首次發行的條件，以作為保護對象與範圍的依據。

(二) 國民待遇與互惠協定

參照國際間「互惠主義」原則，當兩個國家國民的著作依據兩國間簽訂的條約、協定或各該國國內的法令、慣例等規定，可以在另一國家中享受與該國國民的著作同等權利時，此兩國即會相互予以承認對方國民的著作，並依自己國內著作權法來保護對方國國民的著作權益，這就是「互惠協定」，或稱為「國民待遇」。我國在2002年1月1日正式加入WTO前，雖然不是伯恩公約的簽約國，但也主動參考其精神，透過雙邊協定或條約為基礎，給予相對國家的外國人著作，在我國也享有著作權。自從加入WTO後，根據WTO所制定「與貿易有關之智慧財產權協定」（TRIPS）中規定，WTO會員必須遵守伯恩公約規定，因此，維護各會員國國民（外國人）著作在我國受到保護的規定，是必然的結果，其實也可使我國國民的著作，同時享受到對方國家給予相同的保護。

(三) 首次發行

關於外國人的著作保護範圍，世界各國的立法趨勢，除在本國管轄區域內首次發行的外國人著作外，大多已放寬為在本國管轄區域外首次發行後，於一定期限內（一般定為30日內）在本國管轄區域內發行者，也同樣給予保護。我國對於外國人發行著作的保障，也是遵行這種原則，即外國人著作如果是在我國境內首次發行，或者是在中華民國管轄區域外首次發行後30天內，在中華民國管轄區域內發行者都算，可以得到我國對其著作保護的好處。但是，一定要是受我國保護的這個外國人他的本國，在相同的情形下，對中華民國國民的著作，也給予相當的保護，如此這個外國人的著作，才可以依照我國著作權法享有著作權。

國民待遇與互惠協定

兩個國家國民的著作依據兩國間簽訂的條約、協定或各該國國內的法令、慣例等規定，可以在另一國家中享受與該國國民的著作同等權利時，此兩國即會相互予以承認對方國民的著作，並依自己國內著作權法來保護對方國民的著作權益，這就是「互惠協定」，或稱為「國民待遇」。

臺灣人到美國出書

美國

臺灣

美國人到臺灣出書

管轄區域外的著作權保護

管轄區域外的著作權保護

→ 伯恩著作權公約、世界著作權公約及各國之立法趨勢均放寬為在管轄區域外首次發行後，一般定為三十日內在管轄區域內發行者亦予保護。

外國著作取得我國對其著作之保護

外國著作取得我國對其著作之保護──原則

→ 外國著作在我國境內首次發行。

→ 於中華民國管轄區域外首次發行後三十天內，在中華民國管轄區域內發行。

→ 出版書籍的外國人的本國也對中華民國國民的著作給予同樣保護。

★外國人著作權的保護

我國在1992年修正之著作權法前，對於外國人著作權的保護範圍，並不包括翻譯權在內，當時國人不須事先徵得外國著作權人的同意，可以任意翻譯外國人的著作；在1992年6月10日以後，則必須取得外國著作權人的同意行使改作權，才可以翻譯該外國人著作。而之前未徵得外國著作權人的同意，卻已翻譯完成的著作，除非取得外國著作權人的同意外，也不可以再行重製；但對於已重製完成的著作重製物，給予2年銷售緩衝時間，從1994年6月10日以後不得再銷售。

UNIT 1-9
不得為著作權之內容

有些具備創作要件的著作，本來應受著作權法的保護，國家基於資訊流通或是社會大眾的使用需要，而在立法時特別規定，將下列著作排除在著作權法的保護範圍之外：

（一）憲法、法律、命令或公文

主要是為了便利政府機關業務推動，能讓憲法、法律、命令或公文大量複製及迅速流通。而各級法院的判決書（也屬公文的一種），以及外國的憲法、法律、命令或公文，也都不列入著作權法的保護範圍。

（二）中央或地方機關就憲法、法律、命令或公文所作成的翻譯物或編輯物

翻譯或編輯等屬於著作的衍生性創作，不論原著作是否受著作權法的保護，都視為新的著作，而取得獨立之著作權。惟基於對外流通之政策，使一般大眾都可以自由的使用，特別規定中央或地方機關就憲法、法律、命令或公文所作成的翻譯物或編輯物，不能作為著作權的標的物內容；至於其他不是由中央或地方機關作成者，就仍然屬於著作權標的的內容。

（三）標語及通用之符號、名詞、公式、數表、表格、簿冊或時曆

一般警示或宣導性的標語，會計帳冊、農民曆、數學或財務公式、計算或紀錄用的表格等等，不管它們有無創造性，因為與大眾民生日常生活息息相關，所以都不能作為著作權保護的內容，大家可自由的利用。另外，國人自創的交通號誌「小綠人」，主管機關也認為似應認屬通用之符號，創作度未達最起碼之標準，而不受著作權之保護。

（四）單純為傳達事實之新聞報導所作成之語文著作

只為單純傳達事實所作撰寫文字或語言的新聞報導，本身創作性極有爭議，以立法方式規定將這類語文著作，不得作為著作權之標的，不但可促進新聞的傳播，也可避免認定上的困難。但是，大家要注意，隨著科技發展與內容展現方式的多樣化，像電視或網路新聞報導中，大量出現的影像、圖片等屬於攝影、視聽或美術著作，仍受到著作權的保護，除合理使用範圍外，利用前應取得同意或授權。另外，不是單純只傳達事實，而是報導者加入自己對該新聞事件的看法或評論，例如報紙中的社論或新聞評析等文章，雖然是以文字或語言方式報導新聞，但這種語文著作仍為著作權之標的，受著作權法的保護。

（五）依法令舉行之各類考試試題及其備用試題

考試試題實際上仍具有著作人心智創作之性質，不過為顧及我國依法令舉行的各類考試甚多，應考者普遍有使用考試試題作為練習的需要，特別將依法令舉行的各類考試試題以及已納入題庫但尚未正式成為考試試題的備用試題，都列為不受著作權保護的標的。

不受著作權法保護的內容

不得為著作權之內容

憲法、法律、命令或公文

包括公務員在職務上草擬之文告、講稿、新聞稿及其他處理公務文書等公文,各級法院的判決,外國的憲法、法律、命令或公文,也都不列入著作權法的保護範圍。

中央或地方機關就憲法、法律、命令或公文所作成之翻譯物或編輯物

前述憲法、法令及公文書雖不得為著作權之標的,但是將憲法、法令及公文書翻譯成其他語文,或是將它們編輯成冊,如果符合著作的要件,本應得為著作權的標的;基於對外流通之政策,使一般大眾都可以自由的使用,特別規定不列入著作權法的保護範圍。

標語及通用之符號、名詞、公式、數表、表格、簿冊或時曆

單純為傳達事實之新聞報導所作成之語文著作

新聞報導是現代民眾瞭解外界消息的主要來源,不得作為著作權之標的。

依法令舉行之各類考試試題及其備用試題

近年來各類考試傾向以題庫方式出題,對於已納入題庫但尚未正式成為考試試題的備用試題,應考者更有使用的必要,所以各類考試的備用試題也不得為著作標的。

公文並不限定在「文字」的型態,圖案也可能是公文,例如國幣之圖案、國旗、國徽、警徽等都是公文的一種。而政府各部會的標誌,通常為經過設計之圖樣,除非是公務員職務上設計製作而屬於公文的範圍外,其他應屬於著作權法所保護的「美術著作」。又國人自行創作之交通號誌「小綠人」,十分可愛而享譽海內外,依經濟部智慧財產局的解釋認為,屬於通用之符號,且它的創作程度未達最起碼之標準,而不受著作之保護。

UNIT 1-10
孤兒著作

圖解著作權法

(一)定義

由於著作一經完成即享有著作權,而保護期間又長達50年或百年以上,且著作權是無形的財產權,不但價值不容易衡量而且也不容易變現,不像不動產或其他有形之財產權,感覺比較值錢或實在,所以往往被忽視。假如一項著作的著作人或著作財產權所有人,對於該著作的利用沒有興趣,或是著作人死亡或消滅(法人著作其法人不再存在)而繼承人忽略其繼承也不去管理,這項著作就容易淪落成為孤兒著作(orphan works),也就是說,此項著作仍受著作權法的保護,但是想要利用它的人,卻找不到有關的著作權人可以洽商授權利用的事宜,就像沒有父母或監護人的孤兒一般。

(二)世界各國規範

世界各國政府對於「孤兒著作」利用困難的問題已相當注意,並有以立法方式加以解決。例如,英國1988年著作權法修正時規定,假如經過利用人合理的努力,無法找到著作權人,也不確定著作權保護期間是否屆滿,則利用該著作的行為,不構成著作權侵害,這種立法免責的方式被認為可以解決一部分「孤兒著作」利用困難的問題。另外,加拿大在1990年修正著作權法中規定,任何人欲利用已發行的著作而找不到著作權人授權時,可以向著作權主管部門「加拿大著作權委員會」(Canadian Copyright Board)提出授權申請,經委員會確認利用人已不遺餘力地找尋著作權人而不可得後,可以設定利用的條件及費用,逕行授權讓利用人向指定的著作權仲介團體付費後,利用該「孤兒著作」,如果著作權人事後發現出面主張著作權時,只能向著作權仲介團體領取該項費用;這種強制授權制度不但解決利用人在取得授權利用的困難,也可以兼顧著作權人的權益,這在韓國及日本的著作權法中也有類似規定。

(三)我國規定

2010年2月3日公布「文化創意產業發展法」,採強制授權制度,規定如果有製作文化創意產品的需求者,雖然已盡相當努力,但是因為著作財產權人行蹤不明或所在地不明,仍無法取得著作權人對該作品的授權利用時,這個想要利用此作品(限於已公開發表之著作)的人,可以申請授權許可。將無法取得授權的情形向著作權專責機關(經濟部智慧財產局)說明,並經著作權專責機關再查證確實後予以許可授權,並提存與一般著作經自由磋商所應支付合理之使用報酬相當金額,就可以在許可範圍內利用該著作。著作權專責機關對於該項授權許可以適當方式公告,並刊登在政府公報上,以方便著作權人事後獲悉此事,可領取利用人所提存的使用報酬。利用人獲得授權許可所完成的文化創意產品重製物,須註明經著作權專責機關許可日期、文號及許可利用的條件與範圍。著作權專責機關如果發現利用人的申請有不實情事時,即應撤銷該授權許可;又授權取得許可授權後,如有未依照著作權專責機關許可的方式利用著作情形發生,著作權專責機關也會廢止該授權許可,利用人即無法再利用該著作。

孤兒著作

孤兒著作

假如一項著作的著作人或著作財產權所有人，對於該著作的利用沒有興趣，或是著作人死亡或消滅（法人著作其法人不再存在）而繼承人忽略其繼承也不去管理，這項著作就容易淪落成為孤兒著作（orphan works），也就是說，此項著作仍受著作權法的保護，但是想要利用它的人，卻找不到有關的著作權人可以洽商授權利用的事宜，就像沒有父母或監護人的孤兒一般。

我想出版這本書

?

各國政府立法情形

各國政府對孤兒著作之立法情形

英國1988年著作權法修正時規定，假如經過利用人合理的努力，無法找到著作權人，也不確定著作權保護期間是否屆滿，則利用該著作的行為，不構成著作權侵害。

加拿大在1990年修正著作權法中規定，任何人欲利用已發行的著作而找不到著作權人授權時，可以向著作權主管部門「加拿大著作權委員會」（Canadian Copyright Board）提出授權申請，經委員會確認利用人已不遺餘力地找尋著作權人而不可得後，可以設定利用的條件及費用，逕行授權讓利用人向指定的著作權仲介團體付費後，利用該「孤兒著作」，如果著作權人事後發現出面主張著作權時，只能向著作權仲介團體領取該項費用。

我國2010年新增的「文化創意產業發展法」，採強制授權制度，規定：
①如果有製作文化創意產品的需求者，雖然已盡相當努力，但是因為著作財產權人行蹤不明或所在地不明，仍無法取得著作人對該作品的授權利用時，這個想要利用此作品（限於已公開發表之著作）的人，可以申請授權許可。將無法取得授權的情形向著作權專責機關（經濟部智慧財產局）說明，並經著作權專責機關再查證確實後予以許可授權，並提存與一般著作經自由磋商所應支付合理之使用報酬相當金額，就可以在許可範圍內利用該著作。
②著作權專責機關對於該項授權許可以適當方式公告，並刊登在政府公報上，以方便著作權人事後獲悉此事，可領取利用人所提存的使用報酬。
③利用人獲得授權許可所完成的文化創意產品重製物，須註明經著作權專責機關許可日期、文號及許可利用的條件與範圍。
④著作權專責機關如果發現利用人的申請有不實情事時，即應撤銷該授權許可；又授權取得許可授權後，如有未依照著作權專責機關許可的方式利用著作情形發生，著作權專責機關也會廢止該授權許可，利用人即無法再利用該著作。

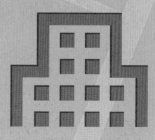

第 **2** 章
著作權法的用語

•••••••••••••••••••••••••••••• 章節體系架構 ▼

UNIT **2-1**
「版權」與「著作權」

圖解著作權法

（一）版權是通俗說法

在一般出版品的封面或封底上，我們經常看到有「版權所有，翻印必究」等文字，「版權」似乎是耳熟能詳的用詞，但實際上，「版權」一詞只是通俗的說法，並不是正確的用法，而「著作權」才是著作權法所規定的正確用詞。

由於「著作權」的內容，包括「著作人格權」與「著作財產權」二大部分，又因「著作人格權」專屬著作人本身，不可以讓與或繼承，不能交易移轉；所以，一般在洽商著作出版發行或其他利用等交易事項時，所指的「版權」，都是指「著作權財產權」。

（二）常見的授權寫法

在報章雜誌上我們常看到下列報導的消息：

❶「某電影公司或電視公司，將某部電影或某齣電視連續劇的『海外版權』賣給國外某傳播公司。」所稱「海外版權」應該是指電影公司或電視公司授權國外某傳播公司可以在該國公開播送該部電影或電視連續劇的「公開播送權」。

❷「某知名作家說已將小說的『電影版權』賣給電影公司或某導演」，此處「電影版權」應該是指授權該電影公司或導演，可以將小說改拍成電影的「改作權」。

❸「國內出版社已取得外國知名作家小說的『發行中文版權』」，「發行中文版權」應該是指該作家授權「改作權」、「重製權」及「散布權」給台灣的出版社，可以在台灣以中文翻譯的方式出版他的小說。

從上面的例子，我們發現這些授權的內容，都只是「著作權」的一小部分，不是全部的「著作權」，甚至也不是「著作權財產權」的全部。由於各種著作財產權都可以單獨分離且任意轉讓，而授權的方式或內容也可隨雙方需要作各種不同的變化，所以當我們與他人議定著作權問題或簽訂著作權相關契約時，必須要清楚且精準地以文字表達特定的權利義務關係，免得造成權利上的損害或事後的爭執。

😊小博士解說

「著作權財產權」是一群權利的統稱，依我國著作權法規定，可區分為重製權、公開口述權、公開播送權、公開上映權、公開演出權、公開傳輸權、公開展示權、改作權、編輯權、散布權、出租權等十一種；每一著作會因著作的類型不同，而享有不同種類的著作財產權，例如，語文著作（如一本小說）可享有重製權、公開口述權、公開播送權、公開演出權、公開傳輸權、改作權、編輯權、散布權、出租權等多達九種著作財產權，但表演著作（如說書）則只在限制的範圍內享有重製權、公開播送權、公開演出權、公開傳輸權、散布權、出租權等六種。

著作財產權的不同型態

著作權財產權

| 重製權 | 公開口述權 | 公開播送權 | 公開上映權 | 公開演出權 | 公開傳輸權 | 公開展示權 | 改作權 | 編輯權 | 散布權 | 出租權 |

語文著作的著作財產權轉讓

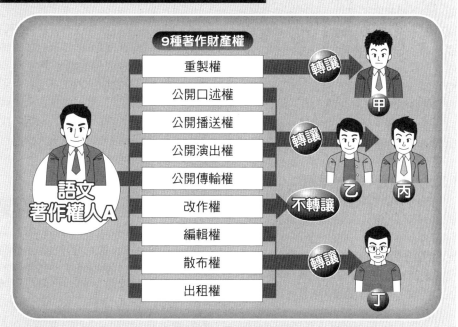

9種著作財產權

語文著作權人A

| 重製權 |
| 公開口述權 |
| 公開播送權 |
| 公開演出權 |
| 公開傳輸權 |
| 改作權 |
| 編輯權 |
| 散布權 |
| 出租權 |

轉讓 → 甲

轉讓 → 乙 丙

不轉讓

轉讓 → 丁

知識補充站 ★著作財產權的轉讓

每一著作所享有的各種著作財產權，都是單獨可分離且得以任意轉讓的財產權，也就是說一本小說的著作權人，可以將享有的9種著作財產權全部轉讓給同一個人，也可以同時或分次將重製權轉讓給甲，把公開口述權、公開播送權、公開演出權及公開傳輸權轉讓給乙、丙，再將編輯權、散布權及出租權轉讓給丁，自己保留改作權。而甲、乙、丙或丁也可以在受讓此小說著作財產權後，再把全部或部分的著作財產權讓與他人或與他人共有。

UNIT **2-2**
「著作」與「著作物」

圖解著作權法

（一）著作物是著作所附著之物

「著作」是人類智慧創作，是作者思想、感情或個性的表達，屬於抽象沒有形體的財產，無法直接占有，須透過著作權法特別賦予「著作權」的保護；至於「著作物」則與房屋、汽車一樣，屬於具體存在而有形的財產，得以直接占有彰顯其權利，適用民法「物權」的相關規範。又「著作物」其實是「著作所附著之物」，可再分為二種，包括❶著作原件：如原畫、手稿、底片或錄音及電影母帶等；或❷著作重製物：如複製畫、手稿印刷成書籍、底片沖洗為照片，錄音及電影母帶重製的錄音帶或錄影帶等；即使是演說、表演、舞蹈等沒有附著在有體物上的「著作」，如果加以錄音、錄影或筆記，該錄音、錄影或筆記仍是著作重製物。

（二）著作是作者的表達

因為人類最早的創作大多為語文著作型態，所以「著作」通常都附著在「著作物」上，「著作」和「著作物」二者緊密結合，常常不容易分辨。但是「著作」有時也未必有附著的物體，例如演說、表演、舞蹈等著作，表達完畢即結束，雖然沒有附著在物體上，仍是受到著作權法的保護。因此，「著作」是指作者思想、感情或個性的表達，而非其附著的「著作物」；當我們稱「美術著作」時，是指畫紙上畫作的表現，而非畫作所附著的畫紙。

（三）訂定契約注意正確用語

在洽談契約時，假如雙方的真意是在就「著作」的「著作財產權」進行約定，就應該使用精準的法律用語，例如約定「甲方（作者）同意將本著作之著作財產權讓與乙方（出版社）」，或「甲方（作者）同意授權乙方（出版社）以紙本方式重製並散布本著作」，將約定對象明白地指向「著作」的「著作財產權」（更精準的指「重製」及「散布」著作財產權的部分，其他未提及者，就不屬於契約所約定讓與或授權的範圍）。如果約定內容為「甲方（作者）同意將本著作物之所有權讓與乙方（出版社）」，就會被認為作者只是將「著作物」（著作原件或重製物，例如小說的草稿或複印本）的「所有權」讓與，出版社並未取得有關的著作財產權，還是不可以重製並散布該著作，否則有侵害作者的著作權，會被追究民事及刑事責任，所以雙方均應注意契約用詞，才不至於因錯誤而造成巨大損失，或發生事後的無謂爭議。

😊 小博士解說

我國自1928年公布著作權法以來，原來以著作物為著作權的權利客體，但在1985年7月10日修正公布著作權法時，為配合「創作保護主義」之採行，將「著作物」改為「著作」後，國內學者對於著作權之客體有不同的看法：大多數人認為依著作權法的規定是著作，一部分人則認為著作權的客體是著作物，也有人認為著作權是一種不作為的行為（大多指禁止他人未經同意不得做的行為）。由於著作權是一種無體財產權，和有體財產本來就不相同，不是以具體的著作物作為權利的客體，所以占有著作物實體的所有人並非實際享有著作權；反而是未實際占有該著作物的人，亦可為合法之著作權所有人。

著作與著作物

著作 ➡ 「著作」是人類智慧創作，是作者思想、感情或個性的表達，屬於抽象沒有形體的財產，無法直接占有，須透過著作權法特別賦予「著作權」的保護。

著作物 ➡ 「著作物」屬於具體存在而有形的財產，得以直接占有彰顯其權利，其實是「著作所附著之物」，可以再分為二種，包括：①著作原件：例如原畫；或②著作重製物，如複製畫。

著作原件與著作重製物

著作原件 ➡ 原畫、手稿、底片或錄音及電影母帶等。

著作重製物 ➡ 複製畫、手稿印刷成書籍、底片沖洗為照片，錄音及電影母帶重製的錄音帶或錄影帶等。

在拍賣場購得一幅畫作，不問是原畫或複製畫，僅是購得該畫作的「物的所有權」，而不包括這一幅畫作的「著作財產權」，買到手的人不得將畫作印刷複製。反之，若是買到該畫作的「著作財產權」，縱使沒有交付原畫，或該原畫已滅失，或歸他人收藏，受讓或取得著作財產權的人仍得重製該畫作。實務上曾發生美術館逕行將收藏的大師美術著作複製成畫冊與月曆，並授權出版社利用，由於大師過世還不滿五十年，該美術著作仍由大師的繼承人享有著作財產權，經大師後人的抗議，最後以和解收場，這正是美術館分不清「著作」和「著作物」，所付出的慘痛代價。

拍賣場 ➡「物的所有權」

UNIT **2-3**
「著作人」與「著作權人」

圖解著作權法

（一）何謂著作人

著作人通常指創作著作之人，也就是我們常說的作者，由於創作的「著作行為」是屬於事實行為而非法律行為，因此不分自然人與法人，且在自然人中，也不論限制行為能力或無行為能力，例如未成年、精神耗弱或受監護宣告等，只要有創作著作的事實，都可以成為著作人。

從法律上來看，通常在著作的原件或其已發行的著作重製物等外觀上，或是著作在公開發表時，所表示的著作人本名或別名，會被「推定」為該著作的著作人，如果有人主張自己才是真正著作人時，需要舉出反證來推翻這個推定。例如有人為朋友或長官捉刀代筆創作，由於在著作原件或其已發行之重製物上或著作公開發表時，既以朋友或長官之名為之，除非代筆者主張並保有證據來證明自己是真正的著作人，否則仍推定該朋友或長官為該著作之著作人。

（二）影子作家

國內出版社或經紀公司也採用「影子作家」經營模式，為知名的公眾人物媒介安排代筆創作，讓雙方建立出資聘人完成著作的關係，約定以該公眾人物為著作人，並依著作權法第12條規定享有著作人格權及著作財產權，再由該公眾人物以讓與方式，將著作財產權給出版社或經紀公司。也有出版社預先選好特定的筆名，再與不同的「影子作家」約定，要求他們所完成的作品均使用這個筆名，並禁止他們再使用該筆名在其他出版社出版的作品上，以多名「影子作家」共同使用同一筆名完成系列作品，來建立創作的品牌。

從以上的說明可見，著作權法上之著作人，可能由於當事人契約的約定或是法律上為利於著作流通利用所作的推定，並不一定是事實上的著作創作人。

（三）何謂著作權人

著作權人則是一個統稱的法律用詞，泛指依著作權法所享有的著作權的人，由於著作權可分為著作人格權及著作財產權二大項，並可以彼此分離而同時分屬不同的人所享有，即享有著作人格權的人，不一定擁有著作財產權。又著作人格權專屬於著作人本身，不得讓與或繼承；而著作財產權則可自由交易或轉讓，為此，除非另有特別指明外，通常我們稱擁有著作財產權之人為著作權人，而享有著作人格權的人則以著作人稱之。

🙂 小博士解說

著作人本是著作權的主體，著作人完成著作時，應該立即享有著作人格權及著作財產權二大項著作權，但有時候著作人並不一定是著作財產權人，或者著作人的著作財產權是受到限制的，可能的原因有以下情形：❶著作人已將其著作財產權讓與他人，不再享有著作財產權；❷著作人已將他的特定著作財產權專屬授權給他人，他自己不能利用著作，更不能再授權給第三人；❸著作人是公司或僱主的員工，他在職務上的著作，除非另有契約約定，否則著作財產權自始就依著作權法規定歸屬於公司或僱主所有，著作人從未享有著作財產權；❹著作人是受出資人特別委任或以承攬方式而完成特定著作，且在契約中約定由出資人取得著作財產權，從著作一完成時起，著作人就從未享有著作財產權。

著作權之主體

 著作人 ▶ 著作權主體

 著作完成時 ▶ 著作人原則上即享有著作人格權、著作財產權,但著作人並不一定是著作財產權人。

著作財產權受到限制的情形

著作人的著作財產權是受到限制的,可能的原因有以下情形

▶ 著作人已將其著作財產權讓與他人,不再享有著作財產權。

▶ 著作人已將他的特定著作財產權專屬授權給他人,他自己便不能以該特定方式利用著作,更不能再授權給第三人。

▶ 著作人是公司或僱主的員工,他在職務上的著作,除非另有契約約定,否則著作財產權自始就依著作權法規定歸屬於公司或僱主所有,著作人從未享有著作財產權。

▶ 著作人是受出資人特別委任或以承攬方式而完成特定著作,且在契約中約定由出資人取得著作財產權,從著作一完成時起,著作人就從未享有著作財產權。

特定著作財產權的轉讓與授權

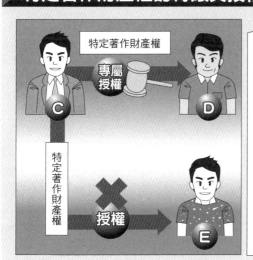

知識★★★補充站

❶ A將自己的「著作財產權」讓與給B,A就不再享有「著作財產權」,但B享有A的「著作財產權」。

❷ C將自己的「特定著作財產權」專屬授權給D,C就無法將「特定著作財產權」再授權給E。

❸ F是員工,他的著作屬於公司老闆所有,F從沒享有著作財產權。

❹ G是自由作家,因為與出版社簽訂契約的約定,從他創作到完成著作,都沒有享有「著作財產權」。

UNIT **2-4** 「公眾權」與「公眾授權」

圖解著作權法

（一）什麼是公眾權

英國著作權學者兼律師奧古斯丁·畢瑞爾（Augustine Birrell）曾經指出：「如果要我舉證某塊羊腿是我買的，那會是一件輕而易舉的事情；如果要我說出自己所寫的書裡面，有多少內容是我自己所獨立創作的，卻會是一件很困難的事」。的確如此，人從出生即不斷學習先人所累積之經驗與知識，基於現有的學術基礎，再往各領域鑽研，使新的創作源源不斷，宛如站在巨人肩膀上，能看得更遠。因此，有人認為著作既是取諸人類先前所累積的文化資產，應為「公眾權」，由公眾共享，而不能由著作人或著作權人獨享；且著作經公眾自由利用，對國家社會與全人類的文化發展，更有實質助益。

（二）合理使用與強制授權

然而，許多創作需耗費龐大資金與時間，主張極端的「公眾權」，會讓大多數的創作停滯，也影響人類文化的發展。因此，世界各國在著作權的立法保護時，會採取對於著作財產權的保護期間設限，賦予使用者合理使用範圍，有必要時亦會有強制授權的機制，來調和著作人或著作權人的權利與國家社會的公共利益，亦即任何著作權體制，均是該國立法者衡量當時的國內外環境下，所作的一種妥協性決定。

在現行的著作權體制下，使用者除在法定合理使用範圍內，可以免經著作權人同意利用著作外，其他都要事先透過著作權人的同意授權，才能在被授權的限制範圍內利用該著作；這種授權方式，除了權利金的成本外，雙方當事人亦須投入尋覓資訊與議定授權內容等成本，尤其是權利金數額與使用頻率不高的非商業用途，或是無法確知著作權人（一般稱為「孤兒著作」），都會讓大眾卻步而不想（也不敢）使用該著作，反而不利於著作人或著作權人，對國家社會而言，更是一大損失。

（三）公眾授權

「公眾授權」的理念因而誕生，它是在不違背現行的著作權法下，鼓勵著作人或著作權人將自己所擁有的著作，免費提供給全世界上不特定的人（這些人將可能是另一新著作的創作人）使用。「公眾授權」並不是「拋棄權利」（abandonment right），而是「保留部分權利」（some rights reserved），也就是說，在他們宣告的使用範圍（通常以法律文字或標章圖示之「公眾授權條款」來表達），公眾可以不需要再逐一徵得同意，即可放心、自由的利用該著作；但是超過範圍的使用（尤其是商業用途），仍然要事先取得著作權人的同意，才可以利用該著作。

小博士解說

雖然著作權法在著作完成時，即賦予完整的著作權保護，但是許多人並不想完整地行使所有的權利，特別是在網路上從事創作的人，如果主張全面性的著作權，反而阻礙創作被廣泛地散布，無法獲得較高曝光度的困境，所以免費的公眾授權機制，成為大家思考的解決途徑。在美國史丹佛大學Lawrence Lessig教授倡議下，2001年 Creative Commons（創意共享）在美國成立，它是一個非營利組織，也是一種創作的授權方式。

公眾權與公眾授權

公眾權	由公眾共享，而不能由著作人或著作權人獨享；且著作經公眾自由利用，對國家社會與全人類的文化發展，更有實質助益。世界各國在著作權的立法保護時，會採取對於著作財產權的保護期間設限，賦予使用者合理使用範圍，有必要時亦會有強制授權的機制，來調和著作人或著作權人的權利與國家社會的公共利益。
公眾授權	鼓勵著作人或著作權人將自己所擁有之著作，免費提供予全球不特定的人使用， 通常以法律文字或標章圖示之「公眾授權條款」來表達，公眾可以不需要再逐一徵得同意，可自由的利用該著作，他們只要「保留部分權利」（some rights reserved），而非「保留所有權利」（all rights reserved），也不是「拋棄權利」（abandonment right）。

創意共享

創意共享	此組織的主要宗旨是增加創意作品的流通可及性，作為其他人據以創作及共享的基礎，並尋找適當的法律以確保上述理念。

公眾權讓世界更美好

UNIT **2-5**
CC授權條款

（一）創意共享

2001年，在公共領域中心（Center for the Public Domain）的支持下，著名法律學者Lawrence Lessig、James Boyle與一些理念相同的先行者共同成立Creative Commons這個組織（簡稱CC），針對著作權保護日趨嚴峻，對於新創或著作利用者產生諸多限制的缺憾，設法建立一套既保護創作者的作品，而又能鼓勵以特定方式利用這些作品的合理的著作權機制。

（二）公共授權制度

公共授權制度是依照「公眾授權」的精神所發展出來的制度，它本來是反對著作權法運動過程中的產物，但並不是要顛覆或摧毀著作權法，而是在維持現行著作權法體制的前提下，尋求一種讓著作能更流通的運作模式，透過公眾授權方式，讓創作人與使用者分享作品。CC授權條款和傳統著作權的商業授權類似，均採用契約方式進行著作財產權的授權使用；但CC授權條款是從傳統「保留所有權利」的商業授權，轉變為更富彈性的「保留部分權利」授權模式，讓被授權使用者擁有較自由的使用環境。

（三）創用CC授權條款

經過多年的努力，目前已發展出一種簡單又富彈性的授權模式，提供方便的工具及授權條款（即CC授權條款，在國內被翻譯成「創用CC」授權條款），藉由「姓名標示」、「禁止改作」、「非商業性」與「相同方式分享」等四種授權要素，搭配出六種授權條款，讓創作人在網路平台上，自行選擇最合適的一種來表達將作品提供他人使用的意願，以簡易的圖案標示在作品上，再釋出給大眾使用。同時，著作財產權人一旦簽署CC授權條款後，具有「不可撤回性」的性質，意即代表「授權人授與：全球、免權利金、非專屬、『永久（在著作權存續期間內）』的許可」。任何人只要根據CC授權條款，即可在充分了解授權人意願後，放心地採用所提供的作品來欣賞或是充實自己的創意，不必擔心被追究侵害著作財產權的責任。

2004年中央研究院資訊科學研究所正式在我國推展Creative Commons授權——「創用CC」（已邁入3.0台灣版），目前已經獲得經濟部智慧財產局、國立台灣美術館與教育部等政府機關支持，以及眾多專家學者和創作者的接受與採用。著作權人可以進入「創用CC——Creative Commons Taiwan」（網址：http://creativecommons.org.tw/blog/）或「國際CC——Creative Commons International」（網址：http://creativecommons.org/international/）等官方網站，在線上進行自己作品的公眾授權事宜；而一般使用者也可以使用該等網站搜尋，或是從已發表的著作中所宣告、揭示的CC授權標章或條款，在其授權範圍內自由引用其內容，作為新創作的素材，來增添新作品的創意，十分方便。

CC授權條款的六種授權標章

姓名標示			
姓名標示——非商業性			
姓名標示——非商業性——相同方式分享			
姓名標示——禁止改作			
姓名標示—非商業性——禁止改作			
姓名標示——相同方式分享			

當我們看到一件作品以「姓名標示」（即有 🛈 標章）作為授權條款時，表示您可自由：

分享	重製、散布及播送本著作
重混	修改本著作

惟需遵照下列條件：

姓名標示	您必須按照作者或授權人所指定的方式，表彰其姓名（但不得以任何方式暗示其為您或您使用本著作的方式背書）。

且認知到：

免除	若您得到著作權人的同意，上述任何條件都可獲免除。
 其他權利	任何下列的權利絕不會受到本授權條款的影響：
	您合理使用的權利；
	作者的著作人格權；
	其他人可能對該作品本身或該作品如何被使用所擁有的權利，例如形象（肖像）權或隱私權。

UNIT 2-6
「公開發表」與「公開發行」

圖解著作權法

（一）公開發表權

著作係創作人的思想或情感表達，對著作人而言，他可以決定要或是不要對他人公開著作內容，而且縱使著作人決定要或不反對公開時，仍保有公開著作內容的時間、地點，甚至選擇公開方式的權利，都受到著作權的保護，這也是著作人所專屬享有著作人格權中的「公開發表權」。

著作人的「公開發表權」，事實上僅有「第一次公開發表」其著作的權利，一旦著作經著作人第一次公開發表後，就不能再主張「公開發表權」，對於他人的第二次以後的公開發表行為，只能尋求著作財產權方面的保障。同時，在著作人公開發表著作以後，公眾對於他的著作即可在合理使用範圍內，加以引用，而不需要再徵詢著作人的同意。

（二）公開發表的方法

公開發表的方法，可能會因著作類型或著作人的喜好而不同，但不外乎採用發行（重製）、播送、上映、口述、演出、展示（美術與攝影著作才能採行）或其他能向公眾公開提示著作內容的方法。事實上，公開發表也是著作財產權行使的結果，所以當著作人有下列情形之一者，法律上會推定著作人已同意公開發表著作：❶著作人將尚未公開發表著作的著作財產權讓與他人或授權他人利用時，因著作財產權的行使或利用而公開發表者；❷著作人將尚未公開發表的美術著作或攝影著作之著作原件或其重製物讓與他人，受讓人將著作原件或其重製物公開展示者；❸依學位授予法撰寫之碩士、博士論文，著作人已取得學位者；❹在僱傭或出資關係中，約定由雇用人或出資人自始取得尚未公開發表著作之著作財產權者，因其著作財產權之讓與、行使或利用而公開發表者；❺在出資關係中，依契約約定著作財產權歸受聘人享有，或未約定著作財產權之歸屬而其著作財產權歸受聘人享有，出資人依規定得利用該著作者。

（三）公開發行

「公開發行」或「發行」則是指著作人或著作權人散布能夠滿足公眾合理需要的重製物，而不管在散布時是有償或無償提供重製物。通常著作都利用公開發行方式，讓其著作重製物在公眾間交易或流通，使大家能了解其著作之內容，引起社會共鳴或批評，或因而聲名大噪，或以此而取得經濟上的利益。縱使名氣不足，無法名利雙收或獲得肯定的價值，如果能從他人的批評與指正中，取得建議與經驗，仍不失為提昇作品水準的最佳途徑。

小博士解說

公開發表除了是著作人格權與著作財產權的行使外，它還關係著某些著作之著作財產權的存續期間。因為下列四種情況下，著作之著作財產權存續期間，不便以著作人死亡時為計算標準，而改以著作公開發表時為起算點：❶攝影、視聽、錄音、電腦程式及表演著作，其存續期間較短；❷法人為著作人之著作，其並無所謂死亡時；❸非眾所周知之別名著作或不具名著作，一般大眾難確認該著作人何時死亡；❹著作如於著作人死亡後40年至50年間，始首次公開發表者，著作權法特別賦予該著作財產權之存續期間。

公開發表與公開發行

公開發表	→	著作人的「公開發表權」，事實上僅有「第一次公開發表」其著作的權利，一旦著作經著作人第一次公開發表後，就不能再主張「公開發表權」。
公開發行	→	「公開發行」指著作人或著作權人散布能夠滿足公眾合理需要的重製物，而不管在散布時是有償或無償提供重製物。

情境狀況

還沒販售的音樂CD片，大賣場是否可以播放裡面的音樂嗎？

營業場所接收電視或廣播所播送的聲音或影像後，為了讓營業場所各角落都能收視或收聽，另外拉線加裝喇叭、音響設施或增加視訊設備，擴大原電視、廣播播送的效果，這就屬於公開演出或公開播送的著作利用行為，要取得合法的授權。

倘若購買正版CD片，想要在營業場所播放，因為涉及公開演出問題，仍要取得合法授權，否則還沒販售音樂CD片，就因為涉及盜版行為，而違法了。

合法購買正版

千萬別使用盜版

UNIT **2-7**
「著作權」與「著作鄰接權」

圖解著作權法

（一）著作權的鄰居

我國對於創作是在著作權法中條列各種類型的著作，並分別給予各種不同程度的保護，然而在國際間除了著作權法制外，尚有所謂「鄰接權」（neighboring rights）的概念。著作鄰接權從字義來看是「著作權的鄰居」，真實的意義乃是「與著作權相鄰的權利」，指接近、緊鄰於著作權的權利。歐陸等成文法國家稱為「其他相關權利」（other related rights），其本身並非著作權所保護的對象，但是由於表演人的表演、錄製人的錄音及播送事業的播送節目等動態性著作，同屬於「創作輔助者」的角色，雖然創作性不高，但對於文化散布有相當程度的貢獻，所以國際上有許多國家都賦予等同或類似著作權的各種不同程度保護。

（二）著作鄰接權的實質內容

「著作鄰接權」在實質內容上，狹義的說，包括「表演人禁止他人未經其同意，將其表演加以固著、直接廣播或對公眾傳播之權利；錄音物製作人授權或禁止他人重製其錄音物、輸入或散布未經其授權而重製之錄音物之權利；廣播機構授權或禁止他人就其廣播加以再廣播、固著或重製之權利」；廣義的說，則尚包括其他與著作權相近的權利，例如對於照片、電影及出版書所享有的權利，以及近年來保護資料庫（database）或民俗創作（folklore）的特別權利（sui genris）等，我國的製版權也是其中一種。

著作權法制原本分為「著作權法制」（Copyright System）與「著作人權利法制」（Author's Right System）。前者為美國、英國等習慣法（common law）國家所採用，純粹從經濟利益的角度考量，認為著作權保護目的是在經濟上給予投資於創作者的回報；後者為歐洲、拉丁美洲及其他成文法（civil law）國家所採用，認為著作權保護之目的是在保障創作人創作的天賦人權，重於確保著作人對自己創作的控制。

著作人權利法制國家既然認為著作必須以人的精神創作為成分，而攝影、電影、錄音、廣播等科技出現後，或有法人成為創作人（如電影、錄音、廣播），或有就既有著作的利用結果（如歌舞或劇本的表演或廣播機構之廣播），或有利用科技的結果（如攝影），其或不是自然人的創作，或是創作性較低者，不宜以著作權法保護之，於是必須建立一套較低的保護標準以為因應，著作鄰接權制度因此而產生。

目前國際間關於著作鄰接權的公約主要為1961年的「保護表演人、錄音物製作人及廣播機構之國際公約，簡稱為羅馬公約（Rome Convention）」，以及1996年的「世界智慧財產權組織表演及錄音物條約」。我國雖是採著作人權利法制國家，但對於表演及錄音物都是以著作權保護，至於廣播機構的廣播除以視聽或錄音保護著作人權利外，並不特別保護廣播機構的權利。

著作鄰接權的內容

著作鄰接權

狹義 → ①表演人的表演
②錄音物著作人的錄音
③廣播機構的播送節目

廣義 → 狹義 ＋ ①資料庫
②民俗創作
③照片、電影及出版書
④製版權……

著作權法制

著作權法制
（Copyright System） → **美國、英國等採用習慣法（common law）**
純粹從經濟利益的角度考量，認為著作權保護目的是在經濟上給予投資於創作者的回報。

著作人權利法制
（Author's Right System） → **歐洲、拉丁美洲及其他國家採用成文法（civil law）**
認為著作權保護之目的是在保障創作人創作的天賦人權，重於確保著作人對自己創作的控制。

著作鄰接權的公約

著作鄰接權
的公約

→ 1961年 → 「保護表演人、錄音物製作人及廣播機構之國際公約（The International Convention for the Protection of Performers, Producers of Phonograms and Broadcasting Organizations），簡稱為羅馬公約（Rome Convention）」。

→ 1996年 → 「世界智慧財產權組織表演及錄音物條約」。

知識補充站

著作鄰接權，屬於「創作輔助者」的角色，從字義上來看是「著作權的鄰居」，真實的意義乃是「與著作權相鄰的權利」，指接近、緊鄰於著作權的權利。

第 **3** 章

著作的類型

●●●●●●●●●●●●●●●●●●●●●●●●●●●● 章節體系架構 ▼

UNIT **3-1** 語文著作

（一）語文著作的內容

圖解著作權法

語文著作是人類最早創作的著作類型，也是著作權法最原始的保護標的。語文著作包括文字著作與語言著作二部分。詩、詞、散文、小說、劇本、學術論述等，都是傳統上常見的文字著作；而點字、速記符號或電信符號等，可由暗號、符號或記號轉換成為文字，所以也屬於文字著作。而語言著作，則是以口述的方式來產生著作，例如老師的講課、政治家的演說、宗教家的講道說經，或是婚喪喜慶典禮中賓客的致詞等都是語言著作；但是，如果只是單純事實的報告或是日常生活的會話、對談等，因缺乏創意的要件，並不是著作權所保護的著作範圍。

（二）民意調查是語文著作嗎？

近來較為流行的「民意調查」，是否屬於語文著作？在實務上，根據民意調查的結果所作成之「調查報告」，它是屬於具有原創性質的社會科學創作，自得成為著作權的客體，也是一種語文著作；而民意調查本身所得的數據，雖然和調查報告有密不可分的關係，但由於它的性質僅是一項事實，並不受著作權法的保護；特別是透過雜誌或報紙所報導的民意調查結果，依著作權法第9條第4款規定，更可確定並無著作權，社會大眾可以自由引用調查所得的數據，並作統計分析、推論預測或詮釋所代表意義或反映的現象。

（三）語文著作的著作財產權種類

我國在1928年首次制定著作權法時，語文著作是以「書籍論著及說部」的名稱來規範，隱喻著保護範圍僅限於輯集成書的著作，1944年改稱為「文字之著譯」，1985年又將它分為「文字著述」、「語言著述」及「演講」等三類著作，復於1992年6月10日修正時定名為「語文著作」，並沿用至今，保護的範圍則擴展至詩、詞、散文、小說、劇本、學術論述、演講及其他語文著作。依現行著作權法規定，語文著作可享有重製權、公開口述權、公開播送權、公開演出權、公開傳輸權、改作權、編輯權、散布權及出租權等九種著作財產權，而沒有公開上映權及公開展示權。

小博士解說

書法在形式上雖然是以文字的方式來表現，但是它在本質上，是書法家將自己的思想或感情，藉由筆劃、線條與字體結構、版面配置等所作的原創性表現，它所表達的是藝術價值，而非文字的意義或組合，所以，書法被歸類為美術著作，而不是語文著作。縱然所書寫的文字內容是簡短的標語（標語為不受著作權保護的語文著作），仍會被認定為著作，受到著作權法的保護。另外，我國傳統習俗上，常有文人雅士在婚喪喜慶或建築物落成等場合，為人題字、題詩的情形，這些字詞、詩句可能是美術著作，也可能是語文著作；一般來說，如果是以筆墨書寫（書法）或雋刻在牆壁或器物上（雕刻），則為美術著作，如果只是用一般紙筆書寫，著重在文字內容的呈現，則就是語文著作。

文字著作與語言著作

| 文字著作 | 詩、詞、散文、小說、劇本、學術論述都是傳統上常見的文字著作；而點字、速記符號或電信符號等可由暗號、符號或記號轉換成為文字者，也屬於文字著作。 |
| 語言著作 | 以口述方式產生的著作，例如老師之講課、政治家之演說、宗教家之講道說經或婚喪喜慶典禮中之致詞等，都是語言著作。 |

民意調查，是否屬於語文著作？

| 民意調查的結果所作成之「調查報告」 | 根據民意調查的結果所作成之「調查報告」，它屬於具有原創性質的社會科學創作，自得為著作權之客體，也是一種語文著作。 |
| 民意調查本身所得之數據 | 雖然和調查報告有密不可分的關係，但是它的性質僅是一項事實，並不受著作權法的保護。 |

語文著作的著作財產權種類

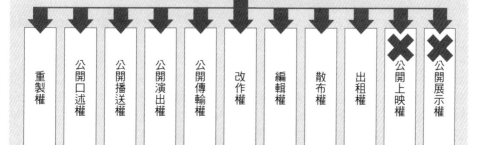

語文著作的
著作財產權種類

- 重製權
- 公開口述權
- 公開播送權
- 公開演出權
- 公開傳輸權
- 改作權
- 編輯權
- 散布權
- 出租權
- ✖ 公開上映權
- ✖ 公開展示權

UNIT **3-2**
音樂著作

圖解著作權法

（一）音樂著作的內容

音樂著作的內容包括曲譜、歌詞及其他之音樂著作，須以音調或旋律加以表現，除歌詞外，主要可分成為樂曲與樂譜。樂曲是指將高低、強弱、長短等各種的音調組合創作成旋律，並附有種種的裝飾音或伴奏等；而樂譜則是指以符號、數字或其他記號所表現的著作。

如果只是以普通的方法，將原來無樂譜的樂曲作成新的樂譜時，由於所作成的樂譜並無原創性，所以不能產生新的著作；但是，如果採用獨特的方法或融入自己的詮釋方式，來作成樂譜，則可成立新的著作，受著作權法的保護。同樣地，有些歌詞雖然極短，其字數可能只有將短短十幾個字而反覆的演唱，但因為社會的慣例並未因而否認其為歌詞的性質。所以，只要是獨立創作的歌詞，具有原創性，即可成為音樂著作，而受著作權法保護。另外，音樂著作注重內容的表達，而不限制作者在創作時所使用的工具為何，例如有人可以利用撰寫電腦程式來創作歌曲的旋律（曲譜），仍不失為音樂著作。

（二）錄音著作強制授權

著作權法為加速音樂著作的流通使用，對於錄有音樂著作的銷售用錄音著作，著作權法第69條第1項有強制授權的規定：即在該錄音著作發行滿六個月以後，想要利用該音樂著作再錄製成其他銷售用的錄音著作者，只要經申請著作權專責機關的許可，並依規定的使用報酬給付給該音樂著作權人後，就可以利用該音樂著作而另行錄製其他銷售用的錄音著作，免去須事先徵詢著作權人同意或授權議約的繁瑣程序，也不會因而

無法取得授權，造成市場壟斷的情形。但是應該注意的是，在取得許可並給付使用報酬後，須另行再由其他歌手演唱或樂團演奏，重新灌錄成另一錄音著作來發行；也就是說，這種強制授權，並非許可將原已錄製的錄音著作直接予以重製發行，如直接重製發行，則會侵害到原錄音著作的重製權。

（三）音樂著作的著作財產權種類

在1928年著作權法頒布實施時，曲譜最早被單獨列為樂譜著作物，可受著作權法的保護，而歌詞並未被包含在曲譜內，無法受著作權法的保護；直到1944年著作權法修正時，歌詞才被歸納為文字著譯的一種類型，與曲譜分屬不同著作類型，但是同樣都可以受到著作權的保護。1985年著作權法修正時，才正式開始將曲譜、歌詞及其他之音樂著作，全部合而為同一種類型，並明定為音樂著作。依照現行著作權法的規定，音樂著作可享有重製權、公開播送權、公開演出權、公開傳輸權、改作權、編輯權、散布權及出租權等八種著作財產權，而沒有公開口述權、公開上映權及公開展示權。

😃 小博士解說

「音樂著作強制授權」制度是伯恩公約第13條所允許的國際性著作權公約規定，世界許多國家，如美國、德國、日本、韓國等都有相關規定，只是每個國家在允許可以強制授權的條件，各有不同的規範。

音樂著作

音樂著作的內容

→ 包括曲譜、歌詞及其他之音樂著作，須以音調或旋律加以表現，除歌詞外，主要可分成為樂曲與樂譜。

→ 將原來無樂譜的樂曲，以獨特的方法所作成的新樂譜，則可成立新的著作，受著作權法的保護。

音樂著作的型態

實務發展

→ 即使歌詞極短，字數只有短短十幾個字，反覆演唱，只要是獨立創作之歌詞，即有原創性，即為音樂著作，而受著作權法保護。

→ 不論其創作所使用之工具為何，例如利用電腦程式創作歌曲之旋律（曲譜），仍為音樂著作。

→ 銷售用錄音著作，有強制授權的規定：在該錄音著作發行滿六個月後，想要利用該音樂著作再錄製成其他銷售用錄音著作的人，只要經申請經濟部智慧財產局的許可，並依規定的使用報酬給付該音樂著作權人後，就可以利用該音樂著作而另行錄製其他銷售用錄音著作。

音樂著作的著作財產權種類

音樂著作的著作財產權種類

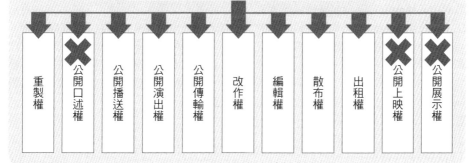

重製權	公開口述權 ✖	公開播送權	公開演出權	公開傳輸權	改作權	編輯權	散布權	出租權	公開上映權 ✖	公開展示權 ✖

UNIT 3-3 戲劇、舞蹈著作

（一）戲劇、舞蹈著作的內容

戲劇、舞蹈著作包括舞蹈、默劇、歌劇、話劇及其他之戲劇、舞蹈著作，它是以身體動作來抒發感情、描述故事或劇情等，所表現的一種肢體藝術性質的著作類型。由於戲劇、舞蹈著作是屬於身體動作的著作型態，如為一般人日常生活中，常需要做的姿勢動作，例如吃飯、走路或跑跳等動作；或是僅是純粹為自娛性或是機械性的運動競技性質，例如指定特定技術的體操、滑水、跳水、社交舞蹈或國際標準舞等，屬於一般人稍作練習或組合，皆可以模仿或重複演出的動作，並無保護的意義，不應包括在著作權法的保護範圍。所以，戲劇、舞蹈著作在認定上，應具有創作高度，且達到足以表現出作者個性或獨特性的程度，如前述運動競技所指定動作以外，而屬於「藝術分數」之選手自己編排或自創的動作，用來展現選手的肢體美感或特殊技巧者，則應以獨立的舞蹈或表演著作受保護。

（二）劇本

由於戲劇、舞蹈含有韻律與娛樂性的藝術，故常與音樂相結合，二者均能各自成為獨立著作，也可將二者融合成單一的著作。至於劇本雖然常被用來記載戲劇中各種角色的對白或描述場景等資訊，以文字表現出來，並提供給表演者表演時使用，與戲劇關係十分密切，但劇本本身是另一項著作，被視為屬於語文著作的一種獨立著作，它可能是作者為戲劇獨立創作出來的獨立著作，也可能是從一部小說或童話名著改作而來的衍生著作。

（三）戲劇、舞蹈著作的著作財產權種類

我國早期並不把戲劇、舞蹈視為一種著作，加以特別保護，遲至1985年修正著作權法時，才將演藝、舞蹈與演講、演奏歸類為同一類型的著作，開始保護它的著作權；在1992年6月10日修正著作權法以後，才將戲劇與舞蹈歸為同一類型的著作，並沿用到現在。依照著作權法的規定，戲劇、舞蹈著作可享有重製權、公開播送權、公開演出權、公開傳輸權、改作權、編輯權、散布權及出租權等八種著作財產權，而沒有公開口述權、公開上映權及公開展示權。又戲劇、舞蹈著作享有公開演出權，其公開演出的行為，又可構成另一獨立的表演著作類型。

小博士解說

戲劇、舞蹈通常會以敘述一部知名小說為內容，此時如要將小說改寫成劇本，屬於該小說的改作權，必須取得該著作財產權權人的同意，所寫成的劇本即成為另一項語文著作，就享有獨立完整的著作權，欲利用這劇本作為戲劇或舞蹈表演者，也需要取得此劇本的著作財產權權人同意公開演出，當演出完成時候，又產生另一個衍生的戲劇、舞蹈著作，也同樣享有獨立完整的著作權。

又如果將劇本拍攝成電影則屬於改作權的行使，也需要取得劇本著作財產權人的同意，完成後成為另一個衍生的視聽著作。

戲劇、舞蹈著作

定義	舞蹈、默劇、歌劇、話劇及其他之戲劇、舞蹈著作，即以身體之動作所表現抒發感情、描述故事或劇情之著作。戲劇、舞蹈著作應具有創作高度，且達到足以表現出作者個性或獨特性的程度。
與音樂著作的關係	戲劇、舞蹈含有韻律與娛樂性的藝術，故常與音樂相結合，二者均能各自成為獨立著作，也可將二者融合成單一著作。
劇本的性質	劇本雖然常被用來記載戲劇中各種角色的對白或描述場景等資訊，並提供給表演者表演使用，與戲劇關係十分密切，但劇本本身是另一項著作，且是屬於語文著作的一種。

戲劇、舞蹈著作的著作財產權種類

戲劇、舞蹈著作的著作財產權種類

重製權	✖ 公開口述權	公開播送權	公開演出權	公開傳輸權	改作權	編輯權	散布權	出租權	✖ 公開上映權	✖ 公開展示權

小說、劇本與戲劇

哈利波特小說	改作權	哈利波特電影或話劇劇本（成為語文著作）
哈利波特電影劇本	改作權	哈利波特電影（成為視聽著作）
哈利波特話劇劇本	公開演出權	哈利波特話劇（成為戲劇著作）

UNIT **3-4**
美術著作

（一）美術著作的內容

美術著作是指以描繪、著色、書寫、雕刻、塑型等平面或立體的美術技巧表達線條、明暗或形狀等，來表現出作者的思想感情，以美感為特徵的創作。一般而言，包括繪畫、版畫、漫畫、連環圖（卡通）、素描、法書（書法）、字型繪畫、雕塑、美術工藝品及其他等美術著作。

繪畫、版畫、漫畫、連環圖（卡通）、素描、雕塑與美術工藝品等，都是傳統的美術範疇，大家不難理解與分辨。而書法是我國傳統藝術中的一種，書法家將思想或感情以線條筆畫表現出來，是知性的、文化的精神或動作的原創性產物，故被認定為著作（物）；又書法雖然在外觀形式上為文字型態，但是它所表達的是藝術價值，而非文字的組合，所以將它歸類為美術著作，而非語文著作。至於字型繪畫，是將文字作一致性的繪畫設計，一般大多使用在電腦字型或印刷、刻印字型上，例如我國印刷上常用的篆體、明體、宋體、仿宋體等字體，以及在電腦文書使用的細明體、Times New Romans、Arial或華康藝術字等字型，都是美術著作。

（二）印刷或複印不能成為美術著作

在市面上常見的化妝品公司色卡型錄，它與一般商品的型錄不同，每頁（多採活頁式）是經具有原創性的美術編排，各式個別圖樣、相對應之背景、圖形、色彩與文字等整體編輯，都可以成為獨立的美術創作。但是，如果是用印刷或複印的方法，將已存在的美術著作加以重複製作，這種複製行為是屬於美術著作的重製，而且印刷及複印均屬機械方式及工業方法，並不是美術的技巧；又雖然印刷或複製時，也重現美術著作的內容，但仍不能算是有創作的行為，也不能成為美術著作。

（三）美術著作的著作財產權種類

我們對於美術著作的保護，從1929年制定著作權法開始，即保護美術的著作權。依照現在的著作權法規定，美術著作可享有重製權、公開播送權、公開展示權、公開傳輸權、改作權、編輯權、散布權及出租權等八種著作財產權，而沒有公開口述權、公開上映權及公開演出權。

🙂 小博士解說

美術著作在伯恩公約中稱為「應用美術著作」（works of applied art），是允許在著作權與專利權間選擇作為保護的標的。在我國，「應用美術」係以新式樣專利保護，但「應用美術」中的「純藝術創作或美術工藝品」則專以著作權法中的「美術著作」來保護，不受新式樣專利的保護。例如手工捏製之陶瓷作品、手工染織、竹編、草編等，是應用美術技巧以手工製作與實用物品結合而具有裝飾性價值，可表現思想感情的創作，均屬於美術工藝品之美術著作；如果這些作品是以模具製作或機械製造可多量生產或複製者，則屬於工業產品，就不是著作權法所保護的著作範圍。

美術著作

定義	以描繪、著色、書寫、雕刻、塑型等平面或立體的美術技巧表達線條、明暗或形狀等,來表現出作者的思想感情,以美感為特徵的創作。
型態	繪畫、版畫、漫畫、連環圖(卡通)、素描、法書(書法)、字型繪畫、雕塑、美術工藝品及其他等美術著作。
化粧品公司之色卡型錄	① 有別於一般之產品型錄,每頁(活頁)如係經具有原創性之美術編排,其各式個別圖樣、相對應之背景、圖形、色彩與文字等整體編輯均為獨立美術創作。 ② 若是以印刷或複印之方法,將美術著作予以重複製作者,則是屬於美術著作之重製物,且印刷及複印均屬機械方式及工業方法,並非美術技巧,雖然重現美術著作之內容,但不是創作,而不能被歸屬於美術著作。

美術著作的著作財產權種類

美術著作的
著作財產權種類

重製權	✖ 公開口述權	公開播送權	✖ 公開演出權	公開傳輸權	改作權	編輯權	散布權	出租權	✖ 公開上映權	公開展示權

伯恩公約中的美術著作應用在台灣的情況

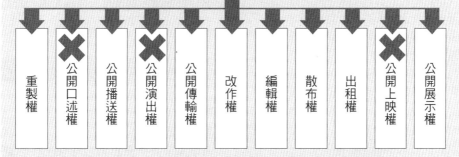

伯恩公約的「應用美術著作」,允許在著作權與專利權間選擇作為保護的標的

應用美術
應用美術中的「純藝術創作或美術工藝品」

以新式專利樣保護
以著作法中的「美術著作」來保護,不受新式專利樣保護
例如手工捏製之陶瓷作品、手工染織、竹編、草編等,是應用美術技巧以手工製作與實用物品結合而具有裝飾性價值,可表現思想感情的創作,均屬於美術工藝品之美術著作。

UNIT **3-5**
攝影著作

圖解著作權法

（一）攝影著作的內容

攝影著作是將思想或感情以一定的固定影像加以表達的著作，在過程中有極大的程度需要依賴機械作用及技術來創作。由於在攝影製作時，須先決定主題，並對被攝影的對象、整體構圖、取景角度、光線強弱及曝光速度等有所選擇與調整；在顯影及沖洗時，也可以加以人為的控制，甚至有時也需要修改底片，來表達出作者的特殊風格，這些都有作者的原創性，所以它的著作權應加以保護。

攝影著作是經由攝影行為的結果而產生，而所謂「攝影行為」是指包括觀景窗的選景、光線的決取、焦距的調整、速度的掌控、快門使用的技巧等一連串行為的結合，也就是說，凡能使光影附著於底片上的一系列行為都屬之。除了傳統以膠片感光方式的攝影以外，隨著數位相機等科學技術的進步，直接以數位方式儲存並顯示影像所完成的攝影，也屬於攝影著作範圍。也可以說，攝影行為是包含使用一切攝影技術所產生的成果，包括正片、負片、沖洗後的照片及數位方式儲存、顯示的影像。

但是，如果只是將產品或獎牌拍攝成照片，用來供包裝盒上產品或得獎的說明，或是身分證照用的半身照片，或是拍攝航空或衛星照片等，由於缺乏原創性，都不屬於攝影著作。例如，廚具公司僅是將靜態的瓦斯爐產品及得獎獎牌忠實的加以拍攝，以呈現產品及獎牌的原始面貌，作為產品介紹、說明或型錄使用，該攝影即不受著作權法的保護。不過，假使該產品型錄中的產品照片在拍攝時，對於背景、燈光及角度等有特殊的選擇及安排，而達到可以表現作者思想或情感創作的程度，符合著作的要件，仍可受到著作權法的保護。

（二）攝影著作的著作財產權種類

我國對於攝影著作的保護，源自1928年首度頒定著作權法即開始，不過，當時只限於將照片列為著作物，加以保護；直到1985年修正著作權法後，才將保護的範圍擴大，包括照片、幻燈片及其他以攝影之製作方法所創作的著作，也就是包括攝影行為結果，所產生的正片、負片及沖洗後照片等。依照著作權法規定，攝影著作可享有重製權、公開播送權、公開展示權、公開傳輸權、改作權、編輯權、散布權及出租權等八種著作財產權，而沒有公開口述權、公開上映權及公開演出權。

小博士解說

攝影著作的認定，有時當事人會對是否符合著作的要件發生爭執，如果無法取得共識，就必須循法律途徑，由法院依個案來裁判決定；在訴訟程序中，講求實際的證據，因此建議著作人應保留拍攝時的記錄，諸如人、時、地、物，以及使用特殊取景角度、感光等相關資料，在舉證時可具體說明創作的過程，較能取得法官的認同。而使用者在合理使用的範圍內，引用攝影著作時，也要標示出處及著作人資訊；如果無法確認是在合理使用的範圍下，特別是屬於商業用途的運作時，還是先徵求著作權人的同意，在取得授權的範圍內使用，可避免不必要的爭端。

攝影著作

定義	將思想或感情以一定的固定影像加以表達的著作，需要依賴機械作用及技術來創作，由於在攝影製作時，須先決定主題，並對被攝影的對象、整體構圖、取景角度、光線強弱及曝光速度等有所選擇與調整，在顯影及沖洗時也可以加以人為控制，有時也需要修改底片，以表達出作者的特殊風格，都有其原創性，故以著作加以保護。
型態	照片、幻燈片及其他以攝影之製作方法所創作的著作，也就是包括正片、負片及沖洗後之照片等攝影行為所產生之成果，直接以數位方式儲存並顯示影像所完成之攝影，也屬於攝影著作之範圍。
缺乏原創性都不屬於攝影著作	將靜態之獎牌實體拍攝成照片，用以供包裝盒上產品得獎之說明。
	身分證照用之半身照片
	航空或衛星照片

攝影著作的認定

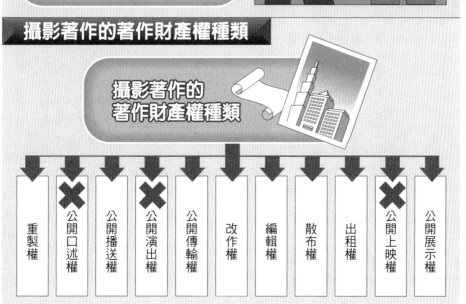

攝影著作的著作財產權種類

攝影著作的著作財產權種類

重製權	✗公開口述權	公開播送權	✗公開演出權	公開傳輸權	改作權	編輯權	散布權	出租權	✗公開上映權	公開展示權

UNIT **3-6**
圖形著作

（一）圖形著作的內容

圖形著作包括地圖、圖表、科技或工程設計圖及其他的圖形等著作。其中地圖著作係指保護各種素材的選擇（例如：行政或地理區域、地表高度或觀光名勝等）及記號的表現方法（例如：在地圖上為表示出鐵公路或首都縣城位置所使用的符號），而不是指地圖所表現的自然或人文現象。而科技或工程設計圖，則是指器械結構或分解圖、電路圖或其他科技或工程設計等圖形；另外圖表及其他之圖形著作，範圍包括平面的分析表、圖表、圖解、座標圖，以及立體的天體模型、人體模型、地質模型或動植物模型等具有學術性質的著作。

（二）電路圖

在圖形著作中常有平面圖形轉成立體圖形的爭議，如果只是將著作表現的概念製作成立體的物件，例如依照「電路圖」所標示的尺寸、規格，以按圖施工的方法做成電路板，則是屬於「實施」的行為，只要該立體物上沒有顯示出電路圖的設計圖形（著作內容），就不屬於著作權法所保護的著作。又同一項電路設計，可以用各種不同的電路圖來表現，因此各電路設計圖，如果表現的圖形不同，縱使它們所表達的是同一個電路的概念，也不會發生抄襲的問題，從而也不會發生侵害著作權的結果；同理，產品中的電路與其他產品雷同，但如電路設計圖不同，也不至於侵害到彼此的著作權。

（三）圖形著作的著作權種類

我國是在1985年修正著作權法時，才同時將圖形著作、地圖著作及科技或工程設計圖形著作等三種，分別列為不同的著作類型，加以保護。在1992年6月10日修正著作權法後，即簡併成圖形著作單一類型。依照著作權法規定，圖形著作可享有重製權、公開播送權、公開傳輸權、改作權、編輯權、散布權及出租權等七種著作財產權，而沒有公開口述權、公開上映權、公開演出權及公開展示權。

小博士解說

在圖形著作的認定上，實務上多採較寬的標準，例如法院在個案判斷時認為，如果兩個圖形內容，雖然都是以中央區及兩側對稱的圖組概念組成，而且都用蜂巢底圖、花瓣及蜜蜂等圖案來表彰產品與原料間的關聯性，在布局、觀念與構想上存有雷同相似之處，但並不完全一致，由於著作權法所保護的是觀念與構想的表達方式，不是觀念構想的本身，只要是著作出於各著作人獨立創作的結果，其間無抄襲的情事，縱與他人著作雷同，各人就各自的著作都得享有著作權，也沒有侵害著作權的問題。在科技或工程的設計圖，通常會附有製造、操作、營造的手冊或說明書，它大多不在圖形中呈現，而是以單獨的書冊方式，來作為製造或操作說明使用，雖然，這些手冊或說明書與該圖形著作息息相關，但並不屬於圖形著作的範圍，而依照它的創作性質，可成為一種獨立的語文著作。

圖解著作權法

圖形著作

定義	地圖、圖表、科技或工程設計圖及其他的圖形等著作。其中地圖著作係指保護各種素材的選擇（如行政或地理區域、地表高度或觀光名勝等）及記號的表現方法（如在地圖上為表示出鐵公路或首都縣城位置所使用之符號），而不是指地圖所表現的自然或人文現象。
	科技或工程設計圖，則是指器械結構或分解圖、電路圖或其他科技或工程設計等圖形。
	圖表及其他之圖形著作，範圍包括平面的分析表、圖表、圖解、座標圖，以及立體的天體模型、人體模型、地質模型或動植物模型等具有學術性質的著作。
平面圖形轉成立體圖形的爭議	如果只是將著作表現的概念製作成立體的物件，屬於「實施」的行為，只要該立體物上沒有顯示出電路圖的設計圖形（著作內容），就不屬於著作權法所保護的著作。
	同一項電路設計，可以用各種不同的電路圖來表現，縱使它們所表達的是同一個電路的概念，也不會發生抄襲的問題，不會發生侵害著作權的結果。
	產品中的電路與其他產品雷同，但如電路設計圖不同，亦不致侵害著作權。

第 3 章 著作的類型

圖形著作的著作財產權種類

圖形著作的著作財產權種類

重製權	公開口述權 ✖	公開播送權	公開演出權 ✖	公開傳輸權	改作權	編輯權	散布權	出租權	公開上映權 ✖	公開展示權 ✖

圖形著作的認定

作者甲	作者乙
享有A圖的著作財產權	享有B圖的著作財產權

UNIT **3-7**
視聽著作

圖解著作權法

（一）視聽著作的內容

　　視聽著作是作者將思想或感情以連續的影像加以表現，它必須以附著在固定物為要件，通常會固定在影帶、膠捲、卡匣、碟片或其他記憶體等各式各樣的媒體上。一般而言，電影、錄影、碟影、電腦螢幕上顯示的影像，以及其他藉用機械或設備來表現系列的影像，不論它是否有無附隨聲音，也不管它所附著在何種媒介物上，都是視聽著作。

　　視聽著作的創作過程中，常會利用到其他類型的著作，它可能是就戲劇著作之表演所錄製的結果，而且經常是由音樂、美術、語文及錄音等其他著作總合而成，日常生活中常見的電影、電視連續劇及網路部落格中的影音短片，都屬於視聽著作的一種；但是，如果像幻燈片一樣，僅是一張一張而非連續的影像者，則是屬於攝影著作，而不是視聽著作。

（二）視聽著作物的著作財產權種類

　　我國在1944年第1次修正著作權法時，開始將電影片列入著作權保護，並與發音片及照片歸屬同類著作；1985年又修正將電影著作獨立為一種著作類型，並增列錄影著作以保護用系統之聲音、影像首次直接附著於錄影用的媒介物，而非電影使用的著作；1992年6月10日著作權法第6次修正時，則將電影與錄影二者合併成視聽著作。依著作權法的規定，視聽著作可享有重製權、公開播送權、公開上映權、公開傳輸權、改作權、編輯權、散布權及出租權等八種著作財產權，而沒有公開口述權、公開演出權及公開展示權。

小博士解說

　　「攝影著作」與「視聽著作」二種類型頗為相似，但受到著作權法保護的內容、範圍有所不同，故應加以區別。一般而言，如果是以攝影機或其他機器設備呈現系列影像，例如電影、錄影等是屬於「視聽著作」；而以單一影像呈現為主，如照片或投影片，則是屬於「攝影著作」。當然，依現代攝影器材與編輯軟體等科技發展，二者之間可經由編輯或改作的方式互為轉換，衍生成新的著作；例如利用「魅力四射」或「魔術大師」等編輯軟體，將某一活動中所拍攝的照片「攝影著作」，配合文字註解或音樂、語音旁白等組合成專輯，則成為另一項「視聽著作」；反之，亦可利用「POWER DVD」或「Media Player」等影片播放軟體，從一部電影或錄影中擷取某一影像，並對其背景、光線等加以編輯成一張數位照片，而成為一項「攝影著作」。不論如何轉變，均涉及原著作的改作或編輯，於事前都須經過著作財產權人的同意，同時，也應注意所作改變是否有損及原著作人的聲譽，而發生侵害著作人格權中的同一性保持權。此外，所衍生的新著作享有該類型著作的著作權，也不會影響原著作的著作權。

視聽著作

立法過程	我國於1944年著作權法修正時，首次將電影（片）著作列為保護的對象；直到1985年著作權法修正時，才增加錄影著作，並各以獨立的著作類型分別受著作權法保護。而隨著科技發展，媒體更加多樣化，在1992年6月10日著作權法修正時，終於將電影著作與錄影著作二者合併為一，並統稱為視聽著作。
定義	視聽著作係將思想或感情以連續的影像加以表現，視聽著作必須以附著於固定物為要件，一般固定在影帶、膠捲、卡匣、碟片或其他記憶體上。
類型	電影、錄影、碟影、電腦螢幕上顯示的影像，以及其他藉用機械或設備來表現系列的影像，不論它是否有無附隨聲音，也不管它所附著在何種媒介物上，都是視聽著作。

視聽著作與攝影著作的區別

視聽著作 ➤ 以攝影機或其他機器設備呈現系列影像，例如電影、錄影等屬於「視聽著作」。

攝影著作 ➤ 以單一影像呈現為主，如照片或投影片，則是屬於「攝影著作」。

➤ 依現代攝影器材與編輯軟體等科技發展之間可經由編輯的方式互為轉換，或改成新的著作，衍生二著作。

視聽著作的著作財產權種類

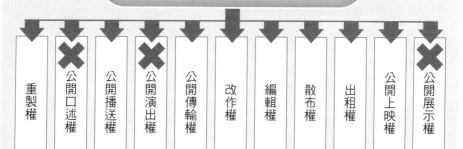

視聽著作的著作財產權種類

重製權　公開口述權 ✕　公開播送權　公開演出權 ✕　公開傳輸權　改作權　編輯權　散布權　出租權　公開上映權　公開展示權 ✕

UNIT **3-8**
錄音著作

圖解著作權法

（一）錄音著作的內容

　　錄音著作包括任何藉用機械或設備來表現系列的聲音，與視聽著作一樣，以附著於固定物為要件，但如果是附隨在視聽著作中的聲音，則不再單獨保護，不屬於錄音著作。由於錄音著作呈現的方式，常須與其他類型的著作結合，所以在分辨上容易產生混淆不清的情形。以目前常見的音樂專輯為例，如果以含有影像的音樂VCD或DVD方式發行，它本身是視聽著作，而其中所含的錄音著作，被視聽著作吸納而不單獨保護，但是專輯中的曲譜與歌詞等音樂著作，則不受影響仍然獨立存在。如果音樂專輯以只有聲音而無影像的音樂CD方式發行時，則這專輯中就包含了各自獨立的錄音著作與音樂著作。

　　錄音著作並不以錄製人的聲音為限，將自然界的風聲、雨聲或雷擊聲等錄製成系列的聲音，或是將拍手聲、踏步聲或汽機車聲等錄製成罐頭音樂，由於這些獨立錄製的作品能藉機械或設備表現系列聲音，都能成為受著作權法保護的錄音著作。不過，如果這些聲音是在視聽著作錄製時，一併附隨錄製者，例如拍攝電影時，同步收錄的自然界聲音、汽機車聲或人群吵雜聲等，則依前述被視聽著作吸納的結果，而無法成為獨立受著作權法保護的錄音著作。

（二）錄音著作的著作財產權種類

　　我國對於錄音著作的保護，最早是在1944年著作權法修正時，以發音片作為著作權保護的標的。1985年著作權法修正後，改以錄音著作名稱，一直沿用到現在。依著作權法的規定，錄音著作可享有重製權、公開播送權、公開演出權、公開傳輸權、改作權、編輯權、散布權及出租權等八種著作財產權，而沒有公開口述權、公開上映權及公開展示權。但依著作權法第26條第3項規定，著作人或著作財產權人雖享有錄音著作的公開演出權，卻無法禁止他人公開演出，而僅得請求公開演出者支付使用報酬。

小博士解說

　　錄音物在英美法系國家（如美國、英國）大多以著作權來保護，而在大陸法系（如德國、法國、日本、西班牙及中國大陸等）則以著作鄰接權保護；雖然，就法理而言，錄音常是其他類型著作表現的結果或是複製的方法，將它視為著作鄰接權，附隨在其他類型著作中來保護，較為適宜；但就獎勵文化創作的立場而言，將它視為另一類型的著作，本身可獨立地享有著作權，這樣的保護程度較高，可鼓勵業者投入時間與經費從事錄音著作的製作發行，促進文化交流與發展。我國是大陸法系國家，但是對於錄音著作的保護立法，不採著作鄰接權方式保護，反而受美國的影響，仿照英美法系國家直接以著作權來保護。

錄音著作

立法過程	我國對於錄音著作之保護，始於1944年著作權法修正時，以發音片為著作權保護之標的，在1985年著作權法修正後，即使用錄音著作的名稱。
定義	錄音著作包括任何藉機械或設備來表現系列聲音，與視聽著作一樣，仍以附著於固定物為要件，但是附隨在視聽著作中的聲音，則不再單獨保護，不屬於錄音著作。
類型	錄音著作並不以錄製人的聲音為限，將自然界的風聲、雨聲或雷擊聲等錄製成系列的聲音，或是將拍手聲、踏步聲或汽機車聲等錄製成罐頭音樂。

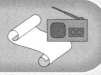

錄音著作與其他著作的區別

錄音著作與音樂著作	以只有聲音而無影像的CD方式發行時，則其中包含了各自獨立的錄音著作與音樂著作。
錄音著作與音樂著作、視聽著作	音樂專輯為例，如果以含有影像的VCD或DVD方式發行，它本身是視聽著作，而其中所含的錄音著作，被視聽著作吸納而不單獨保護，但是曲譜與歌詞等音樂著作，則不受影響仍獨立存在。

錄音著作的著作財產權種類

錄音著作的著作財產權種類

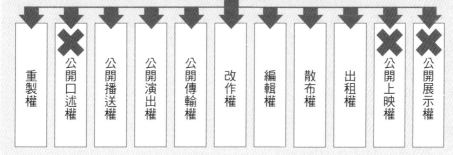

重製權	公開口述權 ✗	公開播送權	公開演出權	公開傳輸權	改作權	編輯權	散布權	出租權	公開上映權 ✗	公開展示權 ✗

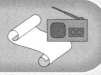

第3章 著作的類型

UNIT 3-9 建築著作

圖解著作權法

（一）建築著作的內容

建築著作包括建築設計圖、建築模型、建築物及其他之建築。建築物依建築法第4條之規定，為定著於土地上或地面下，具有頂蓋、樑柱或牆壁，而供個人（私人住宅、小型工廠或辦公室等）或公眾使用（如百貨公司、戲院、政府機關辦公廳舍及建築面積達500平方公尺以上之工廠或辦公室等）的構造物或雜項工作物；且其新建必須檢附建築設計圖向主管機關申請建造執照，其認定較為具體可見；但是並不是所有的建築物都是建築著作，它本身必須具有原創性，符合著作之要件，例如宮殿、凱旋門、寺院、教堂及具有美感的特殊建築物，才可以成為建築著作。否則，只是以實用為目的，供居住或其他目的使用的建築物，例如在災區搭建供災民居住的組合屋（如2000年發生921大地震及2009年發生88水災時，政府及民間部門所興建），以及一般的住宅、工廠等，則不屬於著作權法所保護的建築著作。至於其他之建築，則指具有藝術價值的橋樑、塔、庭園、墓碑或噴水池等，都是屬於建築著作的範圍。

隨著現代居住生活水準的提升，與建築有關的庭園設計（即戶外的景觀設計）或室內設計，其設計圖或模型應屬建築著作，並無疑義；但是庭園設計本身，像塔、涼亭、拱橋、噴水池或圍牆，可成為建築物的一部分；而庭園中之林木花草、池塘或小路等安排、設計，也可以獨立成為其他建築著作，受著作權保護。至於室內設計本身，如果只是就建築物的空間設計，並非將原建築物改作，則不是該建築著作的衍生著作，而應屬於獨立的其他建築著作。

（二）建築著作的著作財產權種類

著作權法對於建築著作的保護，出現在1985年「科技或工程設計圖形著作」中，當時只是以圖形著作型式保護建築設計圖，直到1992年著作權法修正時，始予以單獨條示，並擴大保護的範圍至建築設計圖、建築模型、建築物及其他建築。依著作權法規定，建築著作可享有重製權、公開播送權、公開傳輸權、改作權、編輯權、散布權及出租權等七種著作財產權，而沒有公開口述權、公開上映權、公開演出權及公開展示權。

小博士解說

臺北101大樓是知名的建築著作，遊客以攝影機來拍攝101大樓，雖然是以攝影方式重製建築著作的行為，但是仍屬於合理使用的利用行為，而且如該攝影具有創作性，反倒是可以主張為攝影著作，而受著作權法保護，縱使攝影者將該攝影作成明信片販售，也不會發生侵害101大樓建築著作的著作權問題。同樣地，假如有人把101大樓的樣式作成鑰匙圈後販售，也因不是重製行為，不在著作權法的保護範圍，101大樓的所有人無法以著作權法主張禁止他人的上述行為。至於業者如將101大樓作為商標申請註冊核准後，則受商標法的保護，任何使用行為即受規範。

建築著作

立法過程	1985年「科技或工程設計圖形著作」中,當時只是以圖形著作型式保護建築設計圖,直到1992年著作權法修正時,始予以單獨條示。
定義	建築著作包括建築設計圖、建築模型、建築物及其他之建築。建築物依建築法第4條之規定,為定著於土地上或地面下,具有頂蓋、樑柱或牆壁,而供個人或公眾使用的構造物或雜項工作物;且其新建必須檢附建築設計圖向主管機關申請建造執照,本身必須具有原創性,符合著作之要件。
類型	例如宮殿、凱旋門、寺院、教堂及具有美感的特殊建築物,才可以成為建築著作。

建築著作的著作財產權種類

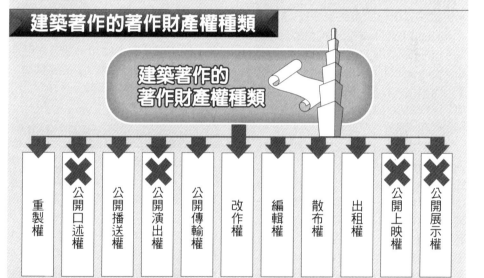

建築著作的著作財產權種類

| 重製權 | ✖ 公開口述權 | 公開播送權 | ✖ 公開演出權 | 公開傳輸權 | 改作權 | 編輯權 | 散布權 | 出租權 | ✖ 公開上映權 | ✖ 公開展示權 |

建築著作的認定

合法

將大樓照片作成明信片

UNIT **3-10**
電腦程式著作

（一）電腦程式著作的內容

電腦程式著作包括直接或間接使電腦產生一定結果為目的所組成的指令組合。電腦程式著作的保護僅及於著作的表達，亦即以原始碼或目的碼等方式表達的電腦程式本身，不包括該電腦程式所產生之系統管理、使用、操作、維護等「功能」，以及「程式描述」與「支援電腦程式的輔助文件」，也不及於用來撰寫電腦程式所使用之程式語言（program language）、程式或語法規則（program rule）或程式解法或演算法（program algonrithrn）；但是，用來將電腦程式的原始碼編譯成目的碼所使用「程式語言工具軟體」，則是另一項電腦程式著作。

「程式描述」是指以文字、圖形或其他方式所作的完整程序的表達，而其表達詳細到「得以決定構成電腦程式的指令組合」的程度，一般指電腦程式尚未寫成原始碼之前，設計階段的流程圖、程式架構和程式內容的說明。「支援電腦程式的輔助文件」則指程式指令以外的輔助資料，一般指電腦程式的使用手冊和其他說明文件。這兩項雖然不屬於電腦程式著作的範圍，但是，只要符合著作的要件，則可另外歸類為語文著作或圖形著作；又假如這兩項是在電腦程式執行時，採用電腦螢幕連續畫面方式，呈現連續性的系列影像來表達，則可歸類為視聽著作，而受著作權法的保護。

（二）電腦程式著作的著作財產權種類

用來撰寫電腦程式所用的程式語言，像COBOL、BASIC、FORTRAN、C++、JAVA等程式語言，以及其用法上的規則和程式演算法（program algorithm）等，由於都不是「直接或間接使電腦產生一定結果為目的所組成指令」，所以並不屬於電腦程式著作的範圍，無法受著作權法的保護。

電腦程式是隨電子資訊科技發展而產生新的著作類型，我國在1985年時即納入著作權法保護範圍。依著作權法的規定，電腦程式著作可享有重製權、公開播送權、公開傳輸權、改作權、編輯權、散布權及出租權等七種著作財產權，而沒有公開口述權、公開上映權、公開演出權及公開展示權。

小博士解說

假設我們聘請程式設計師來開發「網咖管理系統」，無論他使用何種工具來完成這個系統，因為這系統具有創作性，在電腦程式創作完成時，就享有電腦程式著作的著作權，而受到著作權法的保護。而程式設計師如在開發過程中，選擇使用C++程式語言作為開發工具，C++程式語言並不是電腦程式著作，但他為了要將電腦程式轉換成電腦所能判讀的目的碼，必須使用C++編譯器來作為編譯電腦程式的程式語言工具軟體，這C++編譯器則是另一項的電腦程式著作。有學者認為，我國著作權法所保護的電腦程式著作，係指原始的電腦程式，而將電腦程式編譯成目的碼，視為重製行為，亦即電腦執行的目的碼是電腦程式的重製物。

電腦程式著作

電腦程式
著作

定義

包括直接或間接使電腦產生一定結果為目的所組成指令的組合。電腦程式著作之保護僅及於著作之表達,即電腦程式以原始碼或目的碼等方式表達者。

不包括該電腦程式所產生之系統管理、使用、操作、維護等「功能」,以及「程式描述」與「支援電腦程式的輔助文件」,也不及於用來撰寫電腦程式所使用之程式語言、程式或語法規則或程式解法或演算法。

程式描述」與「支援電腦程式的輔助文件」

程式描述

「程式描述」是指以文字、圖形或其他方式所作的完整程序的表達,而其表達詳細到「得以決定構成電腦程式的指令組合」的程度,一般指電腦程式尚未寫成原始碼之前,設計階段的流程圖、程式架構和程式內容的說明。

支援電腦
程式的
輔助文件

「支援電腦程式的輔助文件」則指程式指令以外的輔助資料,一般指電腦程式的使用手冊和其他說明文件。

電腦程式著作的著作財產權種類

電腦程式著作
的著作財產權種類

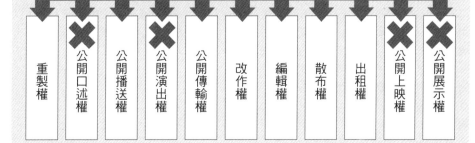

重製權	公開口述權	公開播送權	公開演出權	公開傳輸權	改作權	編輯權	散布權	出租權	公開上映權	公開展示權
	✗		✗						✗	✗

UNIT **3-11**
衍生著作

圖解著作權法

（一）何謂衍生著作

衍生著作是以現有的著作為基礎，另行以改作方式再創作出新的作品，而新完成的著作的內部形式仍保存著有原著作的表現形式，但在外部形式上已改變原著作的表現形式，亦即改作後而成的衍生著作都會忠於原味，對於原著作的主要架構及精神不會有太大的改變，一般人自然也很容易的會將這二項著作聯想在一起。

改作是指以翻譯、編曲、改寫、拍攝影片或其他方法就原著作另為創作成新的著作。翻譯通常是將一種語文著作轉變為他種語言的語文著作，例如將「飄」的原著（英文版）翻譯成為中文，或將「論語」翻譯成為日文，都是改作的行為；但是，將語文著作編譯成盲人用的點字或附加手語，則為重製而非改作的行為；同理，把通訊傳輸使用的密碼加以解密或記者將速記符號轉譯為一般文字，都不是改作的行為，所以不能成為衍生著作。

至於編曲則具有極多樣的型態，包括將既存的樂曲改變為他種演奏型式的樂曲，或將西洋音樂與國樂間相互轉換，以及將既存音樂的一部或全部加以改變而具有創作性等改作方式，可成為另一新的衍生著作。但是，僅將既有的樂曲添加新的作曲部分或選擇其中一部分加以利用或做音調的轉化等其他方法的利用，則不是改作行為，並不能成立衍生著作。又如果將既存的多首樂曲組合成一首樂曲，這不是改作的型態，也不算是衍生著作，但因有選擇編輯的行為，如符合著作的要件，則可成為另一項的編輯著作。

改寫則是不改變著作內部的同一性，而是將文字的表現形式加以改變，例如將小說做戲劇化的改寫成劇本，或將非小說著作改編為小說（非戲劇化），所創作的作品都屬於衍生著作。但是，利用事實本身加以故事化，則係一項獨立單純的語文著作，並非是衍生著作。又將既存的著作加以增刪潤飾時，如果只是加附索引、目次、增添判例或例題，並不會產生新的著作權。而就「論語」、「孟子」或「聖經」加以批判、註解，如有相當創作性，則依著作的具體情形，可視為改作的衍生著作，或是獨立單純的著作。

（二）改作的其他方式

利用拍攝影片或其他方法就原著作另為創作，也是改作的方式之一。舉例來說，攝影師將陳列在街道、公園、建築物之外壁或其他向公眾開放之戶外場所中，供長期展示的美術著作或建築著作，拍攝成照片，由於在取景角度或光線調和等方面有一定程度的創作性質，即可成為該美術著作或建築著作的衍生著作，並依照片的性質而歸類為攝影著作（依著作權法第58條規定，這是屬於「得以任何方法利用」的合法行為，無須徵得該美術著作或建築著作之著作權人同意，惟須依同法第64條規定，利用他人著作者，除不具名著作或著作人不明者外，應就著作人之姓名或名稱，以合理之方式明示其出處）。

衍生著作

衍生著作

定義

衍生著作是現有的著作為基礎,另行以改作方式再創作出新的作品,而新完成的著作的內面形式仍保存著有原著作的表現形式,但在外面形式上已改變原著作的表現形式,翻譯、編曲、改寫、拍攝影片或其他方法就原著作另為創作。

改作屬於著作利用的方式之一,改作權為原著作的著作財產權之一,所以要進行原著作的改作前,必須取得著作權人的同意或授權,才可以從事改作行為,同時也要注意改作不能有損害著作人名譽的行為,否則會有侵害著作人格權的問題。

對於就原著作改作的著作所衍生的新著作,以獨立的著作保護它,並依衍生著作的性質歸類至其他各類的著作類型中,可享有的著作財產權種類也依其所歸入的著作類型而有所不同,且對原著作的著作權不會發生影響。

美術著作或建築著作之衍生著作

美術著作或建築著作之衍生著作

將美術著作或建築著作,拍攝成照片,成為該美術著作或建築著作的衍生著作,並依照片的性質而歸類為攝影著作

將美術著作拍攝成照片

美術著作的衍生著作(攝影著作)

知識補充站

翻譯——將一種語文著作轉變為他種語言之語文著作。

編曲——具有極多樣的型態,但除了將既存的樂曲改變為他種演奏型式的樂曲,或將西洋音樂與國樂間相互轉換,以及將既存音樂的一部或全部加以改變而具有創作性等改作。

改寫——不改變著作內部的同一性,而是將文字的表現形式加以改變。

UNIT **3-12**
編輯著作

圖解著作權法

（一）編輯著作的內容

　　編輯著作是指在資料選擇及編排具有創作性，而將其編輯所得結果特別以獨立的著作來保護。編輯所選擇及編排的資料範圍十分廣泛，以語文為主之編輯著作為例，可能包括受著作權法保護的期刊文章或書籍等著作，也可以加入不具原創性的姓名、地址或電話號碼等事實資料，亦可能含有存續期間已屆滿的古代詩詞、童謠等公共領域著作，以及法律明文不予保護的法令規定或法院判決等資料。

　　由於編輯權為著作專有的著作財產權的一種，所以編輯著作如有選擇及編排使用著作財產權還未屆滿的著作，除為合理使用的範圍外，應該先取得該著作權人的同意或授權，才可以進行編輯創作。編輯著作與被收編的著作均各自獨立，且各自著作財產權的處分及存續期間，也各自進行，互不受影響。例如，根據教科書編寫的講義或參考書，著作人對於教科書內容擷取、編排及重點提示、題目設計等等，若出於自己的心力，均屬智慧結晶，具備原創性而受著作權的保護。

（二）編輯著作的著作財產權種類與原作相同

　　我國在1985年著作權法修正時，將編輯著作定義為「利用二種以上之文字、語言著述或其翻譯，經整理、增刪、組合或編排產生整體創意之新著作」，顯然當時是將編輯與改作（翻譯）混合在一起，並未加以區分。依著作權法之規定，編輯著作可享有的著作財產權種類與原著作或被收編著作相同。

😊 小博士解說

　　目前盛行的各種資料庫，可否受到著作權保護，值得探討。

❶將新聞微縮資料重加以創作、編排與整理作成數位化資料庫，如果是由建置人自行設計，未抄襲他人的方法，而且在資料選擇與分類上具有原創性，不論資料庫中所收編的資料是否為「著作」，都可以依著作權法中「編輯著作」的規定來加以保護。

❷如果該資料庫只是蒐集大量的資料重新登打、整理，而在選擇或編排上缺乏創作性時，是否也要受到著作權法的保護，會有不同的看法。就著作的要件來看，缺乏創作性，應該不屬於編輯著作；但是，由於資料庫建立者已投入相當大的投資，可以提供大眾快速檢閱的功能，對於後續創作與文化發展的貢獻程度不低。

❸有些國家改採「原創性與重大投資」雙軌制，來認定資料庫是否可成為著作；也有些國家以「著作鄰接權」提供特別的保護；而德國在1998年則首創「資料庫著作」的新類型著作，來加以保護。

❹我國多數學者贊成將資料庫歸類為編輯著作，而且依「北美事務協調委員會與美國在台協會著作權保護協定」第2條第5項規定，「文學或藝術著作或先前已存在之資料，予以選擇及配列而成智慧創作之集合著作或編輯著作，例如名錄、百科全書、文選集，其附著及重製方式，不論係以印刷或類似方法或藉電子媒介為之，皆獨立受保護，惟不得損害構成集合（結合）著作或編輯作之各該作之著作權」，更明確地將資料庫視為編輯著作。

編輯著作

編輯著作

定義

→ 指在資料選擇及編排具有創作性，而將其編輯所得結果特別以獨立的著作來保護。

→ 如選擇及編排為著作財產權未消滅之著作，除為合理使用的範圍外，應取得該著作權人的同意或授權。

→ 編輯著作與被收編的著作均各自獨立，且各自著作財產權的處分及存續期間，也各自進行，互不受影響。

數位化資料庫

將新聞微縮資料重加以創、編排與整理作成數位化資料庫

如果是由建置人自行設計，未抄襲他人的方法，而且在資料選擇與分類上具有原創性，不論資料庫中所收編的資料是否為「著作」，都可以依著作權法中「編輯著作」的規定來加以保護。

如果該資料庫只是蒐集大量的資料重新登打、整理，而在選擇或編排上缺乏創作性時，是否也要受到著作權法的保護，會有不同的看法。

就著作的要件來看，缺乏創作性，應該不屬於編輯著作；但是，由於資料庫建立者已投入相當大的投資，可以提供大眾快速檢閱的功能，對於後續創作與文化發展的貢獻程度不低，所以有些國家改採「原創性與重大投資」雙軌制，來認定資料庫是否可成為著作。

有些國家以「著作鄰接權」提供特別的保護，台灣多數學者贊成將資料庫歸類為編輯著作。

知識★補充站

以語文為主的編輯著作包括：
①受著作權法保護的期刊文章。
②加入不具原創性的姓名、地址或電話號碼等事實資料。
③含有存續期間已屆滿的古代詩詞、童謠等公共領域著作。
④法律明文不予保護的法令規定或法院判決等資料。

UNIT 3-13
表演著作

（一）表演著作的內容

表演係對既有的著作以演技、舞蹈、歌唱、彈奏樂器或其他方法加以詮釋，而對於同一著作可能有不同各種的表演，只要具有創意，仍會被認定為獨立的著作，受著作權法的保護。表演著作是限定在「既有著作或民俗創作」範圍的創作表演，如果不是針對「既有著作或民俗創作」的創作表演，而符合「戲劇、舞蹈著作」的定義者，則仍可歸類為「戲劇、舞蹈著作」，同樣受到著作權法的保護。

由於表演人的表演與錄製人的錄音及播送事業的播送節目等動態著作，同屬於「創作輔助者」的角色，是屬於「著作鄰接權」（neighboring right to copyright）的一種，本身並非著作權所保護的對象。雖然，他們的創作性不高，但是，對於文化散布有相當程度的貢獻，所以在1961年羅馬公約中主張給予保護。

我國在1985年修正著作權法後，才開始予以保護，並將它歸類在「演講、演奏、演藝、舞蹈著作」中，1992年6月10日修正著作權法時，再移至「戲劇、舞蹈著作」類型中；1998年修正著作權法時，為符合世界貿易組織（WTO）「與貿易有關之智慧財產權協定」（TRIPS）第14條第1項有關保護表演的規定，改以獨立的著作類型保護，沿用至今。惟表演著作只限於對「既有著作或民俗創作」的表演部分，且對著作財產權的存續期間或權利範圍給予較低的保護，也沒有再改作成衍生著作或編輯成編輯著作的權利。

（二）表演著作的著作財產權種類

依現行著作權法規定，表演著作在下列限制條件下可享有重製權、公開播送權、公開演出權、公開傳輸權、散布權及出租權等六種著作財產權，而沒有公開口述權、公開上映權、公開展示權、改作權及編輯權。表演著作的相關著作財產權權利範圍受限制情形有：

❶重製權—限制在以錄音、錄影或攝影方式來重製其表演（第22條第2項）。

❷公開演出權—表演人專有以擴音器或其他器材公開演出其表演之權利。但將表演重製後或公開播送後再以擴音器或其他器材公開演出者，不在此限（第24條）。

❸散布權—限經重製在錄音著作的表演（第28條之1第2項）。

❹出租權—限經重製在錄音著作的表演（第29條第2項）。

😊小博士解說

我們在觀賞表演時，有時覺得很精彩，想要將它攝影帶回家作紀念或供作自己觀賞用，並無將該錄影販賣或公開播送予大眾觀賞，也絕不會有任何商業目的，好像有合理使用的彈性空間，但是，著作財產權人為避免確認合理使用目的不確定性，通常劇院或音樂廳，會在表演前告知有「禁止攝影或錄影」的要求，這是以契約方式禁止觀眾錄製行為，是保護創作表演人權利的方式，我們應配合遵守，這也是尊重表演者著作權的表現。

表演著作

表演著作

立法過程 → 1961年羅馬公約中主張給予保護。台灣在1985年修正著作權法後，才開始予以保護，1992年6月10日修正著作權法時，再移至「戲劇、舞蹈著作」類型中；1998年修正著作權法時，符合世界貿易組織（WTO）「與貿易有關之智慧財產權協定」（TRIPS）第14條第1項有關保護表演的規定，改以獨立的著作類型保護，沿用至今。

定義 → 對既有的著作以演技、舞蹈、歌唱、彈奏樂器或其他方法加以詮釋，而對於同一著作可能有不同各種的表演，只要具有創意，仍會被認定為獨立的著作，受著作權法的保護。

表演著作與其他著作

可歸類為 → 限定在「既有著作或民俗創作」範圍的創作表演。

→ 如果不是針對「既有著作或民俗創作」的創作表演，而符合「戲劇、舞蹈著作」的定義者，則仍可歸類為「戲劇、舞蹈著作」，同樣受到著作權法的保護。

表演著作財產權種類

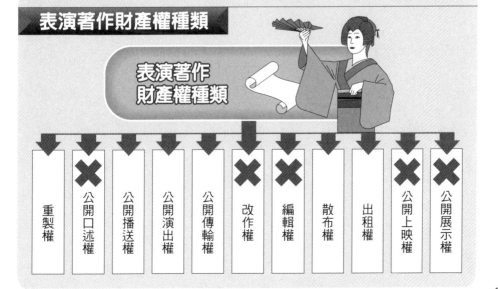

表演著作財產權種類

| 重製權 | ✖公開口述權 | 公開播送權 | 公開演出權 | 公開傳輸權 | ✖改作權 | ✖編輯權 | 散布權 | 出租權 | ✖公開上映權 | ✖公開展示權 |

第 **4** 章

著作權之歸屬

●●●●●●●●●●●●●●●●●●●●●●●●●●● 章節體系架構 ▼

UNIT **4-1**
獨立著作與共同著作

圖解著作權法

（一）獨立著作性質單純

　　每個人的創作，雖然有良窳優劣程度的不同，卻是人類與生俱來的能力，因此多數的創作靠個人單獨的能力即可完成，我們將它稱為獨立著作，以便與集二人以上所完成的共同著作，以及出資或僱傭關係中所完成的職務上著作做區分。它並不是著作權法上的用詞，但卻是法律關係最單純的著作態樣。由於我國對著作權的享有，已採用創作主義而非形式主義，只要著作創作一旦完成，著作權即自然發生，與有無著作權註冊或登記無關，也不必再經過主管機關的審查或是將著作送存到指定機構，即可取得著作權，且著作人格權及著作財產權等二項著作權也是同時產生的。在獨立著作的型態下，著作人格權及著作財產權都由著作人單獨享有，相較於共同著作由多位著作人所共有，彼此間須共同行使，以及出資或僱傭關係的著作權有賴雙方契約約定或依法定方式作權利歸屬，自然單純很多。

（二）何謂共同著作

　　一項著作如由二個人以上共同完成，而且每個人所創作的部分並不能分離利用的話，就成為共同著作。換句話說，參與創作的多位著作人在其創作時，彼此交換意見以求在內容、思想、體裁與風格等一貫性，而使自己所創作的部分與他人的創作融合在一起，由於各自的創作無法作個別單獨的利用，自己的創作與他人的創作合併為共同的創作行為，創作所得著作即為共同著作，著作權則由參與創作的著作人所共有。

（三）共同著作的要件

　　依實務及理論的見解，共同著作成立的要件有三：其一，須有二人以上的共同創作；其二，創作之際有共同關係；其三，著作為單一的型態，致無法將各人創作部分予以分割而為個別之利用。例如一部電影是集合導演、演員、製片、美術與燈光設計及音樂等眾人之思想及情感表達，始能完成的視聽著作，而且彼此已結合成為一項不可分離利用的共同著作。

😊小博士解說

　　從1928年國民政府頒布的著作權法起，到1985年7月11日修正著作權法實施以前，我國對於著作權的保護是採「註冊主義」，也就是著作人完成著作後須依著作權法規定向主管機關申請登記，經審查合格發給證書後，始取得著作權。另在1998年1月22日著作權法修正實施以前，原已登記取得著作權後，如有買賣、交換、贈與或繼承等轉讓情事，也必須檢附相關證明文件向主管機關申請移轉變更登記，換發著作權證書後，受讓人才算是取得著作權。

　　註冊主義的優點是經由政府部門的登記與公示制度，可以保障交易的安全，並可減低著作權人在舉證的困難；它的缺點是政府過度介入私部門的活動，當著作人未辦理登記前，不能主張自己的著作權，無法對抗侵害者的侵權行為；同時，如果著作權法未規定的新著作類型，主管機關會以不符合規定而不准許登記，反而無法順應科技發展或知識經濟時代的變遷。

獨立著作與共同著作

獨立著作

我國對著作權的享有採用創作主義而非形式主義，只要著作創作一旦完成，著作權即自然發生，即可取得著作權，在獨立著作的型態下，著作人格權及著作財產權都由著作人單獨享有。

獨立著作與共同著作

共同著作

一項著作如由二個人以上共同完成，由於各自的創作無法作個別單獨的利用，自己的創作與他人的創作合併為共同的創作行為，創作所得著作即為共同著作，著作權則由參與創作的著作人所共有。

共同著作的要件

共同著作的要件

須有二人以上的共同創作

創作之際有共同關係

著作為單一的型態，致無法將各人創作部分予以分割而為個別之利用。

★著作權的保護

1985年7月11日修正著作權法實施以前，我國對於著作權的保護是採「註冊主義」，也就是著作人完成著作後須依著作權法規定向主管機關申請登記，經審查合格發給證書後，始取得著作權。由於我國對著作權的享有，已採用創作主義而非形式主義，只要著作創作一旦完成，著作權即自然發生，與有無著作權註冊或登記無關，也不必再經過主管機關的審查或是將著作送存到指定機構，即可取得著作權，且著作人格權及著作財產權等二項著作權也是同時產生的。

UNIT **4-2**
結合著作

圖解著作權法

（一）定義

結合著作是指在外觀上呈現出來的是一個著作的型態，但實際上它的內容是由二個以上而各自獨立的著作所結合而成，且彼此都有分離利用的可能性。所以，結合著作是由各自獨立的著作結合而成的，它本身並不是獨立的著作，著作權屬於個別著作各獨自享有，它們的授權使用、轉讓及繼承均可各自獨立行使，無須相互間的同意，彼此並不受結合著作的影響。

舉例來說，一張伴唱音樂片（帶）通常包含數千首歌曲及數十個（或更多）MV影像，其中歌曲（詞）多是在製作此伴唱音樂片（帶）之前已創作完成的音樂著作，而MV影像除收錄原唱歌星的MV外，大部分是伴唱帶公司為此音樂片（帶）所拍攝完成的視聽著作，也就是說歌曲（詞）完成在先，而影像製作在後，二者在創作時不會有彼此聯絡或其他共同關係。伴唱帶公司所拍攝完成的影像為一項獨立的視聽著作，可任意搭配任何一首歌曲或歌詞，而同一首歌曲或歌詞更可能因不同的伴唱帶公司而搭配不同的影像，換句話說，不論音樂著作或視聽著作完全可以從伴唱音樂片（帶）中分離出來，個別地加以利用。所以當伴唱帶公司將所使用的音樂著作與所拍攝製作的視聽著作二者結合成伴唱音樂片（帶）後，並不是單一的獨立著作或是共同著作，而是許多獨立著作或是共同著作集合而成的結合著作。

多作者集合完成的著作，從著作的外觀上難以分辨其屬於結合著作或是共同著作，而兩種形式的著作權歸屬差異很大：結合著作本身並不是獨立的著作，每位作者各自所完成的部分才是著作，有多個著作權存在，每位作者完全取得各自所完成著作的著作權；相反地，如果是屬於共同著作方式時，只有共同著作本身是獨立的著作，並且由所有參與著作的作者共同享有這一個著作權。

（二）結合著作與共同著作的區別

有關結合著作與共同著作的區分，有分離可能性說與個別利用可能性說兩種。以座談會紀錄為例，它是語文著作的一種，從出席者個別的發言來看，彼此為獨立個體，有分離的可能性，但是座談會中出席者個別的發言內容，彼此間存有關聯性，不能單獨利用，否則即有斷章取義的缺陷。以分離可能性說的觀點來看，此座談會紀錄應該是結合著作；但從個別利用可能性說的觀點來看，就會被認為是共同著作。

由1928年訂定著作權法第16條：「著作物係由數人合作而有少數人或一人不願發行者，如性質上可以分割，應將其所作部分除外而發行之；其不能分割者，應由餘人以相當之利益，其著作權則歸餘人所有。但該少數人或一人不願列名於著作物者，聽之。」及1944年修正之第15條：「著作物係由數人合作，而有少數人或一人不願註冊者，如性質上可以分割，應將其所作部分除外，其不能分割者應由餘人酬以相當之利益，其著作權則歸餘人所享有。」來看，我國是採分離可能性說。但是在1992年6月10日修正著作權法第8條規定：「二人以上共同完成之著作，其各人之創作，不能分離利用者，為共同著作。」已改採個別利用可能性說。

結合著作

結合著作	指在外觀上呈現出來的是一個著作的型態,但實際上它的內容是由二個以上而各自獨立的著作所結合而成,且彼此都有分離利用的可能性。各自獨立的著作結合即為結合著作,結合著作本身並不是獨立的著作,著作權屬於個別著作各獨自享有。

共同著作、結合著作、衍生著作或編輯著作之區分

共同著作	現代社會中所流行之多媒體(multimedia),屬多人集體創作的著作,除依契約約定由出資人或雇用人或受雇人其中之一為著作人外,大多屬於典型的共同著作。
結合著作	創作之時,彼此分工關係明確,各人分擔部分有分離利用之可能性,則係結合著作。
衍生著作或編輯著作	如其意思發生於著作完成之後,則自己之創作與他人之創作係產生衍生著作或編輯著作之關係。

結論 共同著作與結合著作、衍生著作或編輯著作之區分,在於意思表示;不過,有時最初之意思難以確定,實際上要確定共同著作、衍生著作或編輯著作,仍有困難。

 ★結合著作的著作財產權歸屬

甲和乙以結合著作方式,合著一本「著作權法精義」,甲和乙所寫的部分彼此可分離為二著作,各自就自己所寫的部分取得著作權;假設甲死亡已經過50年,而乙死亡尚未滿50年,因為甲所寫成的部分已逾著作財產權的存續期間而消滅,任何人無需經甲的繼承人或其著作財產權人同意,都可以自由的利用,但是乙所寫成的部分尚在著作財產權的存續期間,仍受著作權法的保護,除屬於著作權法的合理使用外,應該取得乙的繼承人或其著作財產權人的同意後,才可以加以利用。

UNIT 4-3
共同著作的權利歸屬

圖解著作權法

（一）著作財產權的分配順序

共同著作的著作人格權權利歸屬，原則上是依照參與者間的約定，如果沒有契約約定時，則所有參與者都是共同著作人，共同享有著作人格權。至於共同著作的著作財產權分配，則依照下列順序來決定彼此間應有的權利部分：

❶依照共同著作人間的約定。

❷如果共同著作人彼此間沒有約定時，則依照各著作人參與創作的程度來決定。

❸假使各著作人參與創作的程度不明或難以明確區分時，即以推定為均等的方式，讓每位著作人都取得相同比例的應有部分。

共同著作的著作人格權與著作財產權的行使，例如公開發表、發行、授權使用、轉讓或與他人設定質權等，都應得到全部共同著作人的同意，雖然各著作人如果沒有正當理由時，不得拒絕同意，但在權利行使上，仍比獨立著作的情況較不方便。當共同著作人其中任何一人，未經其他共同著作人的同意下，即將自己的著作財產權應有權益部分移轉或授權給第三人時，仍屬無效，該第三人並無法受讓取得該共同著作的著作財產權或專屬授權。

（二）著作權繼承的規定

由於共同著作人間合作完成一項著作，除可能基於專業分工外，彼此間也存有一定的關係，有如合夥事業般濃厚的人合關係。因此，著作權法特別規定，凡著作人拋棄其應有部分，或著作人（自然人）死亡後無繼承人承認繼承或（法人）人格消滅後無承受人時，其應有的著作財產權部分，是由其他共同著作人依其應有部分的比例來分享。例如甲、乙、丙、丁四人合力完成一共同著作，並依約定四人均為共同著作人，且著作財產權由甲取得二分之一，乙、丙、丁則各為六分之一，嗣後丁死亡而無繼承人繼承時，丁應有六分之一的著作財產權部分，則依甲應有部分為二分之一，與乙、丙各為六分之一的比例（即3：1：1），由甲分享十分之一，乙、丙各分享三十分之一，最後分配的結果，該著作的著作財產權甲應有部分成為五分之三，乙、丙各為五分之一。

😊 小博士解說

關於共同著作的個別著作財產權人，在未經其他共有著作財產權人的同意下，自己利用該著作，是否構成侵害其他共有著作財產權人的著作財產權，在實務上仍有些爭議，大多數人認為共同著作的應有部分抽象存在整個著作中，無法個別分離，而且在讓與、授權及設質方面，已規定各著作財產權人，如無正當理由，不得拒絕同意其他人之著作財產權行使，在本於著作財產權人的身分，單純自己利用的情況，對其他著作財產權人而言，相對影響較小，更應給予較大的自己利用空間，不應該多所限制，因此，不宜認定係侵害他人著作財產權。但是為彼此尊重起見，並避免日後不必要之爭端，在此建議仍先經其他共有著作財產權人的同意為宜。

共同著作的權利歸屬

共同著作的著作財產權分配順序

→ 依共同著作人間之約定。

→ 如果共同著作人彼此間無約定時,則依各著作人參與創作程度定之。

→ 假若各著作人參與創作的程度不明時,即以推定為均等方式,各著作人取得相同比例的應有部分。

 實例

①甲乙二人完成一共同著作,在該著作之著作財產權存續期間,想利用該著作的任何部分者,均應取得甲乙二人或其繼承人的同意
②甲如要將自己所應有的部分,授權他人使用或轉讓予他人時,也需要取得乙或其繼承人的同意。

共同著作的權利行使

著作財產權與著作人格權

→ 應得到全部共同著作人的同意。

→ 雖然各著作人如果沒有正當理由時,不得拒絕同意,但在權利行使上,當共同著作人其中任何一人,未經其他共同著作人的同意下,即將自己的著作財產權應有權益部分移轉或授權給第三人時,仍屬無效。

→ 該第三人並無法受讓取得該共同著作的著作財產權或專屬授權

共同著作如要轉讓,需獲得共同著作人同意,雙方簽訂「共同著作讓與契約」

共同著作人甲　第三人　共同著作人乙

 知識補充站

甲、乙、丙、丁四人合力完成一共同著作,並依約定四人均為共同著作人,且著作財產權由甲取得二分之一,乙、丙、丁等三人則各為六分之一;嗣後丁死亡後無繼承人繼承時,丁應有的六分之一著作財產權部分,則依甲應有部分為二分之一,與乙、丙各為六分之一之比例(即3:1:1),由甲分享十分之一,乙、丙各分享三十分之一,最後變成甲應有部分成為五分之三,乙、丙各為五分之一。

UNIT **4-4**
僱傭關係所完成著作的權利歸屬

（一）僱傭關係中的著作區分標準

圖解著作權法

　　一般在僱傭關係期間，可能有著作的創作，依照職務的性質來區分：如採二分法，可分成「職務上的著作」與「非職務上的著作」兩類；如採三分法，則可分成「職務上所完成的著作」、「與職務有關的著作」及「非職務上的著作」等三類。所謂「於職務上完成的著作」如何認定，主管機關認為係屬事實認定的問題，須以工作性作實質的判斷，例如：該著作是否在雇用人指示或企劃下所完成？是否利用雇用人的經費或資源所完成的著作？……等因素來衡量，這與工作時間及地點並無必然的關係。為避免爭議起見，在此強烈建議：雇用人與受雇人雙方在建立僱傭關係時，除工作時間、待遇等條件外，對於著作權的歸屬也應該訂立契約，明確地約定哪些為在職務上完成的著作，以及這些著作的著作人格權與著作財產權的歸屬。

（二）著作人格權與財產權的歸屬

　　基於契約自由之原則，僱傭關係所完成的著作，著作權的歸屬得由雇用人與受雇人以契約約定，假如當事人並未有約定時，則依著作權法規定，係以該受雇人為著作人，但只享有著作人格權，而該著作的著作財產權則歸雇用人享有。雖然在理論上，雇用人與受雇人得以契約約定，將著作人格權與著作財產權均歸受雇人享有。但在實務上，受雇人與雇用人雙方締約地位並不平等，受雇人如同時取得著作人格權與著作財產權，而雇用人一無所有，可能沒有雇用人會願意訂立此種契約。反而以契約約定由該雇用人為著作人，使雇用人同時享有著作人格權與著作財產權者，則較為常見。又如以契約約定雇用人為著作人，但只享有著作人格權，而其著作財產權歸受雇人享有，亦無不可。

　　在僱傭關係中，雖然不是在職務上所完成的著作，也有可能是雇用人與受雇人另外訂立委任或承攬契約，由雇用人另行支付酬勞，出資聘請受雇人完成著作，此時則適用出資關係所完成著作的相關規定。如果受雇人創作著作在先，受雇於雇用人在後，由於著作係受雇人於受雇前所創作完成，該受雇人於著作完成時即為該著作的著作人而享有著作權，受雇人只能以一般契約將該著作的著作財產權移轉給雇用人；由於該著作非屬僱傭關係所完成的著作，所以無法以事後才發生的僱傭契約，約定雇用人為該著作的著作人。

🙂 小博士解說

　　另需注意的是，公務員在職務上所完成的著作，自1998年1月23日以後也適用上述的規定。但是，公務員在職務上草擬的文告、講稿、新聞稿及其他文書等，仍不得作為著作權標的，故無法享有著作權。又公務員依上述之規定為著作人時，因基於公務員特定身分，及公務員在職務上所完成的著作，具有供政府機關或民眾利用的公益性質，所以著作權法排除公務員的著作人格權中「公開發表權」與「姓名表示權」二項權利的行使，僅能主張「同一性保持權」。

著作權法對於在僱傭關係中所完成著作，著作權歸屬的規定

在1992年6月11日以前	自1928年著作權法頒布實施後，至1992年6月10日著作權法修正以前，對於僱傭關係中所完成著作之著作權歸屬，並未明文加以規定。如在此受雇期間所完成的著作，不論是否為職務上所完成，原則上，可依當時規定向主管機關申請註冊登記的著作人，以認定其著作權之歸屬。但如未經登記之著作，除非雇用人能證明與受雇人間有特別約定，將該著作的著作權歸屬於雇用人者外，該著作仍屬於受雇人的著作，而由受雇人享有著作人格權與著作財產權。
在1992年6月12日至1998年1月22日期間	1992年6月10日修正之著作權法，將「僱傭關係」與「出資聘人」二種情形加以區分，並改以保護受雇人利益為主。但是，所謂僱傭關係卻僅界定在法人與受雇人之間，且著作必須是在法人之企劃下所完成的；簡言之，受雇人在法人雇主的企劃下，進行並完成的著作，除非契約約定以法人或其代表人為著作人外，否則以該受雇人為著作人，享有著作人格權與著作財產權。至於法人並未指示或規劃，而由受雇人主動完成的著作，以及雇主為自然人時，受雇人所完成的著作，不論其受雇的職務關係究竟如何，並未適用此規定。
1998年1月23日以後	為均衡雇用人與受雇人間的利益，1998年著作權法修正時，除尊重契約自由原則，得由雇用人與受雇人自由約定外；如無約定時，則將著作人格權歸屬於受雇人，而著作財產權分別歸屬雇用人，以調和雇用人與受雇人間的利益。

知識補充站 ★僱傭關係中的著作區分

二分法	「職務上的著作」
	「非職務上的著作」
三分法	「職務上所完成的著作」
	「與職務有關的著作」
	「非職務上的著作」

知識補充站

公務員在職務上所完成的著作，得享有的著作權區分：
①文告、講稿、新聞稿及其他文書等，不得作為著作權標的，故無法享有著作權。
②屬於著作的部分，依公務員與政府機關間的約定，享有著作人格權（約定公務員為著作人）或著作財產權。
③約定公務員為著作人時，僅能主張著作人格權中的「同一性保持權」，其餘「公開發表權」與「姓名表示權」二項權利，因公務員特定身分及該著作具有供政府機關或民眾利用的公益性質，著作權法規定不得行使。

UNIT **4-5**
出資關係所完成著作的權利歸屬

圖解著作權法

（一）委任及承攬關係

著作權可以由當事人間約定權利歸屬的情形，除了上述僱傭關係中所完成的著作外，另外還有因出資關係所完成的著作。著作權法上所謂出資關係，主要是因民法中的委任及承攬關係所從事的著作行為，而其中委任關係的委任人及承攬關係的定作人，即是「出資人」；另委任關係的受任人及承攬關係的承攬人，即是著作權法上所稱的「受聘人」。

基於契約自由原則，在出資關係中所完成的著作，出資人與受聘人得以契約約定其著作財產權的歸屬。但是，出資人與受聘人就著作財產權約定歸屬時，應將全部的著作財產權約定全部歸受聘人享有，或是全部歸出資人享有，不能作「某些著作財產權歸受聘人享有，其餘部分歸出資人享有」的約定，否則應屬無效的約定，而視同彼此未約定的狀態，由受聘人取得著作財產權，出資人得利用該著作。當事人如想將著作財產權分割而彼此各享部分著作財產權時，仍須先決定其著作財產權全部歸受聘人享有，或全部歸出資人享有後，雙方再透過契約將部分權利移轉給對方，以達成「一部歸受聘人享有，其餘部分歸出資人享有」之目的。

（二）部分權利歸屬的規定

出資人與受聘人在訂定契約時，也可將「著作財產權全部歸受聘人享有，或全部歸出資人享有」及「出資人或受聘人同意將著作財產權之一部讓與對方」等約定，在同一契約中以「依本契約所完成之著作，以受聘人為著作人，其著作財產權全部歸受聘人享有；惟受聘人

同意將其中之公開上映權及出租權，無條件讓與出資人」加以約定，以釐清雙方的權益內容。

出資人與受聘人針對出資關係中所完成的著作，也可以約定何方為著作人，在契約自由原則下，可能出現特殊約定，其效力須視其約定有無違反著作權法強制禁止規定，以決定其有效性。不過，千萬要記得雙方不能約定由第三人作為著作人，因為這樣的約定是無效的，例如，甲出資請乙畫一幅畫，並約定由丙為該畫的著作人，此時，丙因該約定無效並不能成為該美術著作的著作人，而甲、乙雙方會被視為未約定著作人，依著作權法的規定，則由乙為著作人。

🙂 小博士解說

在出版社與作家間常有出版社出資請作家完成作品後出版發行，出資聘人完成著作的關係十分明確。但也可能是作家在完成著作後，出資請出版社代為編輯、排版、印刷，是否成立著作權法上出資關係？須視「編輯、排版、印刷」的實質內容而定；如果只是作版面的編排與校對，則屬於「勞力」成分，出版社「編輯、排版、印刷」的成果，並無著作權可言，不受著作權法保護，出版社想要保護自身權益，可以透過與作者約定，限制作者想要自己或再委託他人發行再版時，不得使用該版面，而要再另行排版、編輯。假如「編輯、排版、印刷」包含內頁圖案或封面的設計，這部分即可以單獨享有著作權，其權利歸屬須依出資關係的約定來決定。

著作權法上所謂出資關係

民法中的委任及承攬關係

著作權法上所謂出資關係，主要是因民法中的委任及承攬關係所從事的著作行為，而其中委任關係的委任人及承攬關係的定作人，即是「出資人」；另委任關係的受任人及承攬關係的承攬人，即是著作權法上所稱的「受聘人」。

出資關係的著作權歸屬規定三個不同的時期

在1992年6月11日以前	在1992年6月10日修正著作權法第12條規定以前，出資聘人完成的著作，其著作權歸出資人享有之，但當事人間有特別約定時，則聽從其約定。亦即在當事人間未有或不能證明有契約特別約定時，著作權歸由出資人享有。
在1992年6月12日至1998年1月22日期間	此期間係適用1992年6月10日所修正的著作權法第12條規定，即受聘人在出資人企劃下完成的著作，除為法人的受僱人適用同法第11條僱傭關係之規定外，以受聘人為著作人，但契約約定以出資人或其代表人為著作人者，從其約定。
1998年1月23日以後	1998年1月23日以後出資聘請他人完成的著作，其著作財產權的歸屬，除係受雇人於職務上完成的著作適用著作權法第11條僱傭關係之規定外，依同法第12條之規定，原則上當事人得透過契約約定予以認定。如雙方未約定時，則由受聘人為著作人並享有著作財產權，而出資人得在出資的目的及範圍內利用該著作。又雙方如僅約定以出資人為著作人，而未約定著作財產權之歸屬者，其著作財產權仍歸受聘人享有，而出資人則得利用該著作。但是，如約定著作財產權歸於出資人享有時，著作權法並未賦予受聘人利用該著作之權利，故受聘人如欲利用該著作時，除得主張合理使用之範圍外，仍須徵得出資人（著作財產權人）之同意，否則會有侵害著作財產權之虞。

  ★委任與承攬之定義

委任——是指當事人甲與乙間以契約約定，由甲委託乙處理某件事務（例如拍一張照片），而乙也允諾為甲處理該事務，甲並不一定會給予以報酬；有時，甲可能不是直接當面對乙，而是以公開方式表示，要將某件事務委託乙處理；如果乙對於該事務的委託，不作拒絕的通知時，就視為允受該委託（民法第528條及第530條）。

承攬——是指當事人甲與乙間以契約約定，由甲為乙完成一定的工作（例如寫一部小說），等工作完成（小說創作完成）時，乙才給付報酬給甲（民法第490條）。

UNIT **4-6**
僱傭與出資關係的區分

（一）契約明定權利歸屬

由上面所介紹的僱傭與出資關係中，如雙方在契約中已明定，著作權即可依照約定內容來作為權利歸屬的依據；可是在我國講人情、重義氣的社會中，往往在事前並未言明著作權的歸屬內容，雖然依著作權法的規定，都以受雇人或受聘人為著作人；但是由於僱傭與出資關係的不同，著作財產權的歸屬即不相同。如果屬於僱傭關係時，著作財產權歸雇用人享有；在出資聘人關係下，則著作財產權歸受聘人享有。所以，在請人代為創作時，必須明確區分雙方的關係。

依照我國民法的規定，僱傭是指當事人間契約約定，由一方在一定或不定的期限內為他方服勞務，而他方則給付對方報酬，其主要是以受雇人提供服務的時間為主。出資關係可為委任或承攬關係，委任是當事人約定，同意由一方來幫助他方處理事務，而承攬則是由一方為他方完成一定的工作後，他方給付對方報酬，出資關係是以完成事務或工作為標的。例如一家電腦動畫公司為製作一部動畫，可能聘請一位編劇以承攬方式撰寫劇本後，再由公司內部人員依照劇本以電腦繪製動畫、剪輯與配音，完成一部動畫影片，最後委託另一家廣告公司設計宣傳海報；在這個過程中，產生劇本（語文著作）、動畫影片（視聽著作）與宣傳海報（美術著作）三項著作，其中劇本及海報是以出資關係完成，而動畫影片則為僱傭關係職務上所完成的著作，這些著作的著作權歸屬可依當事人約定來決定，如沒有約定的話，劇本和海報的著作人分別為編劇與廣告公司，著作財產權也歸他們享有。

動畫影片的著作人為公司內部人員，但是著作財產權歸電腦動畫公司所有。

（二）著作完成前先行約定著作人為何人

在僱傭與出資關係中，要約定雇用人或出資人為著作人的話，必須在受雇人或受聘人尚未完成著作之前，否則著作一旦完成，依法定由受雇人或受聘人為著作人，當事人僅可以經由約定轉讓著作財產權，無法將著作人格權移轉給雇用人或出資人。當著作完成時，著作人即告確定，這是事實認定問題，任何人無法再變更它，著作人格權即永遠專屬於著作人享有，只有著作財產權可以自由轉讓、拋棄或繼承，也因著作財產權具有移轉性，經由買賣財產權或授權使用權等交易活動，讓著作財產權更有積極的市場價值。

契約未約定時著作權的歸屬

著作權法
第11條&
第12條

①以受雇人或受聘人為著作人。
②但是由於僱傭與出資關係的不同，著作財產權的歸屬即不相同。如果屬於僱傭關係時，著作財產權歸雇用人享有；在出資聘人關係下，則著作財產權歸受聘人享有。

三方關係圖

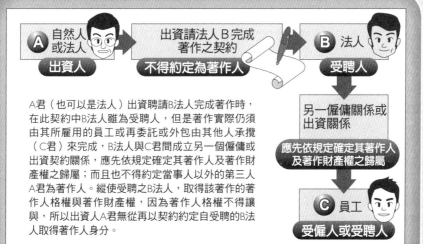

A 自然人或法人	出資請法人B完成著作之契約	B 法人
出資人	不得約定為著作人	受聘人

A君（也可以是法人）出資聘請B法人完成著作時，在此契約中B法人雖為受聘人，但是著作實際仍須由其所雇用的員工或再委託或外包由其他人承攬（C君）來完成，B法人與C君間成立另一個僱傭或出資契約關係，應先依規定確定其著作人及著作財產權之歸屬；而且也不得約定當事人以外的第三人A君為著作人。縱使受聘之B法人，取得該著作的著作人格權與著作財產權，因為著作人格權不得讓與，所以出資人A君無從再以契約約定自受聘的B法人取得著作人身分。

另一僱傭關係或出資關係

應先依規定確定其著作人及著作財產權之歸屬

C 員工

受僱人或受聘人

知識
補充站

　　有時旅行社為招攬生意，與知名攝影師合作，由旅行社規劃旅遊行程，知名攝影師帶團出遊並指導旅客拍照。旅行社與知名攝影師間，究係僱傭關係抑或出資聘人關係，很難一概而論，應依契約而定。一般而言，若是內部員工，應是僱傭關係，若是外聘人員，不論是以委任或承攬方式，都是出資聘人的關係。知名攝影師在隨團行程所拍的攝影著作，究竟是適用著作法上員工在職務上所完成的著作，或者是出資完成的著作，也是值得討論的問題。

　　假設這位知名攝影師的報酬是從旅客所繳交團費中抽成，旅行社與知名攝影師二者之間並不是雇主與員工的關係，而且旅行社係利用知名攝影師指導攝影為號召而達到出團旅遊目的，允諾給予自團員繳費中抽成為報酬，知名攝影師則負責在旅程中提供攝影技巧的教導任務，旅行社與知名攝影師二者之間並不是除非雙方有約定知名攝影師自團費所抽成的對價，包括在旅途中為旅行社拍照片，否則知名攝影師在隨團行程所拍的攝影著作，不適用著作權法中出資完成著作的關係。假若這位知名攝影師同時又具有國際導遊執照，由他自行招團後，再交由旅行社負責提供旅遊服務，即旅行業常見的靠行關係，雙方縱使有帶團旅遊的僱傭關係，但是關於旅程中的攝影成果，若未列入工作的範圍，則不是職務上的著作，旅行社要使用這些照片，仍須取得知名攝影師的授權同意。

UNIT **4-7** 「影子作家」與「捉刀代筆」所完成著作的權利歸屬

圖解著作權法

（一）何謂影子作家

有些知名的公眾人物，自己忙得沒空去創作，出版社或經紀公司常以「影子作家」的經營模式，媒介安排讓「影子作家」為知名的公眾人物代筆，並且建立雙方出資聘人的關係來完成著作，同時約定以公眾人物為著作人並享有著作財產權，再經由移轉方式，使出版社或經紀公司取得著作財產權，這種模式符合著作權法的規範，應屬適法行為。

如果是採由出版社直接與公眾人物訂約，再由出版社自己的職員或外包給專業寫手扮演「影子作家」，來完成著作的做法進行時，由於「影子作家」與公眾人物之間並沒有受雇或受聘的關係，出版社依法不能用約定方式，由公眾人物成為著作人。只是在實務運作上，基於商場上銀貨兩訖與行業的慣例，出版社職員或外包專業寫手並不會出面主張權利，或是也沒有足夠的證據來證明自己才是真正的著作人，著作上既然已載明著作人為該公眾人物，大家也習以為常，外界並不會重視此問題。

（二）捉刀代筆

至於有些人有為朋友或老長官捉刀創作的情形，由於雙方並沒有僱傭或出資的關係，也無任何金錢對價，該著作是代筆者的獨立著作，彼此間關於著作人的約定應屬無效，代筆者仍應是該著作的著作人，並享有全部著作財產權。不過實務上，由於雙方存在友誼之情或長官部屬的關係，較少發生爭議的情形，而且著作的原件或其已發行的重製物上或著作公開發表時，都以朋友或長官的名義，依照著作權法第13條規定，推定該朋友或長官為該著作的著作人；除非

代筆者保有證據以茲證明為真正的著作人，否則難以主張著作權。

（三）實務

實務上，也有一些出版社會事先預定某一特定的筆名，再與不同的「影子作家」約定，要求他們所完成的作品都要使用這個筆名，並且禁止他們再使用該筆名於其他非該出版社出版的作品上，出版社透過這批「影子作家」共同使用同一筆名的方式，來創作系列作品以建立品牌。這樣的經營模式，在法律上並無禁止的規定，因為出版社與「影子作家」之間如已成立僱傭或出資關係，而且彼此約定以出版社所指定的筆名為著作人，可視為出版社（出資人）的別名，則符合著作權法第11條或第12條的規定，仍屬於適法有效的創作行為。

在新居落成、婚喪喜慶等場合中，也常有請達官貴人題字寫詞，這些美術或語文著作大都不會是本人親手書寫，而也是由他人代筆所作成的，由於代筆者多是達官貴人的幕僚、助理或是出錢所聘請的專人，彼此間多有僱傭或出資的關係，適用著作權法第11條或第12條僱傭或出資關係所完成著作的規定，從法律觀點來看，被視為是達官貴人的著作。

影子作家

政治人物

影子作家

出版社　影子作家

僱傭或出資關係

著作權法條補充

著作權法第11條	①受雇人於職務上完成之著作，以該受雇人為著作人。但契約約定以雇用人為著作人者，從其約定。②依前項規定，以受雇人為著作人者，其著作財產權歸雇用人享有。但契約約定其著作財產權歸受雇人享有者，從其約定前二項所稱受雇人，包括公務員。
著作權法第12條	①出資聘請他人完成之著作，除前條情形外，以該受聘人為著作人。但契約約定以出資人為著作人者，從其約定。②依前項規定，以受聘人為著作人者，其著作財產權依契約約定歸受聘人或出資人享有。未約定著作財產權之歸屬者，其著作財產權歸受聘人享有。③依前項規定著作財產權歸受聘人享有者，出資得利用該著作。
著作權法第13條	①在著作之原件或其已發行之重製物上，或將著作公開發表時，以通常之方法表示著作人之本名或眾所周知之別名者，推定為該著作之著作人。②前項規定，於著作發行日期、地點及著作財產權人之推定，準用之。

 ★影子作家之著作權

「影子作家」與公眾人物之間並無受雇或受聘關係，出版社無法約定由公眾人物為著作人，只是實務運作上，基於商場上銀貨兩訖與行業慣例，出版社職員或外包專業寫手並不會出面主張權利，或無足夠的證據以證明自己才是真正的著作人。

UNIT **4-8**
參加徵選、競賽所完成著作的權利歸屬

圖解著作權法

徵選比賽的徵稿活動在法律上是屬於要約的行為，主辦單位的規定對參賽者有拘束力。徵選比賽多為有獎懸賞比賽，在性質上有出資關係，雖然主辦單位大多以得獎者為著作人，但是在著作財產權部分，則多由主辦單位取得或擁有使用權，這與投稿在報紙、雜誌或授權他人公開播送著作時，以刊登或使用一次為原則不同。不過，此類著作須檢視主辦單位的徵選或競賽辦法規定內容，確定其著作財產權究竟是全部歸屬主辦單位，或僅是讓與重製、改作、散布或放置在網路上公開傳輸等部分的著作財產權，或者也可能僅是同意主辦單位利用該著作而已（著作財產權仍由得獎者享有）。

例如，主辦單位的徵選或競賽辦法中規定：「佳作以上作品，主辦單位有權利刊登報章雜誌，不另給酬。」等語，表示主辦單位對於獲選為佳作以上的作品，有權刊登在任何報章雜誌，並且沒有刊載次數的限制，但這只是取得授權利用而已，該作品的著作財產權仍屬於得獎者（或參賽者）所有，並未將著作財產權移轉給主辦單位。同樣地，主辦單位的徵選或競賽辦法中可能規定：「同意授權主辦單位為推廣之目的，得以收錄、展示、重製、剪輯、公布網站等方式無償使用本著作，乙方使用時須註明本著作係由甲方（參賽者）授權使用。甲方聲明並保證授權著作為甲方所自行創作，未曾於其他任何比賽獲獎，且未侵害任何第三人之智慧財產權。」主辦單位也只是取得利用著作的權利，該比賽作品的「著作財產權」與「著作人格權」仍屬於參賽者所享有。

但是，主辦單位的徵選或競賽辦法

以：「得獎作品（或參賽作品）的著作權歸主辦單位所有」等類似的規定時，由於參加競賽並非受僱或出資的關係，不適用約定著作權歸屬的規定，得獎者（或參賽者）的著作不論是事先或在比賽現場所完成，只能以得獎者（或參賽者）為著作人，並於完成著作時即享有著作人格權與著作財產權；主辦單位無法以約定方式，原始取得著作人資格及著作財產權。不過，得獎者（或參賽者）因受到該徵選或競賽辦法的拘束，同意將參賽作品的著作財產權讓與給主辦單位，得獎者（或參賽者）則仍保有該作品的著作人格權。

小博士解說

報章雜誌上的著作，除了報社或雜誌社記者的「職務上著作」應依受僱或出資關係的約定內容，決定著作人以及著作財產權歸屬以外，一般作者投稿在報章雜誌上的著作，如果沒有特別約定，著作財產權仍屬於著作人，報社或雜誌社只有刊載一次的權利，假如沒有經過投稿人的同意，不能隨意將這些文章，作其他二度利用。而作者自己要將這些文章收編成論文集出版，或是移轉著作財產權，或者作其他授權利用，都不必經過報社或雜誌社的同意。

至於員工在外以個人身分參加比賽獲獎時，係以該員工為著作人，享有該比賽作品的「著作財產權」與「著作人格權」，因該著作與員工的公司無關，主辦單位取得員工簽署的授權書，即可利用該著作，不必再與參賽員工的公司洽談授權或經其同意。

參加徵選、競賽所完成著作的權利歸屬

參加徵選、競賽所完成著作的權利歸屬

徵選比賽的徵稿活動在法律上是屬於要約的行為，主辦單位的規定對參賽者有拘束力。無論參賽作品是賽前或比賽時完成，也不管作品是否得獎，該比賽作品之「著作財產權」與「著作人格權」，仍屬參賽者所享。主辦單位也只是取得利用著作的權利，或是在辦法中規定，要求得獎者將著作財產權讓與給主辦單位。

主辦單位通常會要求參賽者，聲明並保證著作係自行創作，未曾於其他任何比賽獲獎，且未侵害任何第三人之智慧財產權。

以「同意授權主辦單位為推廣之目的，得以收錄、展示、重製、剪輯、公佈網站等方式無償使用本著作。」類似之規定，主辦單位也只是取得利用著作的權利，主辦單位使用作品時須註明本著作係參賽者所授權使用。

以「得獎作品（或參賽作品）的著作權歸主辦單位所有」類似之規定，得獎者不再享有得獎作品的著作財產權，但仍保有該作品的著作人格權。

員工在外以個人身分參加比賽獲獎時，係以該員工為著作人，享有該比賽作品的「著作財產權」與「著作人格權」，因該著作與員工的公司無關，主辦單位取得員工簽署的授權書，即可利用該著作，不必再與參賽員工的公司洽談授權或經其同意。

知識補充站

投稿在報紙、雜誌或授權他人公開播送著作時，以刊登或使用一次為原則。

沒有經過投稿人的同意，不能隨意將這些文章，作其他二度利用。

UNIT **4-9**
接受經費補助所完成著作的權利歸屬

圖解著作權法

（一）若無約定以受聘人享有著作財產權

民間企業、財團法人或政府機關等常以補助經費方式，委託個人、學校或學術團體進行研發創作，性質上是屬於出資關係所完成的著作，原則上依雙方委託契約內容規定，決定其著作權的歸屬，如無特別約定時，以該受聘人為著作人，該著作財產權也歸受聘人享有，而出資人得利用該著作。

政府部門有時會推動某些專題研究計畫，採用先公開徵求，由申請人提送計畫書，再經評審委員會審查通過，並經主辦機關核定後，才得以接受經費補助。由於申請人所提送計畫書本身即受著作權法的保護，其著作權屬於申請人所有，主辦機關如果需要利用（例如重製分送供評審委員審查或作其他用途使用）時，應在公開徵求辦法中作特別約定，以免有侵害著作權之爭議。

主辦機關推動專題研究計畫的目的，在於促進國內的學術研究，並推廣研究成果的運用，通常希望排除在使用上的限制，所以主辦機關與獲得補助的申請人雙方會簽署合約書或同意書，同意主辦機關因應推廣、宣傳等需要，得無償使用計畫執行的成果，並且同意提供外界（一般大眾）使用計畫執行的成果。

（二）依創用CC使大眾共享成果

主辦機關如果能以出資關係約定為計畫研究成果的著作人，並取得著作財產權，最有保障；不過，有時徵求的範圍包括已完成的研究成果或出版品，此時無法以出資方式約定為著作人，或者是取得著作財產權的代價可能很高，也可能受到國有財產法等相關法規的限制，主辦機關並不強調取得著作權，而是希望研究計畫執行的成果能授權公眾利用。此時，主辦機關可以考慮要求申請人在接受經費補助所完成的著作中，依國內「創用CC」授權條款標示出公眾授權標章，讓一般大眾能清楚授權的內容，可以放心地來利用此著作，以達到推廣運用的目標。

小博士解說

依國有財產法的規定，在受政府機關補助經費或委託進行的研發工作，研究的成果須全部歸國家所有，這項規定在科學及技術的研究發展領域上，常成為妨礙吸引高級研究人才的絆腳石，所以1998年科學技術基本法實施後，可以不受上述國有財產法的限制，在接受政府補助所獲得的研發成果，得將全部或一部歸屬給研發單位所有或授權讓研發單位繼續使用。

另外，企業或政府部門有時為了提昇品質，會以獎勵或補助內部員工自行研究創新，除非獎勵或補助的主題正好是員工自己職務或工作範圍，而且在僱傭契約中已明確規範職務著作的權利歸屬，否則應屬於出資關係所完成的著作，必須在獎勵自行研究的相關規定中，明訂出研究主題的範圍與著作權的歸屬。如果沒有做相關的約定時，將以員工（此時為受聘人身分，不是受雇人）為該著作的著作人，並取得著作財產權，而企業或政府部門（出資人）僅能利用該著作。

接受經費補助所完成著作的程序

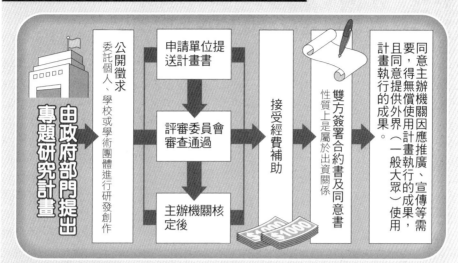

由政府部門提出專題研究計畫 → 公開徵求委託個人、學校或學術團體進行研發創作 → 申請單位提送計畫書 → 評審委員會審查通過 → 主辦機關核定後 → 接受經費補助 → 雙方簽署合約書及同意書（性質上是屬於出資關係）→ 同意主辦機關因推廣、宣傳等需要，得無償使用計畫執行的成果，且同意提供外界（一般大眾）使用，計畫執行的成果。

權利歸屬

民間企業、財團法人或政府機關等常以補助經費方式，委託個人、學校或學術團體進行研發創作，性質上是屬於出資關係所完成的著作。

→ 原則上依雙方委託契約內容規定，決定其著作權的歸屬。

→ 無特別約定時，以該受聘人為著作人，該著作財產權也歸受聘人享有，而出資人得利用該著作。

1998年科學技術基本法施行後

受政府機關補助經費或委託進行的研發工作

→ 接受政府補助所獲得的研發成果，得將全部或一部歸屬給研發單位所有或授權讓研發單位繼續使用。

知識補充站 ★接受經費補助的著作

①由於申請人所提送計畫書本身即受著作權法的保護，其著作權屬於申請人所有，主辦機關如果需要利用（例如重製分送供評審委員審查或作其他用途使用）時，應在公開徵求辦法中作特別約定，以免有侵害著作權之爭議。

②企業或政府部門獎勵或補助內部員工自行研究創新，除非獎勵或補助的主題正好是員工自己職務或工作範圍，而且在僱傭契約中已明確規範職務著作的權利歸屬，否則應屬於出資關係所完成的著作，必須在獎勵自行研究的相關規定中，明訂出研究主題的範圍與著作權的歸屬。

UNIT **4-10**
採訪所完成著作的權利歸屬

（一）依約定

通常報社或雜誌社為增加報刊雜誌的內容，會由其內部受雇或外部特約的編輯、記者進行採訪工作，再將採訪稿刊載印行，這篇採訪稿可能是採訪者的職務上著作，也可能是採訪者在出資關係中所完成的著作，著作人格權與著作財產權的歸屬，原則上是依照報社或雜誌社與採訪者之間的約定來決定；如無約定時，則依著作權法中僱傭關係或出資關係規定，來確認權利的歸屬。

（二）採訪稿

有時著作的作者會在報章雜誌上，先刊載一篇有關自己的採訪稿，當作著作內容的介紹，也是常見的行銷手法。除非是作者以出資方式聘請報社或雜誌社來撰寫，否則這篇採訪稿的著作權並不歸作者所有。縱使採訪者在採訪稿中，也許會使用到作者的相關著作來說明作者的生平或表達思想，但也屬於利用作者著作的行為，並不會影響到這篇採訪稿的著作權。如果是以問答方式表現的採訪稿，則是作者與採訪者二人基於共同合作完成該採訪稿，具有不可分離性的共同著作，它的著作權歸屬於作者與採訪者（也可能是報社或雜誌社）所共有。

（三）實例

實務上，常見政治人物、小說家或藝人在接受採訪後，希望能利用該採訪稿或採訪時所拍的照片，作為回憶錄、競選文宣或個人專輯使用，所以在聯繫受訪時，先談妥未來可以自由利用採訪稿或照片的授權，避免未來利用時的不便或侵害著作權的爭議。

❶數年前，某知名藝人為自己出書打廣告，擅自將經紀公司出錢請人拍攝的藝術照，交給出版社作為書籍廣告專輯報導使用，結果被經紀公司控訴侵害著作權。也曾經有某位立法委員候選人，在競選廣告中使用別人採訪他時所拍攝的活動照片，被控訴侵害著作權，最後被迫以高額賠償金和解。另外，不管著作財產權歸屬如何，都不會影響著作人的著作人格權，所以使用照片時，除非攝影者因年代久遠而不可考，否則都應註記標示攝影者的姓名，以示尊重著作人格權。

❷同樣地，採訪者在採訪時，也常會用到受訪者提供的照片，比較麻煩的是提供的照片中主角雖然是受訪者本人，但拍攝照片的是其他第三人，所以要特別注意這些相片的著作權歸屬問題，很可能這照片的著作財產權是別人的，受訪者本身並沒有權利利用這些照片，更無權授權給採訪者、報社或出版社來利用。

❸在採訪中使用相關照片時，也必須注意肖像權的問題。肖像權是民法上的人格權的一種，屬於被攝影者本身，始於出生，終於死亡，除公眾人物的公開活動照片外，沒有經過被攝影者的同意，不可以任意使用他照片。曾有某廣告公司將先前安排某知名女企業家接受雜誌專訪時的照片，轉用於手錶廣告DM上的案例，經該女企業家向法院提出控訴侵害肖像權，最後廣告公司被判支付高額賠償金。

採訪所完成著作的程序

由其內部受僱或外部特約的編輯、採訪、記者進行採訪工作 → 編輯、記者與報社或雜誌社之關係

- 內部受僱
- 僱傭或出資關係
- 外部特約

再將採訪稿刊載印行 →

著作的作者會在報章雜誌上，先刊載一篇有關自己的採訪稿，當作著作內容的介紹，除非是作者以出資方式聘請報社或雜誌社來撰寫，否則這篇採訪稿的著作權並不歸作者所有。

採訪者在採訪稿中，也許會使用到作者的相關著作來說明作者的生平或表達思想，但也屬於利用作者著作的行為，並不會影響到這篇採訪稿的著作權。

著作財產權的權利歸屬

採訪所完成的著作 →

原則上依報社或雜誌社與採訪者間的約定來決定；如無約定時，則依著作權法中僱傭關係或出資關係規定，以確認權利的歸屬。

① 是採訪者的職務上著作，也可能是採訪者在出資關係所完成的著作

② 如果是以問答方式表現的採訪稿，則是作者與採訪者二人基於共同合作完成該採訪稿，具有不可分離性的共同著作，它的著作權歸屬於作者與採訪者（也可能是報社或雜誌社）所共有。

 ★採訪使用照片的權利歸屬

①政治人物、小説家或藝人在接受採訪後，採訪稿或採訪時所拍攝的照片，作為回憶錄、競選文宣或個人專輯使用，所以在聯繫受訪時，先談妥未來可以自由利用採訪稿或照片的授權，避免未來利用時的不便或侵害著作權的爭議。

②採訪者在採訪時，若用到受訪者提供的照片，要特別注意這些相片的著作權歸屬問題，很可能這照片的著作財產權是別人的，受訪者本身並沒有權利利用這些照片，更無權授權給採訪者、報社或出版社來利用。

UNIT 4-11
假著作的權利歸屬

著作本是為表達自己思想信念與情意感受的創作，但是當著作人受到大眾喜愛，蔚為風潮時，在名利薰心或投機炒作下，假著作就會因應而生。顧名思義，假著作是指著作原件或其重製物上所表示的著作人並非真正的創作人，而二者之間可能也沒有僱傭或出資的關係，其著作權歸屬也值得探討。

(一) 侵害人格權

首先，如果是將他人的著作，把著作人的姓名塗掉，改填成自己的姓名，行為人不會因而成為著作人，也不能取得該著作的著作財產權；同時，這種行為已侵犯到著作人格權中的姓名表示權，也有侵占他人財產的刑責。反之，如果是將自己的著作，標示為他人的姓名（通常是冒用知名人士），也不會發生著作權移轉的效果，行為人並不是侵害著作人格權中的姓名表示權，而是侵害這位被冒名的知名人士在民法上人格權中的姓名權。

(二) 假著作成為真著作

其次，如果是已享有盛名的作者，或許為了應付著作被炒作過熱的大量需求，或是過於忙碌無心創作，又沉迷於金錢誘惑，無法堅守應有的道德，而以旁門左道的方式，先出錢雇用默默無名的人代筆完成，再親自或授意代為簽上自己的姓名後，當作自己的著作出售牟利。這種行為在專業領域中，雖為人所不恥，但如果這位作者與代筆者成立僱傭或出資關係，從著作權來看，這可能是受雇人職務上所完成的著作，或是出資聘人完成的著作，在法律上還是可以約定以作者為這些假著作的著作人，並

享有著作人格權及著作財產權。所以，「假著作」在著作權法上也可以成為「真著作」。

(三) 達利的故事

20世紀超現實主義畫家達利（Salvador Dali, 1904-1989，西班牙人）的假畫到處充斥，他生前的經紀人斯坦·勞瑞森斯（Stan Lauryssens）也曾出書（Dali and I：The Surreal Story，國內中文版譯為「達利的666個簽名」）聲稱，達利的作品有75%都是偽作，他還透露了一個驚天的秘密——達利本人就是假畫的始作俑者，他生前是靠這些假畫，過著優渥的生活。

勞瑞森斯在書中指出，達利雇用助手幫他畫畫作，另外有一位助手執行簽署達利姓名的工作，讓成百上千的達利畫的作品和印刷品在ebay網路拍賣或其他地方出售；更離譜的是，有時達利根本就是在空白的畫布上簽名，不必畫畫就賣出去了，因此即使達利過世了，他的新創作還是可以繼續不斷的產出。

從著作權來看，達利雇用助手專門幫他畫假畫，這些助手的職務就是畫假畫，再約定於畫上標明達利是著作人，符合受雇人職務上完成的著作規定；另外，也可以說這些助手是在達利計畫指揮下所完成的著作，這些助手根本無著作權可言，達利才是這些假畫的著作人，享有著作人格權及著作財產權。

再看達利在空白的畫布上簽名的情形，達利是以特聘或委任的方式請他們畫假畫，並同時約定達利為著作人及享有著作財產權，而他們也同意支付價款向達利預購這些假畫。如此也符合出資關係所完成著作的規定，這些假畫在著作權法上還真是達利的畫呢！

假著作是如何產生的？

假著作
是如何產生的？

假著作是指著作原件或其重製物上所表示的著作人並非真正的創作人，當著作人受到大眾喜愛，蔚為風潮時，在名利薰心或投機炒作下，假著作就會因應而生，而二者之間可能也沒有僱傭或出資的關係，其著作權歸屬也值得探討。

假著作的著作權歸屬

假著作的
著作權歸屬

將他人的著作，把著作人的姓名塗掉，改填成自己的姓名，行為人不會因而成為著作人，也不能取得該著作的著作財產權，這種行為侵犯到著作人格權中的姓名表示權，也有侵占他人財產的刑責。

如果是將自己的著作，標示為他人的姓名（通常是冒用知名人士），也不會發生著作權移轉的效果，行為人並不是侵害著作人格權中的姓名表示權，而是侵害這位被冒名的知名人士在民法上人格權中的姓名權。

如果是已享有盛名的作者，出錢雇用默默無名代筆完成，再親自或授意代為簽上自己的姓名後，當作自己的著作出售牟利，如果這位作者與代筆者成立僱傭或出資關係，從著作權來看，這可能是受雇人職務上所完成的著作，或是出資聘人完成的著作，在法律上還是可以約定以作者為這些假著作的著作人，並享有著作人格權及著作財產權。所以，「假著作」在著作權法上也可以成為「真著作」。

知識
補充站

A雇主雇用助手B專門幫A雇主畫假畫，B助手的職務就是畫假畫，並約定於畫上標明A雇主是著作人，A雇主才是這些假畫的著作人，A雇主享有著作人格權及著作財產權。另外，B助手如果是在A雇主計畫指揮下所完成的著作C，由於B助手只是受A雇主的指揮來完成工作，缺乏自己思想與情感的創作，所以，根本無著作C的著作權可言。

第 **5** 章

著作人格權

● 章節體系架構

UNIT **5-1**
著作人格權的內容

圖解著作權法

（一）何謂著作人格權

著作人格權包括公開發表權、姓名表示權與同一性保持權三個部分，是專屬於著作人對於自己的著作依法所享有的權利，它具有人格權的特質，但不具有財產權的性質。法人本來並沒有人格權可言，但在著作權法中，並未區分自然人或法人，故都可成為著作人，又基於公益的考量，所以法人能以著作人的身分，可享有專屬的著作人格權。由於著作人格權具有「人格權」的特性，因此，著作人格權永遠專屬於著作人本人所有，不能轉讓給他人，也無法拋棄或繼承，當然也不受著作財產權移轉的影響。

（二）著作完成即受保護

著作人格權在著作人完成著作時，即開始受到著作權法持續的保護，縱使著作人死亡（自然人）或消滅（法人）後，對於他的著作人格權保護，仍視同生存或存續一樣，任何人都不可以侵害，也就等於是永久受到保護。不過，侵害著作人格權的刑事責任部分，在2003年修法時已刪除；而民事責任部分，依據現行著作權法第86條的規定，除遺囑另有指定者外，只能由配偶、子女、父母、孫子女、兄弟姊妹與祖父母請求救濟。當著作人的這些親屬或遺囑指定的人都死亡後，縱使有侵害著作人格權情形發生時，實際上並沒有人能主張權利及尋求救濟了。

（三）不得事先拋棄

由於著作人格權不得事先拋棄，因此，實務運作時，在進行著作財產權讓與或授權時，常會有「著作人同意不對著作財產權人或被授權人行使著作人格權」等類似的約定。而這種約定並無約束力，事後如有利用人侵害著作人格權的情形，著作權人仍得請求財產或非財產上的損害賠償，縱使相對人主張著作人違反先前的約定，也無法以此作為抗辯理由而免責，僅能就該約定，另行要求著作人負違約的損害賠償責任。

小博士解說

著作人格權在國際條約方面發展較晚，1986年伯恩公約始將「姓名表示權」及「同一性保持權」納入保護。至於其他國家在立法上，著作人格權尚有「意見變更權」（the right to withdraw or retract）（當著作人對於原著作中所表達的意見，在公開發表後有所變更或不同看法時，可以行使購回權，將已流通在外的著作買回，以避免該著作繼續在外流通）或「批評意見回覆權」（the right to reply to criticism）（當他人對著作進行批評時，著作人有權以同一方式回覆其意見）。

我國著作權法原本將著作權只界定為著作財產權而已，例如1985年修正的著作權法第3條第1項第2款規定：「著作權：指因著作完成而發生第四條所定之權利。」而同法第4條則規定，文字著述等17類著作的著作人在著作完成時享有依著作性質，除得專有重製、公開口述、公開播送、公開上映、公開演奏、公開展示、編輯、翻譯、出租等權利外，並得專有改作的權利，故當時的著作權，並不包括著作人格權在內。在1992年6月10日修正著作權法第3條第1項第2款規定後，才明確將著作權包括因著作完成所生的著作人格權及著作財產權。

著作人格權

著作人格權的內容	公開發表權
	姓名表示權
	同一性保持權
著作人格權的特色	著作人格權永遠專屬於著作人本人所有，不得轉讓給他人，也無法拋棄或繼承，當然也不受著作財產權移轉的影響。
	影響著作品質及其呈現結果構成侵害，如劣質的錄音效果、模糊不清的畫面、受病毒感染的軟體程式……等重製行為，破壞原著作風貌亦造成對著作人格權的侵害，未經過著作人的許諾擅自對其著作增刪、著色、電子化改編……等行為，造成對著作人名譽或聲望的破壞。
著作人格權的保護內容	著作人格權的保護始於著作人完成著作時，永久受到保護。
	著作人格權不得事先拋棄

侵害著作人格權的責任

刑事責任 ▶ 侵害著作人格權的刑事責任部分，在2003年修法時已刪除。

民事責任 ▶ 現行著作權法第86條的規定，除遺囑另有指定者外，只能由配偶、子女、父母、孫子女、兄弟姊妹與祖父母請求救濟。

▶ 著作權人得請求財產或非財產上的損害賠償。

知識補充站

1986年伯恩公約始將「姓名表示權」及「同一性保持權」納入保護。台灣則於1992年6月10日修正著作權法第3條第1項第2款規定後，才明確將著作權包括因著作完成所生的著作人格權及著作財產權。加拿大著作權法界定著作人格權，必須符合說明創作人來源（paternity）、維持創作人聲譽（integrity）、作品與創作人之關聯性（association）等特性。

UNIT 5-2 公開發表權

圖解著作權法

（一）何謂公開發表權

因為著作具有很容易讓人與作者個人連結在一起的特殊性質，尤其是個人情感或思想的表達，常會涉及個人隱私或與當時社會價值判斷、執政者政治意識型態不同，所以著作權法特別賦予著作人就自己的著作享有公開發表的權利，包括著作人對於他的著作有「要不要向公眾發表」與「如果要向公眾發表時，於何時、何地、以何種方式發表」的決定權。

公開發表權只能使用一次，一旦作者同意著作公開發表，而且著作也確實公開發表後，就不能再禁止著作公開發表。當著作人以發行、播送、上映、口述、演出、展示或其他方法向公眾公開提示著作內容後，他的公開發表權即已用畢，而社會大眾即能在符合法律規定的「合理使用」情況下，利用該著作的內容。反之，假如有人未經著作人的同意，擅自把未曾對外公開發表的著作發表出來，就侵害了著作人的公開發表權，需要負擔賠償著作人的民事損害，以及違反著作權法的刑事責任。

（二）例外規定

著作人雖然有禁止公開發表的權利，但是如果著作人不同意公開發表，可能也會影響著作對外正常流通利用，損及著作財產權人的權利，對於文化的創新也有負面的影響。因此，著作權法對於公開發表權有下列幾種例外的限制情形，以平衡著作人和著作財產權人或著作利用人間，有關著作人格權和著作財產權利用的潛在衝突：

❶當雇用人或出資人依著作權法規定，從著作完成時起，就取得著作財產權時，由於著作財產權人的使用行為，造成著作被發表的結果，則視為著作人（受雇人或受聘人）同意公開發表。

❷就未曾發表的著作，著作人把著作財產權讓給別人，或者授權別人利用這個著作，而由於受讓人或被授權人使用著作的行為，造成這個著作被公開發表的結果，可以推定著作人同意公開發表他的著作。

❸尚未公開發表的美術著作或攝影著作的著作人，把作品轉讓給別人，而受讓人把他取得的作品公開展覽，可以推定著作人同意公開發表他的著作。買賣雙方在挑選購買尚未公開發表之相片時，依社會常情及交易習慣而言，雙方已有共識選購者可公開展示相片，又公開展示相片必然涉及公開發表行為，倘限制受讓人對該相片不得公開展示予以發表，勢必降低選購相片之初衷，進而影響文化的發展。

❹碩士、博士論文的作者，取得學位的時候，論文依法必須送給圖書館，讓大眾借閱，可以推定著作人同意公開發表他的著作。

❺公務人員在職務上所完成的創作，是由服務的機關來決定是否公開發表，公務人員自己不能主張公開發表權。

著作公開發表

意義	著作是作者情感、聲譽及人格的延伸，著作人對於自己的著作或其所生的衍生著作，在著作的原件或重製物上或在著作公開發表時，都保有表示自己的本名、別名或不具名的權利，並且可以自由選擇以何種字體或字型等方式表示。當著作人決定姓名表示的方式，任何人對外發表或在利用此著作的情形，就必須依照著作人所採用的方式，來表示著作人的姓名。
著作人可以決定	要不要向公眾發表。
	如果要向公眾發表時，於何時、何地、以何種方式發表。

公開發表權案例

公開發表權案例	在學校或辦公室中，常有一位男生為追求某位心儀的女生，寫了一封文情並茂的情書給女生，可能被那位女生的同學或同事發現，也可能那位女生不領情，將這封情書貼在公布欄裡，讓大家雅文共賞，這種擅自公開發表人所寫書信的行為，當然沒有先取得情書作者的同意，並且違反了著作人的意思，就是很典型的侵害公開發表權例子。

公開發表權的例外

雇用人或出資人依著作權法規定	從著作完成時起，就取得著作財產權時，由於著作財產權人的使用行為，造成著作被發表的結果，則視為著作人（受雇人或受聘人）同意公開發表。
未曾發表的著作，著作人把著作財產權讓給別人，或者授權別人利用	由於受讓人或被授權人使用著作的行為，造成這個著作被公開發表的結果，可以推定著作人同意公開發表他的著作。
尚未公開發表的美術著作或攝影著作的著作人，把作品轉讓給別人	受讓人把他取得的作品公開展覽，可以推定著作人同意公開發表他的著作。
碩士、博士論文的作者，取得學位的時候	論文依法必須送給圖書館，讓大眾借閱，可以推定著作人同意公開發表他的著作。
公務人員在職務上所完成的創作	由服務的機關來決定是否公開發表，公務人員自己不能主張公開發表權。

UNIT 5-3
姓名表示權

（一）作者的權利

當著作被公開利用時，著作權法賦予著作人有要求表示或不要表示他的姓名（包括本名、筆名、藝名……等）的權利，也就是說，作者擁有自己決定著作上要標示什麼姓名的權利。

著作人與著作的關係，非常微妙。有些著作人在著作上標示本名，希望作品暢銷而名滿天下，也可能要運用自己的知名度，讓著作更為暢銷。有些著作人可能是本名不夠優雅、與作品風格不合，或基於行銷策略的考量，而採用別名來發表著作。

同一位作者，也可以分別使用本名及不同的別名，發表不同類型或風格的著作。例如，一位文筆很好的醫生，可以用本名發表學術論文，建立醫學專業權威，再用比較嚴肅的別名，發表淺顯的醫學新知短文，教育大眾，另外則使用文雅的別名，發表感性的文學作品，抒發情感。對於作者決定使用不同的姓名為著作人後，任何人都不可違背他的本意，任意更換，否則就會侵害到作者的「姓名表示權」。

作者為避免遭法律上追訴或政治迫害，或是不讓讀者因作者身分而對著作預設立場時，不希望自己的名稱與著作連結在一起，也可以決定以不具名的方式發表著作。例如，社論執筆者常以不具名的方式發表論著，展現自己或報社中立的立場，對社會時事的關切，讓讀者直接由文章的內容，接收其所要傳達理念，客觀地判斷是非曲直。

（二）衍生著作

姓名表示權的範圍還包括到原著作的衍生著作，也就是說，如果將他人的著作翻譯、改寫或拍攝影片等方法利用，改作成新著作公開時，也必須要標示原作者的姓名，否則，一樣有侵害姓名表示權的問題。我們看到出版社在發行國外著作的翻譯作品時，必定會標示原作者的姓名，而電影在開場或結尾時，也會把這部電影是從某一部小說改編而來交待清楚。

不過著作人雖然保有姓名表示權，但是也有例外的情況：

❶除非有特別約定或是違反社會上使用的慣例，否則利用著作的人，還是可以使用自己的封面設計，並加冠設計人或主編的姓名或名稱，也就是說，著作人不能以姓名表示權為由，反對與設計人或主編同時掛名。例如，一般出版界的慣例，在出版書籍時，多會找人另行設計書籍封面；又出版套書或叢書時，也會由一位高知名度人士掛名為主編。

❷依照著作利用目的及方法，對於著作人的利益並無損害，也不違反社會使用的慣例時，可以省略著作人的姓名或名稱。例如百科全書的作者可能很多，無法逐一表示作者的姓名；又如使用音樂著作在商品電視廣告時，可以在畫面上適當的標示作曲者姓名，但是，如果同一支電視廣告被用於廣播節目中播放時，就很難在有限的播放秒數，還特別去提及所使用的背景音樂的作曲者姓名，這時候省略作者姓名，並不會認為是侵害姓名表示權。

姓名表示權

意義	在著作上標示作者的名稱，可說是創作者與生俱來的需求，著作權法有關姓名表示權的保護，即是基於這樣的需求，讓著作人有權利要求在他的作品被公開利用時，在作品上表示或不表示其名稱（包括：本名、筆名、藝名……等），也就是說，作者擁有自己決定著作上標示什麼姓名的權利。
	著作人的姓名表示權範圍還包括到原著作的衍生著作，如有人以翻譯、改寫、拍攝影片……等等方法來改作原著作時，也在自己創作的衍生著作中，依照原著作人所採用的方式，來表示原著作人的姓名。
	如果將著作人的姓名塗掉，改填成自己的姓名，也是侵犯著作人格權中的姓名表示權，同時，亦有侵占他人財產的問題。
實例	書店中看到國內出版社發行國外著作的翻譯著作時，必定會標示原作者的姓名，而電影在開場或結尾時，也會打出這部電影是從某一部小說改編的字樣，這是因為每一個改作的著作，都可以看得到原著作的影子，自然也應該要表示原著作人的姓名，以示尊重。

姓名表示的方式

姓名表示的方式

> **著作人在著作上標示本名**
> 讓大家知道這是他的作品。

> **採用別名發表著作**
> 其動機可能是本名不夠優雅、或本名與作品風格不合、或不想讓一般人知道這是他創作的。

> **著作人在著作上標示本名或不同的別名**
> 發表不同類型或風格的著作。

> **在特定刊物上以不具名的方式發表著作**
> 社論就是最典型的例子。社論為了顯示其中立的立場，或者是代表報社或刊物的立場，由執筆者以不具名的方式，發表論著，展現其對社會時事的關切。

> **不表示姓名**
> 避免作者姓名公開遭法律上追訴或政治迫害、或是違反自己意願所從事的著作等。

姓名表示權例外之情形

姓名表示權例外之情形

> **設計人或主編等人與著作人同時掛名**
> 著作人得主張他人不得變更他的姓名表示方式，但是除非有特別約定或是違反社會使用慣例，否則利用著作的人，還是可以使用自己的封面設計，並加冠設計人或主編的姓名或名稱。

> **得省略著作人的姓名或名稱**
> 依照著作利用目的及方法，對於著作人的利益無損害之虞時。

UNIT **5-4** 同一性保持權

圖解著作權法

（一）禁止醜化權

同一性保持權也有人稱它為「禁止不當改變權」或「禁止醜化權」。當我們利用他人著作時，常難免因利用方式必須做部分形式的改變，但並不是說一經改變著作的內容、形式及名目，即侵害著作人的同一性保持權，如此將使利用著作的人卻步，反而阻礙文化的發展，所以利用他人著作所為的改變是否構成侵害著作人的「同一性保持權」，必須以改變結果是否影響著作人的名譽為判斷。

同一性保持權乃是在保護創作人避免因他人對其著作毀損、變更，而致影響其名譽的情形，源自於法國1957年著作權法「droit au respect de l'oeuvre」的概念。伯恩公約在1986年修正於第6條之2第1項規定：「著作人除各項經濟權利外，或縱其經濟權利業經移轉，仍得就其著作主張為著作人之資格。有權制止他人扭曲、捐傷、改竄其著作，致有礙其榮譽之任何行為。」

1997年著作權法修正前，對於同一性保持權保護強度相當高，規定「著作人有保持其著作之內容、形式及名目同一性之權利。」僅少數例外不構成著作實質改變的情形，才能在未取得著作人同意下變更。然而，在現代著作利用與產業密切結合的情況下，將使取得著作財產權的受讓人或利用人，無法順利行使改作權，自由變更、修改著作內容，嚴重減損著作的商業交易價值，故1997年修正時配合國際立法趨勢，將同一性保持權的範圍限於當他人所做的變更或修改已達損害著作人名譽時，始允許著作人行使權利。

（二）禁止不當改變權

禁止不當改變權為著作人格權之一，但這樣的保護在現代著作大量商業利用的情形，將會使取得著作財產權的受讓人或利用人，無法有效地變更、修改著作以符合實際需求，將嚴重減損著作的商業交易價值，例如：電腦程式著作中內含有bug，廠商因為無法取得原作者的同意修改其程式碼，可能就遲遲無法進行除錯的動作。因此，修法時將所謂的「同一性保持權」限縮至只有當他人以歪曲、割裂，竄改或其他方法改變其著作的內容、形式或名目，致損害著作人的名譽時，才賦予著作人禁止他人不當改變的權利。

舉例來說，雖然在投稿時簽署授權書，同意編輯將自己的文章進行修改及刊登，但如果編輯將投稿的內容，刪改到已經失去本來作者的意思，例如：將本來可能是贊成某議題的文章，經過編輯修改後卻變成反對某議題的論述，對於作者的名譽可能造成損害，這時候即使先前有同意過編輯可以修改內容，但仍然因為編輯的修改已損害作者的名譽，而被認為有違反有關「禁止不當改變權」的規定。

如果是雜誌中所使用的照片，本來攝影家提供的是彩色照片，而雜誌出版時以灰階的方式呈現，這時候雖然作品的顏色確實改變了，但雜誌社只是因應印刷成本或雜誌整體風格統一採灰階印刷，並沒有故意要改著作內容，這種常見的印刷方式也不會對著作人的名譽產生損害，因此，攝影家不能因為灰階呈現的效果不如彩色的好，主張雜誌社違反「禁止不當改變權」，應停止使用。

同一性保持權

同一性保持權

意義 → 又可稱為「禁止不當改變權」或「禁止醜化權」（禁止不當改變權為著作人格權之一）。

意義 → 利用他人著作所為的改變是否構成侵害著作人的「同一性保持權」，必須以改變結果是否影響著作人的名譽為判斷。

範圍 → 「同一性保持權」範圍，界定為禁止他人以歪曲、割裂、竄改或其他方法改變其著作的內容、形式或名目，以致於損害著作人的名譽。

範圍 → 當使用者利用著作所作的改變結果，有影響著作人的名譽時，著作人即得主張禁止使用者的利用行為，並對於所遭受的損失，請求賠償。

同一性保持權案例

甲在製作研究作業時，重製他人所拍攝的「黃山雀」影像時，故意將影像切割至只剩下一個「黃山雀鳥頭」

→ 顯然有破壞著作內容的完整性，該攝影著作人即主張已侵害他的同一性保持權，並向法院提起訴訟，聲請該位學生應賠償其損失，案經法院審理後認為，該位學生固有切割著作人的「黃山雀」攝影著作之行為，但是係因製作網頁背景的需要，而且並未失去原著作的美感，對於著作人著作的同一性保持權並無妨礙，這行為並不致使著作人的名譽受損，而判決著作人敗訴。

 ★伯恩公約中的著作人格權

1992年6月10日修正的著作權法第17條規定，著作人有保持其著作內容、形式及名目同一性的權利。依同條但書雖列有特定情形予以排除適用，但如被授權改作等利用著作時，仍不能修改著作的內容、形式及名目，則嫌嚴苛，有礙著作之利用流通。而參酌伯恩公約（Berne Convention）有關著作人格權規定，僅係禁止他人以損害著作人名譽的方式利用著作，所以1998年修正第17條條文內容，將著作人享有的「同一性保持權」範圍，界定為禁止他人以歪曲、割裂、竄改或其他方法改變其著作的內容、形式或名目，以致於損害著作人的名譽。意即是，當使用者利用著作所作的改變結果，有影響著作人的名譽時，著作人即得主張禁止使用者的利用行為，並對於所遭受的損失，請求賠償。

UNIT **5-5**
公務員的著作人格權

圖解著作權法

（一）公務員的著作人格權

公務員如在職務上所草擬或翻譯、編輯的憲法、法律、命令、公文（包括文告、講稿、新聞稿及其他文書，不限於「文字」型態，像新臺幣圖案、國旗、國徽或警徽等圖形均屬於公文的一種）等，都是屬於不受著作權法保護的標的，根本不存在著作權，當然也沒有著作人格權可言，政府機關或任何人都可以自由利用。

如果是公務員利用公餘時間，依個人興趣或休閒娛樂而從事創作的活動，則為公務員非職務上所完成的著作，這些著作屬於公務員的獨立著作，在創作完成時即受著作權法保護，該公務員享有完整的著作人格權及著作財產權，並不須受到特別的限制；縱使是所任職的政府機關如果要利用這類的著作，除非符合合理使用規定的情形，仍然要取得該公務員的授權，否則，就有可能構成著作權的侵害。

（二）職務著作

公務員在職務上所完成的著作，除如法律或公文等不受著作權法保護者外，仍然有很多職務上所完成的著作。

❶公務員因公參加各項研習所撰寫的心得報告、受指示編製機關業務宣導海報、撰寫介紹機關業務的文章、拍攝機關活動照片或短片等等，這些著作仍受到著作權法的保護，政府機關則可依僱傭關係的契約來約定著作權的歸屬。

❷當在職務上所完成的著作因依契約約定或契約未約定而依法使公務員成為著作人，而著作財產權歸政府機關享有時，公務員本享有的著作人格權，因為這些著作供政府機關或一般民眾利用性高，又具有公益性質，所以立法者特別給予限制，該公務員並不能享有公開發表權，也不能保有姓名表示權，僅能享有同一性保持權。

❸政府機關要公開發表公務員的這類著作時，要不要標示著作人的姓名，都不需要再另行取得該公務員的同意，但是不能以歪曲、割裂、竄改或其他方法改變著作的內容、形式或名目，導致損害該公務員的名譽；而其他非該公務員任職的政府機關或一般民眾，想要利用這類著作時，仍須取得該公務員任職的政府機關同意或授權。

（三）例外情形

或許也可能發生公務員在職務上所完成的著作，不但由該公務員成為著作人，而且著作財產權也歸屬於公務員享有的情況。這時，依法並沒有特別的限制規定，該公務員應享有完整的著作人格權，該著作是否要公開發表或著作上著作人姓名如何表示，均由該公務員決定，包括其所任職的機關在內的任何人，想要利用該著作時，除非是在合理使用範圍外，都要取得該公務員的同意或授權。不過，站在國家財產管理立場來看，該公務員既是由政府機關所聘雇，並在職務上使用國家資源所完成的著作，本應屬於國家的財產；如發生此種情形，顯然是有人為疏失或是故意圖利該公務員，恐怕得不償失。

公務員的著作

公務員的著作

公務員無著作權
公務員如於職務上草擬或翻譯、編輯的憲法、法律、命令、公文等,屬於不受著作權法保護的標的,根本不存在著作權。

公務員享有著作人格權及著作財產權
非職務上所完成的著作。

依僱傭關係的契約來約定著作權的歸屬
職務上所完成的著作。

公務員的著作人格權

公務員的著作人格權

緣由
在職務上所完成的著作因依契約約定或契約未約定而依法使公務員成為著作人,而著作財產權歸政府機關享有時,公務員本享有的著作人格權,因為這些著作供政府機關或一般民眾利用性高,又具有公益性質,所以立法者特別給予限制,該公務員並不能享有公開發表權,也不能保有姓名表示權,僅能享有同一性保持權。

舉例
公務員因公參加研習所撰寫的心得報告、受指示編製機關業務宣導海報、撰寫有關機關業務的文章、拍攝機關活動照片或短片,政府機關依僱傭關係的契約約定著作權的歸屬,著作依約定或法定使公務員為著作人。

著作財產權歸政府機關享有時

著作的利用

政府機關利用公務員的這類著作時,不需要再另行取得該公務員的同意。

不能以歪曲、割裂、竄改或其他方法改變其著作之內容、形式或名目,導致損害該公務員的名譽。

其他非該公務員任職的政府機關或一般民眾欲利用這類著作時,仍須取得該任職的政府機關的同意或授權。

UNIT **5-6**
著作人格權不得轉讓

圖解著作權法

（一）專屬於著作人

著作人格權與著作財產權是不同的二種權利，彼此獨立且分離，著作財產權得自由移轉或拋棄，著作財產權人死亡後，併入遺產中由繼承人來繼承。但著作人格權屬於特別人格權的一種，專屬於著作人，和著作人的人格無法分離，不得讓與或拋棄，著作人死亡後也不能由繼承人繼承。著作人格權係著作人專屬的權利，由於著作權法賦予僱傭與出資關係所完成的著作，得依當事人約定，由雇用人或出資人為著作人；因此，著作人格權的歸屬端賴該著作的著作人是誰，並不是探究誰真正創作了這著作，所以著作人並不一定是真正創作著作的人。

（二）不能轉讓

著作人格權無法轉讓，專屬著作人本人，我國著作權法規定係永久存在，不因著作人之死亡（自然人）或消滅（法人）而終止，任何人不得侵害之；著作人死亡後，其著作人格權被侵害時，仍有賴親屬代位請求救濟。著作人格權給予著作人對其作品擁有完整的、獨占的、公開展示及演出、更改或刪除的專屬權，試想如在維納斯雕像上加上耳環，不僅格格不入破壞美感，同時侵害著作權人人格權。

著作人格權亦屬於特別人格權之一種，專屬於著作人本身，不得讓與或繼承，因此其主體不會改變，恆為著作人所享有。而著作財產權係得任意轉讓，亦即著作人及其受讓人得將著作財產權之全部或部分讓與他人或與他人共有；且著作財產權之受讓人，在其受讓範圍內即取得著作財產權，亦即著作財產權係隨其轉讓而改變其主體。

小博士解說

有人或許會認為，在僱傭與出資關係中，約定雇用人或出資人為著作人，是受雇人或受聘人將著作人格權移轉給雇用人或出資人；事實上，在著作尚未完成之前，並未有著作權產生，受雇人或受聘人並無著作人格權，何從將它移轉給別人，所以在法律上，雇用人或出資人依約定為著作人，是在受雇人或受聘人完成著作時，原始取得著作人格權，而不是受雇人或受聘人所移轉。同時，雇用人或出資人依約定為著作人後，不得再移轉給受雇人或受聘人或其他任何人。

至於著作權法只賦予僱傭與出資關係所完成的著作，得依當事人約定，由雇用人或出資人為著作人，其他非有僱傭或出資關係的當事人，並不能在著作完成前，以約定方式指定非創作的人為著作人，主要是考量這類著作在創作過程中，雇用人或出資人才是著作的催生者，也是創作的投資者或支持者，立法者希望透過僱傭與出資關係獎勵創作，來增進人類文化發展，所制定之法律制度。

著作權之轉讓

著作人格權無法轉讓
著作人格權無法轉讓，專屬著作人本人。

著作財產權可以轉讓
著作財產權得自由移轉或拋棄，並有遺產稅之申報與核課問題。

真正創作著作的人不一定擁有著作人格權

僱傭與出資關係所完成的著作，得依當事人約定

由雇用人或出資人為著作人；因此，著作人格權的歸屬端賴該著作的著作人是誰，並不是探究誰真正創作了這著作，所以著作人並不一定是真正創作著作的人。

著作人格權乃著作人專屬之權利

專屬權

著作人格權給予著作人對其作品擁有完整的、獨占的、公開展示及演出、更改或刪除的專屬權。

著作人格權給予著作人對其作品擁有完整的、獨占的、公開展示及演出、更改或刪除的專屬權，試想如在維納斯雕像上加上耳環，不僅格格不入破壞美感，同時侵害著作權人人格權。

著作人死亡後之權利

著作人格權	著作人死亡者，關於其著作人格權之保護，視同生存或存續，任何人不得侵害。
	著作人死亡後，除其遺囑另有指定外，一定之親屬，得依民法第84條規定，對於侵害其權利者得請求排除之 ； 對於侵害之虞者得請求防止之。另依著作權法第85條第2項規定，得請求表示著作人之姓名或名稱、更正內容或為其他回復之適當處分。
著作財產權	著作財產權得轉讓，當被繼承人死亡時所擁有之著作財產權，則與一般財產同樣列入遺產，除遺贈外，由繼承人依民法規定繼承。
	著作財產權內容繁雜，辨識本不容易，遺產稅之納稅義務人於申報限期內對繼承財產負有完整申報之責任。

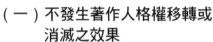

UNIT **5-7**
約定不行使著作人格權的效果

在著作人格權既不得讓與，又不能拋棄的限制下，當事人或許因授權契約約定需要，或因讓與著作財產權時受讓人的要求，社會有限制著作人格權行使的需求，使得當事人間約定不行使著作人格權的方式因應而生。著作人與他人約定，同意不行使其著作人格權後，並不會失去原有的著作人地位，其效力為：

（一）不發生著作人格權移轉或消滅之效果

著作人與他人約定不行使著作人格權，僅是同意不對其行使著作人格權而已，著作財產權人或被授權人雖取得著作人不行使著作人格權之約定，並未因而取得著作人格權，對於任意第三人侵害著作人格權的情事，仍須由著作人自行主張其權利，如由著作財產權人或被授權人逕行提起訴訟，即有當事人不適格的問題，將遭法院駁回。另外，著作人同意不行使著作人格權，並不代表當事人可以任意將著作人變更標示為其他人姓名，否則涉及著作人格權的讓與，已違反著作權法規定，應屬無效的行為。

（二）效力僅及於當事人間

著作人與他人約定不行使著作人格權，僅同意不對該第三人行使其著作人格權，其效力並不及於其他著作權人。例如，著作人將著作的著作財產權讓與甲，甲再將其中的改作權專屬授權給乙，另外丙則取得著作人不對其行使著作人格權的約定後，以割裂或竄改等方法改變該著作的內容時，縱使著作人依遵守約定不行使著作人格權，而甲與乙仍然得以丙的行為侵害其著作財產權，

向丙請求排除之，如有損失時，並得要求丙負損害賠償的責任；丙並不能以取得著作人約定不行使著作人格權為理由，來對抗甲或乙。

（三）無強制力

著作人與他人約定不行使著作人格權，並無強制力，也就是說，著作人仍可向著作財產權人或被授權人行使其著作人格權。如前例中，著作人認為丙的行為有損害其名譽時，仍得向丙要求排除之，並請求丙負損害賠償及更正內容或為其他回復名譽的措施。而丙基於契約條款的保護或主張並無故意侵權，很有可能被認為不構成侵權行為；至於著作人違反與丙的約定而行使著作人格權，也有可能構成違約行為。

🔵 小博士解說

一般而言，約定不得對行使著作人格權，主要在未來利用著作時，得逕為發表、修改或不註明出處，不必再一一獲得著作人的同意，可促進著作財產權的再流通，尤其是改作權與編輯權的行使，活躍衍生著作的創作，以方便著作的流通。

約定不行使著作人格權

約定不行使著作人格權

當有限制著作人格權行使的需求時，就是要求當事人間約定不行使著作人格權的方式，原因如下：

① 授權契約約定需要
② 讓與著作財產權時受讓人的要求

① 著作人格權是否可得約定不行使，著作權法並無明確規定，但在實務上大多持肯定的看法。
② 著作人與他人約定，同意不行使其著作人格權後，並不會失去原有的著作人地位。
③ 不排除權利人單方面同意或雙方當事人以契約方式約定，著作人在特定時間或地域上，對於被授權人的使用行為不得主張其著作人格權，特別是不得禁止其使用以及請求損害賠償。

約定不行使著作人格權的效果

約定不行使著作人格權的效果

不發生著作人格權移轉或消滅之效果

效力僅及於當事人間

無強制力

知識補充站 ★提供數則常見的契約條款文字內容，請讀者參考：

① 「甲方（著作人）同意不對乙方（著作財產權人）及乙方所同意授權使用本契約所定標的著作之人，行使著作人格權」（著作人與著作財產權人間）。
② 「甲方（著作人）同意對本著作不行使著作人格權」（概括性）。
③ 「甲方（受聘人）受乙方（出資人）委託創作○○○著作（以下簡稱本著作）一件，同意以甲方為著作人，乙方享有著作財產權，甲方並同意對乙方不主張本著作之著作人格權。」（受聘人與出資人間）。
④ 「為擴大藝術教育推廣功效，本次創作應徵獲獎作品之著作人，應無償授權主辦單位得作非營利性之使用，並同意不得對主辦單位行使著作人格權」（徵選或競賽報名簡章）。

UNIT **5-8**
著作財產權與著作人格權間調和

圖解著作權法

著作人格權發源於法國、德國等歐陸法系國家，基於保護著作人與其著作之人格關係，將著作視為著作人格最深層之表達，所以對於著作之侵害就是對著作人人格之冒犯。相對地，美國等普通法國家，則以財產價值觀點來看待著作人格權之保護，注重著作人自其著作回收適當之經濟報酬，認為著作人只要獲得適當之補償，原則上可以放棄著作權法上的任何保護，任何使用著作的方式均被允許。

因此，著作權法對於調和二者間權利關係作下列原則性的規範：

（一）公開發表權部分

尚未公開發表的著作，著作人將著作財產權讓與他人或授權他人利用時，由於著作財產權的行使或授權利用的結果，使得該著作公開發表，推定著作人同意公開發表該著作（參考著作權法第15條第2項第1款）。

（二）姓名表示權部分

利用著作的人，除著作人有特別表示或違反社會使用慣例者外，得使用自己的封面設計，並加冠設計人或主編之姓名或名稱（參考同法第16條第3項）。又依著作利用目的及方法，對於著作人的利益並無損害之虞，且不違反社會使用慣例者，得省略著作人的姓名或名稱（同法同條第4項）。

（三）同一性保持權部分

將著作人的權利範圍限縮在：禁止他人用歪曲、割裂、竄改或其他方法，改變著作的內容、形式或名目，導致損害到著作人的名譽。以區隔著作財產權

人的改作權與編輯權等正常行使與利用（同法第17條）。

📖 小博士解說

當然，在理論上，也有可能是著作財產權人為增長著作財產權的權利價值，而過度授權使用，讓使用者能有較大或無限的改作空間，以迎合市場的需求，可能損及著作人的名譽。本來，著作人可以引用同一性保持權加以禁止，甚至可要求將改作的作品銷燬及損害賠償，但是，由於著作人並不精於市場行銷，初期對於自己的原創作品是否能被社會大眾接受更沒有把握，所以在與發行商簽訂合約時，大多被要求不行使著作人格權，在國外甚至拋棄著作人格權，當自己的作品大發利市後，想再修改合約內容，所需耗用的時間與金錢等成本很高，困難度更高，只好忍受此現實。這種情況在日本動畫市場最常見，例如流行動畫海賊王（One Piece）與七龍珠（Dragonball Z）等經由美國的經銷商或被授權公司改編成英文版，大幅刪除日本文化劇情以符合西方孩童習性，甚至連故事中顯現海盜冒險精神的激烈打鬥場面均被消除，使熱愛日本原版動畫的眾多支持者無法接受。

著作財產權與著作人格權需要調和的理由

分屬於不同的主體所享有	著作財產權與著作人格權是著作權的一體兩面，但由於著作財產權得自由讓與或由繼承人繼承，而著作人格權則專屬於著作人本身，不得讓與或繼承。
當著作人與著作財產權人不同	彼此行使著作財產權與著作人格權時，難免會有相互重疊或起衝突的情事發生。
影響著作財產權的流通性	如果著作人過度堅持自己的著作人格權，不容許著作公開發表，或強調著作內容的完整性。
著作財產權人行使權利的不確定性	著作財產權人行使讓與及授權利用等權利的不確定性，造成著作財產權人的損失，社會大眾望而卻步，不願意也不敢去利用著作，失去著作權法保護著作權的意義。

著作人格權的特性

台灣著作人格權的特性	我國為歐陸法系國家，著作權法又採近似法國二元論之立法方式，卻屢次受美國貿易制裁之威脅，而配合修正著作權法，既認為著作人格權不得轉讓，但又允許當事人約定不行使其權利；著作人格權永久存在卻不得繼承，其一定親屬又得代位行使著作人格權。

著作人格權

著作人格權

著作人
享著作人格權的權利

著作人格權的功能	著作人格權有別於著作財產權，乃專屬於著作人本身的權利，與著作人有不可分離的特性。
	著作人投注其自身之人格特質、精神、靈魂在其創作成品上，特別是歸屬性（attribution）與不可分離性（integrity），使人得知該著作為著作人所作，並防止他人之不正當散布，使著作無從辨識非著作人所作，著作人防止他人變形醜化其著作，因而詆毀其聲譽之權利。
	人格權的主要功能是使著作人能透過其作品與讀者溝通，延伸著作人的本質與性格，允許著作人保護其著作的訊息完整性，著作人格權也是超越經濟利益衡量，保護創作者人格且維護作品完整性的權利，使創作者姓名與其作品相聯繫並保護作品不受竄改或歪曲。

UNIT **5-9**
著作人格權合理使用的抗辯

圖解著作權法

著作人格權侵害的案例中被告常以合理使用作為抗辯，合理使用是為確保大眾獲知及散布資訊的權益，相對地，亦必須保障著作權人權益，但被指控侵害的被告（即剽竊者）必須能證明他有合理使用的正當事由，也就是要求被告須承擔舉證責任。美國著作權法第107條明定合理使用包含以批判、恭維、新聞報導、教學、學術研究等目的使用他人著作，判斷標準以被告如何證明其為善意（good faith）使用，該條文中明定主張善意使用的要件如下：

❶使用的目的為商業或非營利的教育目的。

❷著作的本質。

❸使用的比例。

❹善意使用的結果對著作權人市場占有率（包括潛在市場的影響）。

合理使用可以增加著作被他人有效利用並增進社會整體經濟價值，合理使用是否超越創作者著作人格權的保障，引用合理使用理論應更留意維護創作者的權益，避免造成不必要的衝擊，若對著作人格權造成侵害，法院多半以誹謗或毀損名譽罪處置。美國一個真實判決：曾經有甲被指控畫作和原告乙作品類似，只是以不同的方式呈現；法院判決乙雖指控甲畫作的內容污衊了他的原創作，並應適用誹謗罪論處，然而法院認為乙的訴求並非全部屬實，因為甲的畫作仍有部分真實性，而不是全部都是虛偽或污衊顛覆乙之作品，最終原告敗訴。

🔵 小博士解說

為加強行銷及迎合不同地區的需求，可能有必要改編或增刪原來著作的內容，甚至影響到著作人的著作人格權，即使創作人充分授權或理解此類改變，未必能得到一般大眾的認同，如美國4 Kids Entertainment（娛樂）公司改編日本流行動畫海賊王，在美國發行英文版作者著作，製作完成之動畫影集是否在國內或海外發行，創作者或製片商通常依賴經銷商，「製片聯盟」授權經銷商為發行之必要可改編該著作，如修改日本版本為英語版本，或修改配音為其他發行地之母語，被授權公司從廣告商、影音及商品授權銷售獲得利潤再支付版權費給日本製片商（授權人）。

創作者必須授權被授權公司，如此被授權公司才能在美國開展經銷影集事宜，因此創作者在起初的談判溝通上乃居於主導地位，然而因創作者認為被授權公司可取得較其本身低廉之成本，以推廣其創作於美國發行的機會，而與被授權公司形成相互依存關係，且為搭配行銷取得市場未來潛在性獲利，加上被授權公司可以了解美國在法律、政府管理及市場性的限制，同時希望動畫影集能經由有線或衛星在美國電視播送，則必須符合美國通訊委員會（FCC）的法規要求，因此創作者常忽略對其著作人格權之保護，反而任由被授權公司全權處理。

美國著作權法明定合理使用判斷標準

美國著作權法明定合理使用（good faith）判斷標準

美國

→ 使用的目的為商業或非營利的教育目的

→ 著作的本質

→ 使用的比例

→ 善意使用的結果對著作權人市場占有率（包括潛在市場的影響）

任意竄改可能削弱創作者企圖表達的特色

任意竄改可能削弱創作者企圖表達的特色

2004年6月4 Kids Entertainment（娛樂）公司宣布，取得日本流行動畫海賊王（One Piece）美國的英文版權，該日本原版動畫十分暢銷，惟大部分內容被認為不宜在社區公開播放，4 Kids Entertainment公司先前已有重製多部日本流行動畫經驗，但許多海賊王動畫的忠實讀者，卻擔心4 Kids Entertainment公司會將海賊王原作改編成，違背原著精神的低級著作。

不料4 Kids Entertainment公司發表之英文版海賊王，大幅刪除日本文化劇情以符合西方孩童習性；甚至連故事中顯現海盜冒險精神的激烈打鬥場面均被消除。此外刪除與故事整體發展相關的重要單元，也自做主張濃縮集數，使熱愛日本原版動畫的眾多支持者無法接受。

原日本動畫製作商Toei Animation於2007年4月只好宣布由另一家FUNimation配音接手海賊王英文配音版的工作。1990年代Saban Entertainment公司曾改編另一部深受歡迎的日本流行動畫──七龍珠（Dragonball Z），後來與FUNimation公司結合由其完成，結果遭受動畫迷嚴重批評，事實上Toei Animation並未以此為鑑，才會發生。

前述事例中成效不彰的第一次配音授權，及第二次的再授權，對創作者及相關者造成個人與社會成本的損耗：授權成本、協商與簽署合約之法律費用、時間與機會成本等，且因首次授權所生產之瑕疵產品，造成二次授權時為刻意區隔，因而必須花費更多時間及資源以加強促銷。日本動畫內容與日本文化息息相關，亦呈現創作者對國家認同的層面，移除和此類文化層面有關的情節及劇中人物重要部分的安排，可能造成任意竄改或削弱創作者企圖表達的特色。

UNIT **5-10**
著作人格權的繼承問題

圖解著作權法

（一）著作人死亡後著作人格權繼續存在

以傳統法學觀點，大致認為著作人格權專屬於著作人，具有人格權性質，故規定不得移轉或繼承。依著作權法規定著作人格權係永久存在，不因著作人死亡（自然人）或消滅（法人）而終止，任何人不得侵害之，換句話說，當著作人死亡後，著作仍繼續流通，其著作人格權視為存在，但是規定不得繼承。著作人死亡後，如有著作人格權被侵害或有被侵害之虞時，則有賴遺囑指定人或親屬代位請求救濟。

一般人格權專屬於自然人，當自然人死亡後即告消滅，故無法繼承；然而，著作人格權卻可由法人享有，著作人死亡或消滅後仍然存在，二者在本質上已有顯著的不同。且國際通說認為，伯恩公約並未禁止會員國規定著作人格權得暫時或永久轉讓或拋棄；又從僱傭或出資關係所完成的著作，得以事前契約約定著作人的歸屬，何嘗不是一種轉讓行為。

（二）市場機制的考量

從市場機制面觀察，如同前述美國的日本動畫影集授權需要，著作人格權儼然已被出售，且美、加等國著作權法允許拋棄著作人格權，而在我國實務上，亦承認得約定不行使著作人格權，因此，著作人格權可處分有其必要性。

其實，著作人格權的內涵隨時代環境演變，更加多樣化，著作人格權與著作之間的關係越形緊密，但卻與著作人本人的人格越離越遠，已漸脫離著作人一般人格權之外，其在法律規範或解釋上，或許不須完全再遵循民法所有的原理原則，而應配合時代需要，並以社會功能與目的為重，也許可考慮賦予有期限的存續期間，並可隨著作財產權移轉或繼承。

小博士解說

在網際網路環境中的著作人格權，除著作人本人的人格（例如以本名或別名表示身分）外，至少有下列二種人格特性的呈現：

❶著作中所虛擬的人物性格：傳統上，著作人在卡通影片、漫畫或小說內創造各種人物，例如櫻桃小丸子、怪醫黑傑克、蝙蝠俠、楚留香、令狐沖等虛構人物，並會構思每個人物身分特徵，賦予外觀、形象與人格內涵，這些虛擬人物的性格存在於著作中，構成著作人格權的重要部分，可受著作權法保護，如竄改或扭曲這些人物特性，則有侵害著作人格權的完整性（同一性保持權）。

❷其在虛擬遊戲中所扮演角色的人物性格：在虛擬網路環境中，常進行多人角色扮演遊戲，遊戲平台經營者在其設計的人物角色上，不但享有著作財產權，也擁有著作人格權。而參與遊戲者在虛擬遊戲中，可選擇或自創所喜歡扮演的角色，並花費相當時間、金錢與創意去經營，塑造角色的人格與形象，所以也應該承認該角色（大多為動畫型態，可歸為美術或視聽著作）的著作權，享有著作財產權與著作人格權。

著作財產權繼承之順位

著作財產權
繼承之順位

著作人死亡後，其著作財產權屬於遺產繼承之範圍，遺產繼承人係以民法第1138條所列順序定之，如有拋棄繼承時，亦得依同法第1176條規定為應繼分之歸屬或由次順序之繼承人繼承。

著作人格權代位請求權之順位

著作人格權
代位請求權
之順位

著作權法第86條規定，依配偶、子女、父母、孫子女、兄弟姊妹及祖父母之順序，對於侵害或有侵害著作人格權之虞者，得依同法第84條及第85條第2項規定請求救濟，亦即親屬之代位請求權。

著作財產權繼承之第一順位

著作財產權繼承與
著作人格權代位請
求權順位不同

著作財產權繼承之第一順位為直系血親卑親屬，不但涵蓋著作人格權代位請求權之第二順位子女及第四順位孫子女，並擴及曾孫子女等其他直系血親卑親屬。可能衍生當被繼承人之著作人格權被侵害，而影響繼承人（如子女）所繼承之著作財產權時，如著作人格權代位請求權之前順位人（如配偶且非該著作財產權之繼承人），延遲不行使請求權或與人約定不行使著作人格權　時，後順位之著作財產權繼承人，卻不得請求之情形發生，此似乎為法所未周延之處。

知識補充站 ★製版權無著作人格權

著作權法第80條規定，有關製版權之消滅係準用著作財產權消滅之規定；亦即製版權因存續期間屆滿、製版人死亡而其製版權依法應歸屬國庫或製版人為法人消滅而其製版權依法應歸屬地方自治團體者，均為發生製版權消滅之原因。當製版權消滅之製版物，亦納入公共領域中，任何人均得自由使用，且製版權並無著作人格權之適用，故無侵害製版人之人格權問題。但是，仍須注意其使用是否會有損及其文字著述或美術著作原著作人著作人格權之情形。

第 **6** 章

著作財產權的種類

●●●●●●●●●●●●●●●●●●●●●●●●●●●● 章節體系架構

UNIT 6-1
重製權

重製權是最早受到保護的著作權，甚至在早期歐美各國著作權法的規範內容重點，可說只在於禁止他人重製之行為，以維護作者或出版商的經濟利益。隨著科技發展與時代進步，對於其他種類著作財產權的保護，也是從重製的觀念衍生出來，因此任何著作類型均享有重製權。

依照著作權法第3條第1項第5款之規定，重製係指將著作用印刷、複印、錄音、錄影、攝影、筆錄或其他方法來加以重複製作，也就是說，將著作不論是暫時或長久性的重複製作而重現著作的內容，都屬於重製行為。同時，也將下列二項亦納入重製之範圍：❶劇本、音樂著作或其他類似著作演出或播送時，予以錄音或錄影；❷依建築設計圖或建築模型建造建築物。

另外，現代科技以電腦或光碟機觀賞影片、聽音樂或閱讀文章，這些影片、音樂或文章都將重製在電腦或光碟機的RAM中；且在利用網路傳輸、瀏覽、快速存取或操作，也有暫時性重製情形，這些如果都需要著作財產權人的同意，將造成莫大不便，阻礙資訊的交流，所以著作權法特別把為網路合法中繼性傳輸，或合法使用著作時屬於技術操作過程中必要的過渡性、附帶性，而且不具有獨立經濟意義的暫時性重製，都排除在重製權的適用範圍以外。

不過，由於電腦程式著作是透過電腦的執行，才能創造出獨立的經濟意義，如果也任由第三人以暫時性方式重製，則電腦程式的著作財產權已無保護意義，因此，電腦程式著作的暫時性重製，仍是著作財產權人所專有的重製權範圍，沒有經過同意或授權，任何人都

不可以用拷貝或執行後即予刪除的方式，擅自重製電腦程式著作。

著作經重製而附著在有形體物，即是重製物，也是著作「發行」的客體。但是，重製物的所有權（物權）與著作的著作權並不相同。重製物的所有權人，並未當然取得著作財產權，為讓二者的利益能調和，著作權法規定在下列情況下享有特定的著作權：

❶著作人將尚未公開發表的美術著作或攝影著作的著作原件或其重製物讓與給他人，依著作權法第15條第2項第2款的規定，受讓人得以其著作原件或其重製物公開展示，並推定著作人同意公開發表其著作。

❷在中華民國管轄區域內取得著作原件或其合法重製物的所有權人，可以用移轉所有權的方式來散布。

🙂 小博士解說

著作權法對於重製的定義，在1992年6月10日修正前，係針對重製權作定義，修正後才改直接對重製作定義，指以印刷、複印、錄音、錄影、攝影、筆錄或其他方法「有形」的重複製作，亦即以附著在有形體物為要件。但是，在2003年7月9日再修正時，雖然重製的範圍擴大增列「直接、間接、永久或暫時」的重複製作，不過卻以「於數位化網路環境下，重製並不以有形之重複製作為限」為理由，刪除原有的「有形」二字。所以，現行著作權法所稱重製，並未限定在有形與固定為要件，而將無形及暫時性的重複製作，也視為重製之範圍。

重製權就在生活中

生活中常見重製行為

影機攝影及筆記錄	在公開演說場合，以錄音機錄音、攝機聽影	使用手機拍書本內容	使用電腦做資料拷貝	內容使用影印機影印書本

第6章 著作財產權的種類

著作權法規定之重製行為

所謂重製行為	著作權法第3條第1項第5款之規定，重製係指將著作用印刷、複印、錄音、錄影、攝影、筆錄或其他方法來加以重複製作，也就是說，將著作不論是暫時或長久性的重複製作而重現著作的內容，都屬於重製行為。
同時也將右述兩項納入重製之範圍	劇本、音樂著作或其他類似著作演出或播送時，予以錄音或錄影。
	依建築設計圖或建築模型建造建築物。

著作權法規定排除在重製權的適用範圍外

暫時性重製	專為網路合法中繼性傳輸，或合法使用著作時屬於技術操作過程中必要的過渡性、附帶性，而且不具有獨立經濟意義的暫時性重製。
實例	以電腦或光碟機觀賞影片、聽音樂或閱讀文章，這些影片、音樂或文章都將重製在電腦或光碟機的RAM中。
	利用網路傳輸、瀏覽、快速存取或操作，也有暫時性重製情形。
電腦程式著作	由於電腦程式著作是透過電腦的執行，才能創造出獨立的經濟意義，如果也任由第三人以暫時性方式重製，則電腦程式的著作財產權已無保護意義，因此，電腦程式著作的暫時性重製，仍是著作財產權人所專有的重製權範圍，沒有經過同意或授權，任何人都不可以用拷貝或執行後即予刪除的方式，擅自重製電腦程式著作。

UNIT 6-2 公開口述權

圖解著作權法

（一）何謂公開口述

著作權法除了保護像重製這類有形的著作利用之外，也保護許多無形的著作利用，公開口述權就是其中一種。它是語文著作類所單獨專屬享有的著作財產權，其他類型著作則無此項權利。由於語文著作是人類最原始的創作，不分年齡、性別與教育程度，只要用語言或文字，將自己的思想、感情用嘴說出或用筆寫下，表達出具備「原創性」的內容，即可成為語文著作，受著作權法的保護，所以公開口述權是一種既平常卻又特殊的權利。

（二）公開口述的方法

公開口述是以言詞或其他方法，包括將語文著作口述後加以錄音，再向公眾傳達其著作內容。舉例來說，我們在公開場合朗頌詩歌、短文，或是老師在課堂上講授教材的內容等，都是屬於公開口述的行為；另外，如果將名嘴的演講內容錄音後，然後在公開場所再播放錄音的內容，這種方式也是屬於一種公開口述的行為。

但是，如果將名嘴的演講內容錄音後，再把錄音帶於電台播放時，即非公開口述，而為公開播送之行為；另外將語文著作的內容，用說書或相聲的表演方式，則是公開演出之範圍，而不是公開口述。

小博士解說

公開口述權是各項著作財產權類型中產生爭議比較少的一種，因為通常大家比較不會任意公開口述他人的著作，況且，在特定的非營利性活動中公開口述他人著

作，或是政治、宗教上的公開演說，都屬於著作權法所規定的合理使用行為。另外，用他人的著作做為學校課堂授課或公開演講的素材，只是將該著作的表達內容，加以理解消化後，作思想或概念的傳達，並不是著作的公開口述。但是，如果將著作的內容逐字逐句朗讀，或是將他人的著作當成自己演講或授課的主要內容，才容易產生侵害公開口述權的問題，也可能被法院認為構成侵害該著作的公開口述權。

此外，只有「語文著作」才能利用語言加以口述，而其他的著作因為不能轉換為語文的型態呈現著作的原貌，亦即無法以口述的方法來傳達著作內容，自然不能享有公開口述權。舉例來說，美術館的導覽人員，常利用擴音器口述名家畫作的內容，在場的民眾若是沒有看到那幅畫作，還是沒有辦法從口述的過程中，真正了解到畫作的內容，這就是美術著作無法享有公開口述權的原因，當然，美術館的導覽人員也不會因為口述畫作的內容而有侵害該美術著作公開口述權的問題。

公開口述權就在生活中

教室中學生聽教師授課或聽名嘴演講錄音 → 公開口述

電臺播放該錄音，聽眾收聽 → 公開播送

看不到畫，各自想像

公開口述權

特殊性	語文著作類所單獨專屬享有的著作財產權，其他類型著作則無此項權利。
意義	公開口述是以言詞或其他方法，包括將語文著作口述後加以錄音，再向公眾傳達其著作內容。
舉例	在公開場合朗誦詩歌、短文。
	老師在課堂上講授教材的內容。
	將名嘴的演講內容錄音後，然後在公開場所再播放錄音的內容。

公開口述權較無爭議

合理使用行為	特定的非營利性活動中公開口述他人著作，或是政治、宗教上的公開演說，都屬於著作權法所規定的合理使用行為。
思想或概念的傳達，並不是著作的公開口述	將他人著作理解消化後的表達內容，做為學校課堂授課或公開演講的素材。
容易產生侵害公口述權	將著作的內容逐字逐句朗讀，或是將他人的著作當成自己演講或授課的主要內容，才容易產生侵害公開口述權。

UNIT 6-3
公開播送權

圖解著作權法

（一）何謂公開播送

　　基於公眾直接收聽或收視為目的，而使用有線電、無線電或其他器材的廣播系統傳送訊息方法（包括同步播送），藉由聲音或影像，向公眾傳達著作的內容，這就是公開播送。例如目前家庭所接收的有線播送系統業者（俗稱第四台）播送的視聽節目，就是屬於公開播送的行為。

　　在各類型著作中，除了表演經重製或公開播送後，再作公開播送時，表演人無法享有這項權利外，其他類型的著作都享有此項公開播送權。同時，如果是由原播送人以外的第三人，將原播送的聲音或影像再利用有線電、無線電或其他器材的廣播系統，再向公眾傳達傳送訊息，也是屬於公開播送的權利範圍，仍應取得該著作的著作財產權人的同意，才可以再為公開播送的行為。

（二）公開場合與獲利與否判斷侵害行為

　　在國內發生的類似侵害公開播送權案件中，司法機關會以「公開場所」與「行為人是否藉由公開播送間接獲利」兩項要件來認定，例如火鍋店、餐廳播放輕柔音樂，增進用餐氣氛，來提升餐廳格調，以吸引顧客上門消費，這是屬於有間接獲利的情形，因此餐廳業者必須付費給著作財產權人，否則涉及侵害公開播送權，依法可論處三年以下徒刑，並須負民法的侵權損害賠償責任。

　　又在一般廣播電台主持人，或餐廳、便利商店、大賣場等業者，或是機關學校、民間團體，也常將自己所購買的音樂CD，在電台廣播節目中，或營業辦公場所內的廣播系統，在公開場所播放音樂，也是屬於公開播送的行為，必須分別取得該錄音著作與音樂著作著作財產權人的授權，才能公開播送。

小博士解說

　　以音樂著作為例，我們在日常生活中，透過公民營之無線電視台、衛星電視台、有線系統業者、調幅AM電台、調頻FM中功率電台、小功率電台、有線音樂頻道、衛星音樂頻道等，收聽或收看電視、廣播節目或廣告，這些節目或廣告中有播送音樂或彈奏、演唱播出時，這些業者需要向著作權人申請公開播送的概括授權。各音樂著作權人為管理方便起見，大多是委由社團法人中華音樂著作權協會（MÜST）來管理（該協會接受管理「公開演出權」、「公開播送權」與「公開傳輸權」等三種著作財產權的授權委託），需要公開播送該音樂著作的使用者，可直接向該協會付費使用，以減少個別徵詢授權及付費的麻煩。但是，如果欲使用未委託該協會管理的音樂著作，仍然需要分別向各音樂著作權人洽商授權使用事宜。為因應餐廳、便利商店或大賣場等業者公開播送音樂的需要，已有專業的音響電器公司將已取得合法授權的成千上萬首音樂，錄製於播放機中，再以每年租用方式給餐廳、便利商店或大賣場等業者不限時間的播放使用，不但經濟實惠，又省事方便，大家也不必擔心發生侵害他人公開播送權的情事。

公開播送權就在生活中

何謂公開播送權

要件	「公開場所」、「行為人是否藉由公開播送間接獲利」。
意義	基於公眾直接收聽或收視為目的,而使用有線電、無線電或其他器材的廣播系統傳送訊息方法(包括同步送),藉由聲音或影像,向公眾傳達著作的內容就是公開播送。
舉例	家庭所接收的有線播送系統業者(俗稱第四台)播送的視聽節目。 旅館、餐廳、火鍋店、便利商店或百貨公司常透過其內部系統「轉播」電視、廣播節目,供其營業場所之顧客收聽或收看時,亦是公開播送行為,須取得合法授權。

音樂著作如何公開播送

音樂著作
如何公開播送

○ 節目或廣告中有播送音樂或彈奏、演唱播出時,這些業者需要向著作權人申請公開播送的概括授權。

○ 各音樂著作權人為管理方便起見,大多是委由社團法人中華音樂著作權協會(MÜST)來管理,需要公開播送該音樂著作的使用者,可直接向該協會付費使用,以減少個別徵詢授權及付費的麻煩。

○ 如果要使用未委託該協會管理的音樂著作,仍然需要分別向各音樂著作權人洽商授權使用事宜。

○ 專業的音響電器公司將已取得合法授權的成千上萬首音樂,錄製於播放機中,再以每年租用方式給餐廳、便利商店或大賣場等業者不限時間的播放使用。

UNIT **6-4** 公開上映權

圖解著作權法

（一）何謂公開上映權

自從人類發明電影技術以後，世界上產生了一種全新的著作類型，就是視聽著作，同時，這種全新的著作必須使用放映機將電影的內容向公眾播放，於是公開上映權也因應而生，也只有視聽著作的著作權人才能享有公開上映權，其他類型著作則無此權利。

公開上映權是利用單一或多數視聽機或其他傳送影像的方法，在同一時間向現場或現場以外一定場所的公眾傳達著作的內容。從早期的廟會活動，在現場放映免費的蚊子電影（在野外或廣場上架起大大的白布簾螢幕，觀眾坐著板凳看著會隨風飄動的電影，不時還要遭受蚊蟲的叮咬，因而得名），到現代在豪華電影院的電影播放，都是屬於公開上映的行為。

有關公開上映權比較容易產生困擾的，不是在視聽著作的播放，而是在於播放的對象。舉例來說，我們在自己家裡看電視播放或自己租購的DVD電影等，因為並不是對現場或現場以外一定場所的公眾播放，所以就跟公開上映無關。

如果是在家庭以外的特定多數人所在的場合，或是在不特定人可以進出的場所，甚至像是私人俱樂部、錄影帶或碟影片播映場所（MTV）、旅館房間、遊覽車、火車、捷運等供公眾使用的交通工具上，播放視聽著作，這樣是屬於對公眾播放的行為，就構成「公開上映」。因此，在旅館裡或飛機上放映電影、在遊覽車上播放伴唱帶讓遊客唱卡拉OK等，都必須要取得視聽著作的公開上映的授權（一般常稱為「公播授權」）才能合法利用。

（二）第四台

由於有線電視（俗稱「第四台」）的普遍，我們在公共場所中也常常可欣賞到各項視聽著作節目，是否也會構成「公開上映」的行為？依據主管機關與最高法院判決的看法，公共場所在第四台播送系統業者傳送途中並未再設接收器材（例如接收器）接收其訊號予以傳達者，縱使設有放大器、混波器等加強傳送訊號的器材或設備，但由於公共場所電視機所接收的節目，是第四台播送的結果，則該等公共場所並無「公開播送」的行為。

如果公共場所只是單純地打開電視機接收第四台的節目內容供人觀賞，由於該電視機是接收節目的必然設備，公共場所只是單純地接收訊息，並沒有「公開上映」的行為。不過，如果公共場所將第四台所傳達的節目予以「轉錄」後，再以單一或多數視聽機或其他傳送影像的方法向公眾傳達節目內容，則會涉及「重製」及「公開上映」的行為，應該徵得視聽著作著作財產權人的同意或授權後，才可以進行這些活動。

小博士解說

讀者千萬要注意，並不是我們購買或租用電影DVD，就可以在公開場所任意播放，因為這些DVD雖然是合法取得，但都被限制為家用版，沒有附有「公開上映」的合法授權。假如我們隨便拿到學校或機關、組織在公開場所播放給大家看，除非符合教學等合理使用的規定，否則，仍然會有侵害公開上映權的問題。

公開上映權

公開上映權

特殊性	只有視聽著作的著作權人才能享有公開上映權，其他類型著作則無此權利。
意義	利用單一或多數視聽機或其他傳送影像的方法，在同一時間向現場或現場以外一定場所的公眾傳達著作的內容。
舉例	早期的廟會活動，在現場放映免費的蚊子電影，到現代在豪華電影院的電影播放，都是屬於公開上映的行為。

公開上映權常產生的困擾

私人俱樂部、錄影帶或碟影片播映場所（MTV）、旅館房間、遊覽車等供公眾使用的交通工具上，播放視聽著作	這樣是屬於對公眾播放的行為，就構成「公開上映」。在旅館裡或飛機上放映電影、在遊覽車上播放伴唱帶讓遊客唱卡拉OK等，都必須要取得視聽著作的公開上映的授權（一般常稱為「公播授權」）才能合法利用。
在公共場所中欣賞到有線電視（俗稱「第四台」）各項視聽著作節目	如果公共場所只是單純地打開電視機接收第四台的節目內容供人觀賞，由於該電視機是接收節目的必然設備，公共場所只是單純地接收訊息，並沒有「公開上映」的行為。
	如果公共場所將第四台所傳達的節目予以「轉錄」後，再以單一或多數視聽機或其他傳送影像的方法向公眾傳達節目內容，則會涉及「重製」及「公開上映」的行為，應該徵得視聽著作著作財產權人的同意或授權後，才可以進行這些活動。

知識補充站

KTV業者播放視聽伴唱帶等供顧客唱歌，係屬公開上映視聽著作的行為，實務上，大多數法院認為KTV業者以高於市價（家庭用）數倍之價格向伴唱帶公司購買，伴唱帶公司已默示同意KTV業者公開上映伴唱帶，因此無須再給付公開上映授權金。

UNIT **6-5**
公開演出權

圖解著作權法

（一）何謂公開演出

在留聲機、唱片、錄音帶、CD等發明以前，音樂著作只能透過現場歌手或是樂團的演出讓觀眾欣賞，對於音樂著作權人而言，除了銷售樂譜（屬於重製權的利用）以外，對於公開演出音樂收取權利金是一種很重要的權利，因此，公開演出是各項著作財產權中較早發展成獨立的權利之一。這是語文（主要是劇本）、音樂及戲劇或舞蹈著作專屬享有排他、支配的公開演出權，至於表演人則限定以擴音器或其他器材公開演出其表演，才能享有公開演出權；如果表演人是將表演重製後或公開播送後，再以擴音器或其他器材向大眾公開表演的內容時，就無法再享有此公開演出的權利。而錄音著作只能對公開演出錄音著作的人請求支付使用報酬，無法禁止他人公開演出的行為。除此以外，其他類型的著作則無此項權利。

（二）公開演出的範圍

通常表演團、舞蹈團、演唱會、樂器演奏會等以演技、舞蹈、歌唱、彈奏樂器向現場的公眾傳達著作內容，即是公開演出。另外，如廣播、電視或網際網路運用擴音器或其他器材等，將原播送的聲音或影像向公眾傳達著作的內容，不論接收著作內容訊息的大眾是否聚集在一起，也不管這些接收訊息的大眾是否都同時收看或收聽表演，也都是屬於公開演出的行為。

不論是公司、門市、賣場或餐廳等行業，甚至是7-11、全家等便利商店，只要是在公眾得進出的場所，加裝喇叭擴音系統播放CD音樂、轉播電台或電視台播出的音樂、戲劇和舞蹈時，都符合著作權法公開演出的範疇。雖然廣播公司已經取得公開播送的授權，但就這些賣場等業者而言，透過擴音設備播放的行為，是另一個公開演出的行為，也要另外取得詞曲作者或戲劇、舞蹈作者、劇本作者或他們所委託的著作權仲介團體取得授權，才能避免發生侵害公開演出權的糾紛。

在公共場所或是在有一定數量（通常指超過單一家庭所有成員或其全部親朋好友總和的人數）人群的場所，無論是以朗誦、繪製、跳舞、演唱、演奏或演戲等任何方式，直接在舞台上的現場表演，或是間接藉由設備以複製影像、增加音量，達到顯示出影像或發出聲響等表演目的，都是屬於公開演出。

在網路上傳輸有著作權的音樂或電影檔案是否屬表演行為？一般來說，只要沒有同步的（simultaneous）顯示（rendering或showing）現象，就不屬於公開演出的行為。因此，藉由網路「傳輸」一部數位化電影並不等於「演出」該部電影，而是涉及重製權的問題；當該數位化電影被全部傳至某部電腦後，藉由適當的軟硬體協助下，隨時可在公共場所或是供其他觀眾播放觀賞，就發生公開演出行為了。

公開演出權

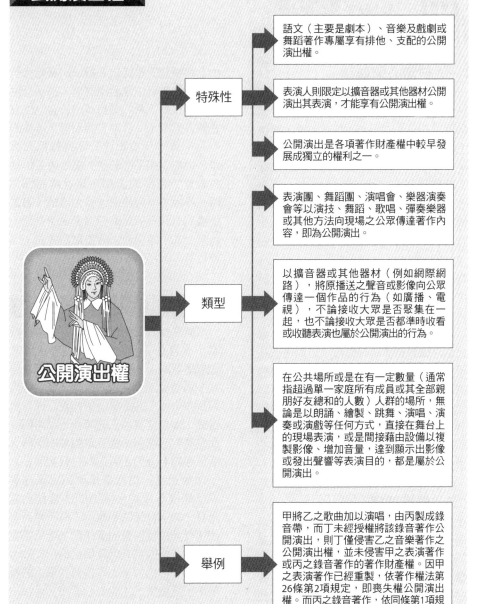

公開演出權

特殊性

- 語文（主要是劇本）、音樂及戲劇或舞蹈著作專屬享有排他、支配的公開演出權。

- 表演人則限定以擴音器或其他器材公開演出其表演，才能享有公開演出權。

- 公開演出是各項著作財產權中較早發展成獨立的權利之一。

類型

- 表演團、舞蹈團、演唱會、樂器演奏會等以演技、舞蹈、歌唱、彈奏樂器或其他方法向現場之公眾傳達著作內容，即為公開演出。

- 以擴音器或其他器材（例如網際網路），將原播送之聲音或影像向公眾傳達一個作品的行為（如廣播、電視），不論接收大眾是否聚集在一起，也不論接收大眾是否都準時收看或收聽表演也屬於公開演出的行為。

- 在公共場所或是在有一定數量（通常指超過單一家庭所有成員或其全部親朋好友總和的人數）人群的場所，無論是以朗誦、繪製、跳舞、演唱、演奏或演戲等任何方式，直接在舞台上的現場表演，或是間接藉由設備以複製影像、增加音量，達到顯示出影像或發出聲響等表演目的，都是屬於公開演出。

舉例

- 甲將乙之歌曲加以演唱，由丙製成錄音帶，而丁未經授權將該錄音著作公開演出，則丁僅侵害乙之音樂著作之公開演出權，並未侵害甲之表演著作或丙之錄音著作的著作財產權。因甲之表演著作已經重製，依著作權法第26條第2項規定，即喪失權公開演出權。而丙之錄音著作，依同條第1項規定，並無公開演出權。

★只有語文、音樂及戲劇舞蹈等三類著作才可享有公開演出權

語文、音樂及戲劇或舞蹈著作專屬享有排他、支配之公開演出權，其他類型之著作則無此項權利。

UNIT **6-6** 公開傳輸權

圖解著作權法

（一）何謂公開傳輸

由於數位科技、電子網路及其他通訊科技的興起，任何著作都可以輕易地以數位（digital）形式存在或呈現，再藉由網際網路、紅外線、藍芽等新型態傳輸媒體快速地傳送給許多人，對著作權人的權益產生相當不利的影響，世界智慧財產權組織（WIPO）因而在1996年通過了著作權條約（WIPO Copyright Treaty, WCT）及表演與錄音物條約（WIPO Performances and Phonograms Treaty, WPPT）兩項國際公約，針對數位化網路環境，明定應賦予著作權人享有公開傳輸的權利。

本項權利不限定著作的類型，著作權人都可以享有透過有線電、無線電網路或其他通訊方法，藉由聲音或影像將他的著作提供或傳送給公眾，讓大家可以隨時隨地到網路上去瀏覽、觀賞或聆聽著作內容的權利。而表演人將表演重製成錄音著作後，也可以享有公開傳輸的權利。

（二）侵害態樣

未經授權在網路或其他形式的數位媒體上傳輸檔案，若不符合理使用，都屬於侵害公開傳輸權的行為。例如：

❶網友喜歡將流行歌曲或電影上傳放在網路部落格或網頁上，供不特定的其他網友線上收聽欣賞，這種行為並未取得授權，除涉及對他人重製權侵害外，由於是利用有線電或無線電網路，藉聲音或影像向公眾提供或傳達著作的內容，使大眾能在各自選定的時間或地點傳輸，已構成對他人公開傳輸權的侵害。

❷網友會利用超連結的方式，將他人網站的網址轉貼在自己的部落格網頁中，供上網瀏覽的不特定人得以網頁連結至他人網站，再由連結到的他人網站提供免費欣賞或下載的服務，由於自己沒有將他人的影片、音樂直接上傳，這樣的行為不會涉及重製或公開傳輸他人著作，但自己如果明知他人網站所提供的免費欣賞或下載服務，是違法的行為時，不但可能因協助或擴大傳播，遭著作權人以共犯或幫助犯追究法律責任，也是一種不尊重他人著作財產權的不道德行為，不足為取。

🙂小博士解說

常有許多教師們會製作線上的數位教案，放置在自己的網頁上供學生或其他想學習的人，利用網路瀏覽或下載方式，以增加課程學習的效果。在這些自製教案中使用的素材，例如圖片或背景音樂，會包含其他人的著作，都可能會面臨觸犯公開傳輸權及重製權的危險。所以建議老師們在製作數位教案時，為了保險起見，最好還是使用完全自製或已屆滿著作權保護期間的著作物當素材，即無侵權的疑慮。再有不足而有使用受著作權保護的著作作為素材需要時，除非能確定是因教學目的所需的合理使用外，仍須事先取得著作權人的授權或同意使用，才能安心使用，而採用已使用創用CC授權的著作當素材，則是最佳的選擇，只要遵循明確的授權條款，即可不必再擔心會侵害他人之著作權。

公開傳輸權

公開傳輸權

特殊性 → 不限定著作的類型，著作權人都可以享有透過有線電、無線電網路或其他通訊方法，藉由聲音或影像將他的著作提供或傳送給公眾，讓大家可以隨時隨地到網路上去瀏覽、觀賞或聆聽著作內容的權利。而表演人將表演重製成錄音著作後，也可以享有公開傳輸的權利。

意義 → 由於數位科技、電子網路及其他通訊科技的興起，任何著作都可以輕易地以數位（digital）形式存在或呈現，再藉由網際網路、紅外線、藍芽等新型態傳輸媒體快速地傳送給許多人。

網路上的公開傳輸

網路上的公開傳輸

在網路網站上主動或被動播放背景音樂、網路音樂，試聽下載、網路廣播電台、網路電視影片、網路卡拉OK、KTV、網路廣告及其他通訊方法（如電信業者之手機鈴聲下載），如有公開傳輸音樂、影片或電子書等著作時，均需申請公開傳輸之概括或個別授權，否則無論是網站供人免費下載之提供者或下載之使用者，均可能侵害著作權人之重製權及公開傳輸權。

各個網站或BBS站的版主，對於網友貼上網的文章、圖畫、音樂或影片，如果不確定是作者同意在網路上流通的，最好刪除，免得無端發生侵害公開傳輸權的糾紛。

知識補充站

著作權人可以將他的著作，不管是文字、錄音、影片、圖畫等任何一種型態的作品，用電子傳送（electronically transmit）或放在網路上提供（make available online）給公眾，接收的人可以在任何自己想要的時間或地點，選擇自己想要接收的著作內容。

UNIT **6-7** 改作權

（一）何謂改作

「改作」是根據或參考既有的著作再另為新的創作，它必須是另外投入具有原創性的活動，把既有著作作改變的行為，才能算是改作。如果只是單純做簡單的變更或替換，而沒有原創性，則不是著作權法所稱的改作。而改作的對象是既有的著作，但不一定是要受著作權法保護的著作，像著作財產權保護期間已經屆滿的古代的小說、史詩、畫作等著作，都可以成為改作的對象，例如依據三國演義、水滸傳等章回小說改編成電視劇本，再改拍成電視劇，都是屬於改作行為。

至於改作的方法，可以利用翻譯、編曲、改寫或拍攝成影片的方式來做，也可以將文字著作圖片化（如漫畫或影片）或美術作品異種複製（水彩畫轉成油畫或版畫）等方式，以及使用「闡發新理或不同之技術」（1928年頒布實施的著作權法第19條規定的條文內容，可視為最早的改作權），都屬於改作的方法。

（二）改作權

「改作權」則是指著作權人有權決定是否允許他人來「改作」自己的著作。也就是說，當我們希望改作的對象（原著作），是他人受著作權法保護的著作時，就必須要取得著作權人的授權，否則會構成侵害原著作的改作權。這項權利除表演以外，不限著作的類型，著作權人都能享有。改作所完成的創作，只要能符合著作的要件，就可成為另一項新的著作，我們稱它為衍生著作，與改作的對象——原著作，不論是否屬於同類型的著作，均是彼此各自獨立的著作，而且改作所完成的衍生著作與原著作一樣，可以再將它改作，透過這種綿延不斷的改作，讓人類的文化創作更為多樣豐富、生生不息。

😊小博士解說

依照原著作改作成新的著作，它的著作類型隨改作的結果，各有不同，以近年來風靡全球的哈利波特小說為例，將原始的英文版改作成中文版的哈利波特小說，或改作成劇本（不論以何種語言進行），都可歸類為語文著作；也可以改作成哈利波特漫畫，歸類成美術著作；也可以將它改作成哈利波特電影或動畫影集，則為視聽著作；當然也可以改作成歌劇或話劇，而被歸類為戲劇、舞蹈著作。而且，這些改作後的新著作間，或是與原著作間，彼此都是各自獨立。

改作權為著作權人所享有，因此如欲對受著作權法保護的原著作另為改作時，須先經該著作權人同意，才可以進行改作，否則會發生侵害行為。又改作係以內在形式存有原著作的表現形式，而在外觀形式上變更原著作的表現形式，也就是改作後所完成的衍生著作，都會忠於並為原作的主要架構及精神；如果只是參考他人既有著作，而將它改得「面目全非」成另一個全新的著作，讓一般人在欣賞新著作時，無法再與原著作聯想在一起的話，它是一項全新創的著作而不是衍生著作，原著作的著作權人也很難主張新著作有侵害改作權的行為。

何謂改作？

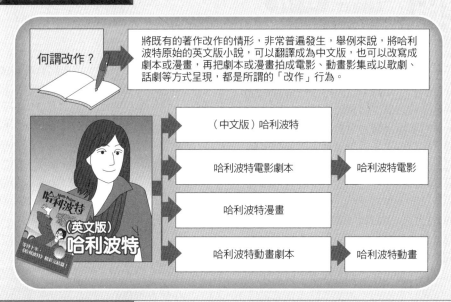

何謂改作？ 將既有的著作改作的情形，非常普遍發生，舉例來說，將哈利波特原始的英文版小說，可以翻譯成為中文版，也可以改寫成劇本或漫畫，再把劇本或漫畫拍成電影、動畫影集或以歌劇、話劇等方式呈現，都是所謂的「改作」行為。

（中文版）哈利波特

哈利波特電影劇本　→　哈利波特電影

哈利波特漫畫

哈利波特動畫劇本　→　哈利波特動畫

何謂改作權

何謂改作權

特殊性
除表演以外，不限著作的類型，著作權人都能享有。改作所完成的創作，只要能符合著作的要件，就可成為另一項新的著作，我們稱它為衍生著作，與改作的對象——原著作，不論是否屬於同類型的著作，均是彼此各自獨立的著作，而且改作所完成的衍生著作與原著作一樣，可以再將它改作，透過這種綿延不斷的改作，讓人類的文化創作更為多樣豐富、生生不息。

意義
「改作權」則是指著作權人有權決定是否允許他人來「改作」自己的著作。也就是說，當我們希望改作的對象（原著作），是他人受著作權法保護的著作時，就必須要取得著作權人的授權，否則會構成侵害原著作的改作權。

★侵害改作權之責任

甲完成一首單純之演唱曲，乙如經甲之同意將該歌曲編成交響樂曲，而丙未經甲之同意將該歌曲編成鋼琴演奏曲；乙及丙即以編曲之改作方式各創作另一衍生著作，彼此均為獨立之著作，各受著作權法之保護；但是，丙未經甲之同意將該演唱曲編成鋼琴演奏曲，甲得依著作權法第84條規定請求排除之，並依同法第88條之1規定，對於侵害行為作成之物或主要供侵害所用之物，得請求銷燬或為其他必要之處置。同時，另依同法第88條及第92條規定，甲亦得向丙主張負賠償損害之民事責任及追訴其不法侵害他人著作財產權之刑事責任。

UNIT **6-8**
散布權

圖解著作權法

（一）何謂散布權

「散布」是將著作的原件或重製物提供給一般大眾來交易或流通，包括著作原件與著作重製物買賣、其他所有權移轉、出租或出借等都是著作的散布。但是，如果只是對特定少數人基於特定的目的所作散布，而不是對一般大眾所為散布，則不會被認為是著作權法所稱的散布行為，例如將一篇文章影印二份給自己家人分享，只是將著作重製，還不算是將著作散布給不特定大眾。

「散布權」在規範著作權人將著作原件或著作重製物「對公眾散布」的掌控能力，本來包括所有有償或無償交易或流通的散布行為，但是，我國與大多數國家的著作權法一樣，採取將「散布權」限制在涉及著作原件或著作重製物所有權移轉的範圍內，而不包括所謂「輸入」、「出租（借）」、或「發行」等情形。

（二）以有體物為限

同時，散布權是以實體環境中「有形體」的原件或重製物為客體（如書籍、CD、畫作、電腦磁片或光碟等），並不包括有線、無線或網路上「無形體」的廣播或傳輸，因此，透過廣播電台、電視電台或網路所作著作內容的傳輸，是「公開播送權」或「公開傳輸權」的行使，而不屬於「散布權」的範圍。

散布權所散布的客體不只以合法的重製物為限，還包括非法著作重製物（俗稱盜版），因此，小販在夜市裡販賣盜版的影片或音樂片，即是從事侵害散布權的犯罪行為，觸犯著作權法必須負民事及刑事的責任。

散布權是重製權的延伸，我國著作權法於1928年立法以來，均未見有散布權或散布行為的明確規定，直至1992年修定後，才開始以明文規定。這項權利除了表演人以外，各種著作類型的著作權人均享有以移轉所有權的方式，來散布著作原件或著作重製物，以補充並擴大重製權的功能，使得著作財產權人權益可以獲得更完善的保護。由於表演人的表演是對既有的著作加以詮釋，創作度比較低，所以，法律給予的保護程度也受到限縮，只能就被重製在錄音著作裡的表演享有散布權，如果他的著作是被重製在錄音著作以外的其他類型著作裡面，或者是單純將現場演出錄影下來的錄影帶（重製物），就不能享有散布權。

小博士解說

通常，大家會把散布權與發行權或公開發表權（著作人格權之一種）等三種相互混淆在一起。發行權是散布權行使的一種方式，偏重在著作重製物的散布，而且必須達到能滿足公眾合理需要的程度，才算是發行；而公開發表權則是向公眾公開提示著作的內容，除以發行方式（散布權）外，也可運用像播送、上映、口述、演出、展示或其他方法等方式來達到公開發表的目的。例如，一般作家常透過投稿（原稿或複印本）方式，報社或雜誌社接受並同意刊載該著作後，透過報紙或雜誌的發行，向公眾公開發表該著作，同時，也經由報紙或雜誌的販賣，向公眾散布該著作。如果是知名作家或暢銷小說的續集，作者則常會運用新書首次發行時，以簽名會方式發表其著作，將散布權、發行權與公開發表權同時結合運用。

何謂「散布」

「散布」 → 「散布」是將著作的原件或重製物提供給一般大眾來交易或流通，包括著作原件與著作重製物買賣、其他所有權移轉、出租或出借等都是著作的散布。

歌手簽名會

天王新專輯，快來買喔！　簽名會旁的夜市

散布權

特殊性	散布權是重製權的延伸，除了表演人以外，各種著作類型的著作權人均享有以移轉所有權的方式，來散布著作原件或著作重製物，以補充並擴大重製權的功能，使得著作財產權人權益可以獲得更完善的保護。
意義	包括所有有償或無償交易或流通的散布行為，採取將「散布權」限制在涉及著作原件或著作重製物所有權移轉的範圍內。
	散布權所散布的客體不只以合法的重製物為限，還包括非法著作重製物（俗稱盜版）。
排除	不包括所謂「輸入」、「出租（借）」、或「發行」等情形。
	散布權是以實體環境中「有形體」的原件或重製物為客體（如書籍、CD、畫作、電腦磁片或光碟等），並不包括有線、無線或網路上「無形體」的廣播或傳輸。
	透過廣播電台、電視電台或網路所作著作內容的傳輸，是「公開播送權」或「公開傳輸權」的行使，而不屬於「散布權」的範圍。

散布權、發行權與公開發表權的區別

散布權、發行權與公開發表權的區別

散布權 →	散布權是將著作原件或重製物對公眾散布。
發行權 →	發行權是散布權行使的一種方式，偏重在著作重製物的散布，而且必須達到能滿足公眾合理需要的程度，才算是發行。
公開發表權 →	公開發表權則是向公眾公開提示著作的內容，除以發行方式（散布權）外，也可運用像播送、上映、口述、演出、展示或其他方法等方式來達到公開發表的目的。

129

UNIT **6-9**
出租權

圖解著作權法

（一）何謂出租權

出租權是不限定著作類型，著作權人都可以享有出租著作的權利，表演人就已經重製在錄音著作的表演，也可以享有本項出租權。所謂的出租是指有營利的目的，意即是有對價關係的行為，包括有償借用或交換使用等，如果同學或親朋好友間無償的借用行為，還不算是出租。

由於著作權人在銷售著作原件或重製物時，已取得相當的報酬，可以用來回饋或補償他對創作所投入的成本，因此，著作權法賦予除錄音及電腦程式著作外，著作原件或其合法著作重製物的所有人，就該原件或重製物也有出租權。換句話說，當取得著作原件或合法著作重製物的所有權，同時也獲得持有的著作物出租權，例如我們購買到原版的書籍或DVD後，可以將它出租給別人使用。

（二）第一次銷售理論

著作權人的出租權僅存在於尚未經銷售的合法重製物上，一旦被著作權人或其所授權之人第一次銷售給消費者後，其出租權就已經耗盡，隨後取得該合法重製物的所有權人要出租該重製物時，著作權人不得再對該流通在外的重製物再主張出租權，這是在學理上所稱「第一次銷售理論」或「耗盡理論」（first sale doctrine or exhaustion doctrine）。

至於錄音及電腦程式著作，因為很容易被重製，而且電腦程式著作在使用時也必須有重製的行為，如果它的重製物也適用上述「耗盡理論」，則購買錄音及電腦程式著作的重製物以後，即出租供他人使用，必然使著作權人受到嚴重

損害，所以著作權法將它排除在適用範圍外。

如果是附含在貨物、機器或設備的電腦程式著作重製物，通常是控制或使用該機器設備所必備，而且也是與機器設備分離的主要元件，當這些貨物、機器或設備本身出租時，該附含電腦程式著作重製物也會隨同一併出租，例如出租附有電腦程式著作的飛機、汽車或生產設備，雖然是以飛機、汽車或電器設備為出租的主要標的物，而不是以電腦程式著作為主，但是如果不准許出租人也可以行使該附含電腦程式著作重製物的出租權，則承租人租用的飛機、汽車或電器設備即無法使用，失去承租使用的目的。

小博士解說

在國內錄影帶或DVD等視聽著作的出租市場，發行商常常在影片上面標示有「此影片僅授權○○公司出租使用，所有權仍屬於XX公司所有，非經書面同意之買賣授權皆屬侵權行為」，也就是主張並未出售該錄影帶或DVD的所有權，而只是授權出租店可以出租錄影帶或DVD，但是所有權仍由發行商所有，出租店並未取得所有權；所以，出租店不能將錄影帶或DVD的所有權賣給他人，同時，更約定出租店如果結束營業或轉移經營時，仍須就該等錄影帶或DVD重新與發行商洽商處理，不得直接移轉給他人出租，發行商藉此完全掌控出租市場。

消費者與出租權

影片商發行光碟影片
- 家庭版（給消費者購買）。
- 出租版（給出租店，再租給消費者），供消費者欣賞。

著作人享有以出租其著作之權利
- 不限著作類型，著作人享有以出租其著作之權利。
- 少數錄影帶或DVD於市場上有零售（俗稱直銷版，在光碟影片重製物上常載有「禁止出租」等限制文字），一般消費大眾購買後，除自己觀賞外，也可以借給親朋好友或租給任何人觀賞的，都是合法的行為。

國內影片出租市場的情形

國內影片出租市場的情形
- 依經濟部智慧財產局的函釋，出租店也可以直接選購直銷版作為出租之用，只是出租店處於相較弱勢，常有求於發行商，例如須經由發行商始能取得獨家代理發行之院線片，出租店仍不敢直接購買零售的直銷版錄影帶或DVD，而仍向發行商購買出租版的錄影帶或DVD，這也是國內影片出租市場存在的特殊情形。

「第一次銷售理論」或「耗盡理論」

「第一次銷售理論」或「耗盡理論」
- 當取得著作原件或合法著作重製物的所有權，同時也獲得持有的著作物出租權，例如我們購買到原版的書籍或DVD後，可以將它出租給別人使用。所以，著作權人的出租權僅存在於尚未經銷售的合法重製物上，一旦被著作權人或其所授權之人第一次銷售給消費者後，其出租權就已經耗盡，隨後取得該合法重製物的所有權人要出租該重製物時，著作權人不得再對該流通在外的作物再租主張出租權。

★視聽著作發片商採「只租不賣」

我國實務，視聽著作之發行商常在影片上面標示有「此影片僅授權○○公司出租使用，所有權仍屬於XX公司所有，非經書面同意之買賣授權皆屬侵權行為」，也就是主張並未出售該錄影帶或DVD的所有權，而僅是授權出租店可以出租錄影帶或DVD，但是所有權仍由發行商所有，出租店並未取得所有權；所以，出租店不能將錄影帶或DVD的所有權賣給他人，同時，更約定出租店如果結束營業或轉移經營時，仍須就該等錄影帶或DVD重新與發行商洽商處理，不得直接移轉給他人出租，發行商藉此完全掌控出租市場。

UNIT **6-10**
公開展示權

（一）何謂公開展示

公開展示權只限於美術著作及攝影著作二種類型的著作，才能享有的權利。展示作品是指展示能被看得見的作品全貌，看不見的電腦程式或只能聽的音樂、錄音，以及雖可一眼看得到部分內容的語文、視聽等其他類型著作，則不適用公開展示權。「展示」的方式包括以直接展示作品或間接的透過電影、幻燈片、電視或電腦來展示作品。在網際網路中，經由電子傳輸數位影像的方式，將影像投射在螢幕上，也是屬於展示的行為。例如，經由網路連結，將網站上的資訊顯示在個人電腦上，或者是在網站或網頁上提供美術或攝影等資訊，供會員或訂戶瀏覽，都是一種「展示」的行為。

（二）只規範公開展示的作品

公開展示權只規範「公開」展示的作品，如果只是「私下」展示作品，著作權所有人就無權干涉或禁止他人的展示行為。例如，小黃在未經著作權人同意的情況下，將照片數位化後，存放在個人電腦硬碟檔案中供自己或家人觀賞，並不是公開展示的行為，著作權人不能主張小黃侵害公開展示權，但仍可追究他未經同意，就將照片加以數位化，造成侵害重製權的民事與刑事責任；又如果小黃將照片數位檔案上傳到網站，並置放在網路上供他人分享瀏覽，這種經由網路傳輸在電腦螢幕顯現影像的「展示」，縱使瀏覽者只是在家中的個人電腦中私下欣賞，但由於網路是屬於大多數人可進出與使用的公開園地，小黃的行為是屬於「公開展示」的範圍，已侵犯照片著作的公開展示權，著作權人可

以禁止小黃的展示行為，並循法律途徑尋求民事與刑事上的救濟。

不過，特別要提醒大家，公開展示權除限制在美術著作或攝影等兩類著作外，同時也只限在「未曾發行」的作品才能適用。如果著作人已將美術著作或攝影著作以舉辦畫展、攝影展或出版專輯等方式公開發行，其後不論是以無償借用或授權使用，而取得該著作原件或重製物，就可以不須再經過著作權人的同意，都可以隨時再公開展示該著作。

此外，如果美術著作或攝影著作的著作人或著作財產權人，將他的著作原件或重製物（例如攝影的底片或其沖洗的照片）轉讓給他人，縱使該著作並未公開展示，而依照社會一般人的想法以及交易習慣，會認為受讓人有公開展示的意願，而讓與人也可以預見受讓人有此意願，換句話說，該著作一經轉讓後，就可能會被公開展示。所以，美術著作或攝影著作原件或合法重製物的所有人或經他同意的人，都得以公開展示該著作原件或合法重製物，同時在公開展示時，為方便介紹作品，可以在說明書內重製該著作，來作為向參觀人解說使用。

何謂「展示」

方式 → 「展示」的方式包括以直接展示作品或間接的透過電影、幻燈片、電視或電腦來展示作品。在網際網路中，經由電子傳輸數位影像的方式，將影像投射在螢幕上，也是屬於展示的行為。例如，經由網路連結，將網站上的資訊顯示在個人電腦上，或者是在網站或網頁上提供美術或攝影等資訊，供會員或訂戶瀏覽，都是一種「展示」的行為。

公開展示權

特殊性 → 公開展示權只限於美術著作及攝影著作兩種類型的著作

意義

→ 展示作品是指展示能被看得見的作品全貌，看不見的電腦程式或只能聽的音樂、錄音，以及雖可一眼看得到部分內容的語文、視聽等其他類型著作，則不適用公開展示權。

→ 公開展示權只規範「公開」展示的作品，如果只是「私下」展示作品，著作權所有人就無權干涉或禁止他人的展示行為。

→ 公開展示權除限制在美術著作或攝影等兩類著作外，同時也只限在「未曾發行」的作品才能適用。

攝影展

攝影家展示其攝影作品

★提醒您注意二件事

①在未經著作權所有人同意的情況下，將照片數位化後上傳到網站，並置放於網路上供他人瀏覽的作法，是侵犯照片所有人公開展示權的行為；而且這種經由網路傳輸在電腦螢幕顯現影像的「展示」，縱使只在家中供個人私下瀏覽，但由於網路是公開的園地，所以都屬於「公開展示」的範圍。

②如果著作人已將美術著作或攝影著作以舉辦畫展、攝影展或出版專輯等方式公開發行，其後不論是以無償借用或授權使用，而取得該著作原件或重製物，就可以不須再經過著作權人的同意，都可以隨時再公開展示該著作。

UNIT 6-11
編輯權

圖解著作權法

關於「編輯權」的內容如何,現行的著作權法第28條規定:「著作權人專有將其著作編輯成編輯著作之權利」,只是賦予著作權人編輯權的專有權利,並未再對它的定義或內容加以闡明。不過,我們可以從1985年所修正的著作權法第3條第24款原規定來看,編輯權的意思指著作人就自己的著作,享有整理、增刪、組合或編排產生另一著作的權利。如果著作人在著作完成前與人約定,由他人享有著作財產權;或者是在著作完成後,將這項著作財產權移轉給他人,則由取得的人享有此項專有權利,原著作人如想再利用原著作來編輯新的著作時,仍然要經過享有此項著作財產權人的同意。這項權利除表演著作外,其他各類型著作的著作權人都可以享有。

由於資料的分類或歸類,有助於知識累積與運用,因此日常生活中存在許多像報紙、雜誌、百科全書或資料庫等,都是經由編輯而成的著作類型,簡單的說,編輯著作是將現有的著作或資料,由著作人發揮原創性結合而成的一項著作。如果編輯所使用到著作財產權仍在存續期間的部分,需要取得該著作權人的同意才可以納入;如果編輯所使用到的著作已無著作財產權,仍要注意不要隨意改變,以避免侵害原著作人的著作人格權。

至於將各種不受著作權保護的資料加以集結整理,雖然不是編輯權的行使,但是只要有獨特的檢索方式或分類方法等,具有相當程度的原創性,仍可成為一項著作,受著作權法的保護。

一般書籍的著作人完成稿件(初稿),交給出版社出版發行,初稿與最後出版發行的書籍成品,通常二者並不完全相同。著作人所完成的初稿是獨立的著作,而出版社所發行的書籍成品,除了著作人完成的稿件,還會有出版社所設計的封面與內頁的美術或攝影著作編輯在其中,這些著作和著作人完成的初稿是分屬不同的著作,著作權應該屬於出版社,或也可能是他內部員工或所聘請的專業人士享有。

假如著作人只是授權出版社出版,自己仍享有初稿的著作財產權,未來如想要自己出版或另外授權其他出版社出版時,除非獲得原出版社的同意,否則必須要作重新設計封面,以免侵害原出版社封面與內頁美術或攝影編輯的著作財產權。

另外,在投稿或出版書籍時,有些報章雜誌或出版社會有審稿的機制或可逕行刪修稿件的規定,審稿的專家學者通常是就專業領域提供建議,由作者參酌決定修正自己的著作,不會有編輯權行使的問題。而許多報章雜誌為篇幅或版面設計需要,常在徵稿的辦法中規定,要求作者必須同意報社可增、刪稿件,一般報社的編輯大多是做小幅度的修正,不會變更原著作的主要內容及風格,並且以作者名義刊登,報社雖有編輯行為,但未達編輯成新著作的原創性,報社也不會主張修正後稿件的著作權,所以也不至於有太大爭議。如果報社將作者的稿件做大幅度的修正,具有相當的原創性而成另一新的著作時,這時報社必須與作者約定好新著作的著作權歸屬,同時,如已變更原著作的風貌,最好也應徵求其同意,以避免新著作的著作權歸屬與侵害作者著作人格權的爭議。

何謂編輯權

特殊性	除表演著作外,其他各類型著作之著作權人均可享有。
	編輯著作是將現有的著作或資料,由著作人發揮原創性結合而成的一項著作。
	如果編輯所使用到著作財產權仍在存續期間的部分,需要取得該著作權人的同意才可以納入。
	如果編輯所使用到的著作已無著作財產權,仍要注意不要隨意改變,以避免侵害原著作人的著作人格權。
意義	編輯權的意思指著作人就其本人著作,享有整理、增刪、組合或編排產生另一著作之權利。假如著作人只是授權出版社出版,自己仍享有初稿的著作財產權,未來如想要自己出版或另外授權其他出版社出版時,除非獲得原出版社的同意,否則必須要作重新設計封面,以免侵害原出版社封面與內頁美術或攝影編輯的著作財產權。

著作人完成稿件(初稿)交給出版社出版發行

初稿與最後出版發行者的書籍成品,通常二者並不完全相同

著作人所完成的初稿是獨立的著作。

出版社所設計的封面與內頁的美術或攝影著作,編輯著作權應該屬於出版社,或是內部員工或所聘請的專業人士享有。

假如著作人只是授權出版社出版,自己仍享有初稿的著作財產權,未來如想要自己出版或另外授權其他出版社出版時,除非獲得原出版社的同意,否則必須要作重新設計封面,以免侵害原出版社封面與內頁美術或攝影編輯的著作財產權。

沒有編輯權行使的情形

投稿或出版書籍時	有些報章雜誌或出版社會有審稿的機制或可逕行刪修稿件的規定,審稿的專家學者通常是就專業領域提供建議,由作者參酌決定修正自己的著作。
徵稿	許多報章雜誌為篇幅或版面設計需要,常要求作者必須同意報社可增、刪稿件,一般編輯大多是做小幅度的修正,不會變更原著作的主要內容及風格,並且以作者名義刊登,報社雖有編輯行為,但未達編輯成新著作的原創性,報社也不會主張修正後稿件的著作權。

UNIT **6-12** 製版權

圖解著作權法

（一）何謂製版權

著作權法在1964年修正時，新增製版權規定，嗣後經多次修正，成為著作權中除著作財產權與著作人格權以外，運用公共領域的文字著述或美術著作時，不可或缺的一項權利。製版權制度在保護對古籍、古代文物加以整理的投資利益，為了鼓勵大眾對古籍整理的重視，法律才創設製版權，賦予凡對無著作財產權或著作財產權消滅之古籍、古代文物，加以重新排版整理印刷的人，在首次發行並依法登記後，享有專有以影印、印刷或類似方式重製的權利。

製版權在文字著述方面，要有整理印刷的行為，包括修補闕漏、重新印製等，但在方法上不一定要經過重新排版，也不需要直接使用著作的原件。但在美術著作方面，除了要無著作財產權或著作財產權消滅者外，尚須就真跡字畫加以影印、印刷或類似方式重製，且須以該真跡字畫先前未曾被製版發行者為限。

（二）採登記主義

製版權的發生是採用登記主義，未經主管機關登記即沒有製版權可言。所以，當製版人完成重製首次發行的製版物，卻遲遲不願意向主管機關登記取得製版權，即在市面上發行銷售，如果有第三人就其版面加以影印、印刷或類似方式重製時，製版人並無法主張享有製版權及依著作權法規定尋求救濟。不過，該第三人有明顯以不正當的競爭方式重製，製版人不論有無製版權，仍可依照公平交易法追究該第三人的責任。

又製版權只限於就其版面，專有以影印、印刷或類似方式的重製，才有

排他權。同時，製版人只能禁止他人擅自以印刷或類似的方式重製該版面，並不限制第三人以其他方式利用該著作，例如第三人就製版人所利用的著作，另行以電子資料處理方式製作成CD-ROM或存入電子資料庫，以供查閱或在網路上供人下載瀏覽，這樣並沒有侵害製版人的製版權。又如第三人不是直接就製版人之版面加以影印、印刷或類似方式重製，而是自己另就古文加以整理，縱使整理的結果與製版人的出版品類似，仍不算是侵害製版人的製版權，也就是說，第三人以自己的方法所整理發行的出版品，只要經登記主管機關登記後，將成立另外一項獨立的製版權。

🔵 小博士解說

如果想要使用的文字著述或美術著作原件，是屬於「文化資產保存法」及「公有古物複製及監製管理辦法」所規範的範圍時，雖然這些古文物已不受著作權法的保護，但是，製版人必須依照相關規定取得主管機關或保存機構同意，並依照規定方式來進行重製。

何謂製版權

何謂製版權

特殊性 → 製版權的發生是採用登記主義，未經主管機關登記即沒有製版權。

→ 製版權只限於就其版面，專有以影印、印刷或類似方式的重製，才有排他權。

意義 → 製版權制度在保護對古籍、古代文物加以整理的投資利益，為了鼓勵大眾對古籍整理的重視，法律才創設製版權，賦予凡對無著作財產權或著作財產權消滅之古籍、古代文物，加以重新排版整理印刷的人，在首次發行並依法登記後，享有專有以影印、印刷或類似方式重製的權利。

文化資產與公有古物

文字著述或美術著作原件 如果使用的文字著述或美術著作原件，屬於「文化資產保存法」及「公有古物複製及監製管理辦法」所規範的範圍時，製版人必須依照相關規定取得主管機關或保存機構同意，並依照規定方式辦理。

製版權之運用

不同態樣的規定

→ 製版權僅限於就其排印或影印之版面，專有以「印刷或類似方式」重製之權利，製版權人僅得禁止他人擅自以印刷或類似之方式重製該版面，並不限制第三人以其他方式利用該著作。

→ 若第三人就製版人所利用之著作，另行以電子資料處理方式製作成CD-ROM或存入電子資料庫，以供查閱或在電視上公開播送，並非侵害製版人之製版權。

→ 如第三人不是直接就製版人之版面加以影印、印刷或類似方式重製，而是自己另就古文加以整理，縱使整理的結果與製版人的出版品類似，仍不算是侵害製版人的製版權，也就是說，第三人以自己的方法所整理發行的出版品，只要經登記主管機關登記後，將成立另外一項獨立的製版權。

第 **7** 章

著作財產權的存續期間、行使與消滅

●●●●●●●●●●●●●●●●●●●●●●●●● 章節體系架構 ▼

UNIT **7-1**
著作財產權存續期間的長短

一項著作的市場價值，大多是由著作財產權所創造的，著作財產權的存續期間越長，越能保障著作的權益，但卻不利於一般大眾對著作的利用。為調和社會公共利益及促進國家文化發展，所以世界各國對於著作財產權的存續期間會給予一定期間的法定保護期限，當存續期間屆滿後，該著作即進入公共領域，可供大家自由使用。

（一）存續期間的原則性規定

我國著作權法從1928年制定以來，一向採著作人的終身及他死後由繼承人享有著作（財產）權30年為原則，但是，著作權自始依法歸機關、學校、公司或其他法人或團體享有，以及編輯、電影、錄音、錄影、攝影及電腦程式、文字著述之翻譯等類型的著作，著作人無法終身享有著作權，只能從著作完成時起算30年期間享有著作權。詳言之，著作人如果可以終身享有著作權的，自著作完成時可以自己終身享有，當著作權轉讓給他人或是著作人死亡後，則由受讓人或繼承人自受讓或繼承日起算，繼續享有30年；而非終身享有的著作權，經轉讓或繼承者，由受讓人或繼承人繼續享足其賸餘之期間。大家可以看出，當時對著作權存續期間的規定，不但分歧而且因著作權的移轉，存續期間可重新起算，呈現不確定的狀態。

在1992年6月10日修正著作權法時，為符合國際法制一般趨勢，將著作財產權以存續於著作人之生存期間及其死亡後50年為原則，而共同著作的著作財產權，則存續到最後死亡的著作人死亡後起算50年。

（二）例外規定

不過，屬於下列的著作，則各有例外的規定：

❶未公開發表的著作，如於著作人死亡後40年至50年間，始首次公開發表者，該著作財產權之期間，自公開發表時起存續10年。但著作在創作完成時起算50年內未公開發表者，則存續至創作完成時起50年。換言之，此時該著作財產權的存續期間即可逾越著作人死亡後50年的一般原則。

❷別名著作或不具名的著作，一般大眾無從得知或難以得知著作人的真名、生存期間與死亡日期者，著作財產權的存續期間為自著作公開發表起50年。

❸攝影、視聽、錄音及表演著作，其著作財產權存續至著作公開發表後50年；但著作在創作完成時起算50年內未公開發表者，其著作財產權則存續至創作完成時起50年。

❹法人為著作人的著作，其著作財產權存續至著作公開發表後50年；但如果著作在創作完成時起算50年內未公開發表者，其著作財產權存續至創作完成後50年。

從上述的規定來看，著作財產權存續期間已經比以往明確，但為考量某些不同狀況，將存續期間作特別的規範，似乎還有些複雜，但不會再有以移轉著作權方式，存續期間不斷重新起算，而造成不確定或萬年不消滅的情況。

有關我國著作（財產）權年限（存續期間）規定，歷次修正沿革

修訂日期	著作（財產）權年限（存續期間）	相關條次
1928.5.14	以著作人終身及其繼承人繼續享有30年為原則	第4條
	著作人死後始發行或不著姓名或用假名之著作權30年	第6條及第8條
	照片著作權10年	第9條
	翻譯書籍著作權20年	第10條
1944.4.27	以著作人終身及其繼承人繼續享有30年為原則	第4條
	著作人死後始發行及非自然人之著作權30年	第6條及第7條
	照片、發音片、電影片著作權10年	第9條
	翻譯書籍著作權20年	第10條
1964.7.10	增加製版權10年，其餘未異動	第22條
1985.7.10	以著作人終身及其繼承人繼續享有30年為原則	第9條第2項
	著作人死後始發行、非自然人、編輯、電影、錄音、錄影、攝影、文字著述之翻譯及繼承或受讓者之著作權30年	第11條至第14條
	製版權10年，但電影製版權為4年	
1990.1.24	未異動，但增訂回溯適用新法規定	第50條之1
1992.6.10	以存續於著作人之生存期間及其死亡後50年為原則。著作於著作人死亡後40年至50年間首次公開發表者，著作財產權之期間，自公開發表時起存續10年	第30條至第35條及第79條
	別名著作、不具名著作、法人為著作人之著作、攝影、視聽、錄音及電腦程式著作，存續至著作公開發表後50年。但著作在創作完成時起算50年內未公開發表者，其著作財產權存續至創作完成時起50年	
	製版權10年	
1998.1.21	表演之著作財產權存續至著作公開發表後50年	第34條
2001.11.12	電腦程式著作存續於著作人之生存期間及其死亡後50年	第34條

第7章　著作財產權的存續期間、行使與消滅

UNIT **7-2**
著作財產權存續期間的計算

圖解著作權法

著作財產權自著作創作完成時開始發生，著作財產權存續期間的起算，原係以創作完成時即開始，但是一般存續期間以著作人終身及其死亡後50年為原則，而著作人終身的長短因人而異，且著作財產權的存續期間也有許多例外的情況，所以著作權法對於著作財產權存續期間的起算，可以歸納成下列三種方式：

（一）原則上是以著作人死亡時為起算點

（二）以著作公開發表時為起算點的四種狀況

❶攝影、視聽、錄音及表演著作；❷法人為著作人的著作，因為法人並無死亡的適用；❸以不是眾所周知的別名著作或不具名著作，因為一般大眾難確認該著作人何時死亡；❹著作如於著作人死亡後40年至50年間，始首次公開發表者，著作權法特別再賦予該著作財產權的存續期間。

如果著作是以繼續或逐次的公開發表方式，則以各次公開發表能否獨立成為一項著作，來認定它的存續期間起算點：如果各次公開發表的部分都能獨立成為一項著作時，每一著作各自個別公開發表日起算；如果各次公開發表部分無法各自獨立成為一項著作，必須等到可以獨立成為一項著作時，才以該次公開發表日作為起算點。不過，如果後續的部分不能在前次公開發表日後三年內公開發表時，則著作財產權存續期間須自前次公開發表日來起算。

（三）以著作創作完成日為起算點的著作

如果著作在創作完成時起算50年內仍未公開發表時，則著作財產權存續期間以創作完成日為起算點，換句話說，著作在50年內仍未公開發表，就會變成公共領域的著作。

至於著作財產權存續期間終止點的認定，考量到一般人對於著作人死亡日、著作公開發表日或著作創作完成日，很難確實掌握，為避免查證上的困擾或權益上的紛爭，著作權法規定著作財產權存續期間的終止點，是以該期間屆滿當年的末日，即當年12月31日晚上12時為期間的終止點。我們只要知道著作人在何年死亡或著作在何年公開發表、創作完成，就容易推算該著作的著作財產權存續期間在哪一年底屆滿。

🔵 小博士解說

著作權法對於著作財產權存續期間的計算，是屬於特別法規定，並不再適用民法關於期日及期間的規定，所以存續期間50年，實際上都在50年以上，最長可能到51年少1天。另外，著作財產權存續期間終止的末日，採「以該期間屆滿當年之末日為期間之終止」方式，係著作權法在1992年6月10日時才修正規定採行，所以在1992年6月11日該修正規定實施以前，仍須適用民法關於期日及期間末日的規定。

著作權法對於著作財產權存續期間的起算

	原則上是以著作人死亡時為起算點。	
著作權法對於著作財產權存續期間的起算	有些著作的著作財產權存續期間，不便以著作人死亡時為計算標準，右列四種情況，都以著作公開發表時為起算點：	攝影、視聽、錄音及表演著作。
		法人為著作人的著作，因為法人並無死亡的適用。
		以不是眾所周知的別名著作或不具名著作，因為一般大眾難確認該著作人何時死亡。
		著作如於著作人死亡後40年至50年間，始首次公開發表者，著作權法特別再賦予該著作財產權的存續期間。
	如果著作是以繼續或逐次的公開發表方式以各次公開發表能否獨立成為一項著作，來認定它的存續期間起算點	如果各次公開發表的部分能都能獨立成為一項著作時，每一著作各自個別公開發表日起算。
		如果各次公開發表部分無法各自獨立成為一項著作，必須等到可以獨立成為一項著作時，才以該次公開發表日作為起算點。
		如果後續的部分不能在前次公開發表日後三年內公開發表時，則著作財產權存續期間須自前次公開發表日來起算。
	著作在創作完成時起算50年內仍未公開發表時，則著作財產權存續期間以創作完成日為起算點。	

著作財產權存續期間的計算

著作財產權存續期間的計算

計算著作財產權存續期間的	例如，甲在2023年1月1日清晨在蘭嶼拍攝2023年第一道曙光的照片，並於次日（1月2日）利用這些照片加上音樂及旁白等製作一支「2023年的第一道曙光」紀錄片，兩項著作均在完成日當天即上網公開發表。
著作財產權存續期間的始點	由於甲所拍攝2023年第一道曙光的照片屬於攝影著作，該照片的著作財產權存續期間自2023年1月1日起算，至2072年12月31日晚上12時為止，恰好為50年整；而甲所製作「2023年的第一道曙光」紀錄片屬於視聽著作，該記錄片的著作財產權存續期間自2023年1月2日起算，至2073年12月31日晚上12時為止，則為50年又364天。
著作財產權存續期間的終止點	又著作財產權存續期間的終止點（12月31日），如恰好逢星期六、日或紀念日、其他休息日等，也不須再延長至休息日的次上班日，也就是說，終止點永遠不變，都是屆滿50年時，當年的12月31日為終止點。

UNIT **7-3**
著作財產權的移轉

圖解著作權法

(一)變更著作財產權的主體

基於社會專業分工體系的發展,著作人完成著作時享有的著作財產權,如能交由專業或有需求的利用人來行使權利,著作人不但可收取報酬,並可以專心在創作領域上發展所能,可以發揮更大的文化傳播效果,所以著作財產權具有移轉性。著作財產權的移轉,可以透過買賣、贈與、交換(互易)或強制執行(拍賣)等讓與方式來進行,這種準物權行為會直接發生著作財產權的所有權終局移轉效果,著作財產權的主體會因而變更,讓與人將著作財產權的全部或部分讓與他人後,就喪失他所讓與範圍內的著作財產權,轉由受讓人取得;受讓人取得著作財產權後,也隨時得再讓與該著作財產權給任何人。

(二)轉讓的方式

當我們進行著作財產權買賣或贈與等轉讓行為時,雖然雙方當事人間的約定方式可為「明示」或「默示」,也可用書面(要式)或口頭等其他方式(非要式)。但是,因為著作財產權是屬於無形資產,難用具體實物加以主張,也不像有形的動產可以用占有來表現權利。同時,權利移轉非常的方便迅速,關係容易變得複雜,所以使用書面契約明定要移轉的範圍較為適宜,以避免日後舉證之困擾。

著作財產權除經由原始方式取得著作財產權外,也可經由讓與或繼承而取得著作財產權。由於不同類型的著作,所能享有的著作財產權種類不一,而同一著作也可有數種不同種類的著作財產權,且著作財產權又可以全部或分割部分讓與他人,繼承時也存在共同繼承與遺產分割的情形,所以在受讓或繼承所取得著作財產權時,宜先確認讓與人或被繼承人原有的權利範圍,尤其注意可能有與他人共有的情形。

小博士解說

關於著作財產權的讓與,我國著作權法在1985年修正以前,僅簡單規定著作權得轉讓於他人,並未對於讓與的範圍與方式加以規範,故國人以往常用「買斷版權」等含糊用詞,來作為著作權交易之方式,極易發生糾紛。1985年著作權法修正時,明定著作權得全部或部分轉讓他人或與他人共有,且讓與的範圍,是依雙方約定,如果有約定不明時,則推定並未讓與而由讓與人享有;又在1998年修正時,更增訂「著作財產權之受讓人,在其受讓範圍內,取得著作財產權」規定,使得著作財產權讓與的範圍更加明確。

另外,在1998年1月22日著作權法修正實施以前,著作權法是採註冊主義,著作權轉讓非經向主管機關註冊登記,不得對抗第三人(包括惡意及善意);如果發生著作財產權雙重讓與的情形時,未辦理讓與登記者不得對抗已辦妥讓與登記者;但受讓人還未辦妥著作財產權讓與登記前,仍有完全的告訴或自訴權利,可以對抗不法侵害著作財產權的第三人。但自1998年1月23日著作權法修正後,已廢除此項註冊制度,如遇有爭執時,必須由主張權利的人向法院提起訴訟並負舉證責任。

著作財產權移轉

意義與方式

→ 讓與人將著作財產權的全部或部分讓與他人後，就喪失他所讓與範圍內的著作財產權，轉由受讓人取得；受讓人取得著作財產權後，也隨時得再讓與該著作財產權給任何人。

→ 著作財產權除經由原始方式取得著作財產權外，也可經由讓與或繼承而取得著作財產權。

→ 轉讓行為的約定方式可為「明示」或「默示」，也可用書面（要式）或口頭等其他方式（非要式）。

→ 著作財產權的移轉，可以透過買賣、贈與、交換（互易）或強制執行（拍賣）等讓與方式來進行。

著作財產權具有可分性

變更著作財產權的主體

→ 權利所有人可以將各種著作財產權中之一種或數種著作財產權分離或組合。

→ 分別或同時轉讓給同一人或不同的人。

→ 對於著作財產權的讓與範圍，係採「權利保留」原則或「列舉其一，排除其餘」的正面表列法則來認定。

→ 受讓人在受讓範圍內才取得著作財產權。

→ 除非有明確的反證外，否則當事人間有約定不明的部分，是被推定為未讓與。

 ★1998年前的著作權的登記制度

①在1998年1月22日著作權法修正實施以前，著作權法是採註冊主義，可經由政府部門的登記公示系統，提供保障交易的安全，並減低舉證的困難。著作權轉讓非經向主管機關註冊登記，不得對抗第三人（包括惡意及善意）。

②如果發生著作財產權雙重讓與的情形時，未辦理讓與登記者不得對抗已辦妥讓與登記者；但受讓人還未辦妥著作財產權讓與登記前，仍有完全的告訴或自訴權利，可以對抗不法侵害著作財產權的第三人。

③但自1998年1月23日著作權法修正後，已廢除此項註冊制度，如遇有爭執時，必須由主張權利的人向法院提起訴訟並負舉證責任。

UNIT **7-4**
著作財產權的部分讓與

著作財產權具有可分性，著作權人可以將各種著作財產權中的一種或數種，分別或同時轉讓給同一人或不同的人，受讓人在受讓範圍內才取得著作財產權。對於著作財產權的讓與範圍，則採「權利保留」原則或「列舉其一，排除其餘」的正面表列法則來認定，所以除非有明確的反證，否則當事人間有約定不明的部分，是被推定為未讓與。著作權人除可將同一著作的各個著作財產權分別讓與外，也可以將一個原完整的著作財產權（例如重製權），依照當事人間契約來限制或區分該著作財產權的範圍，而作下列權利的部分（一部）讓與。

（一）限定地域

例如將語文著作台灣地區或美國地區的改作權及公開播送權，分別轉讓給同一家或不同二家電視台，受讓的電視台依契約只取得台灣或美國地區的改作權及公開播送權，在歐洲或其他地區的改作權及公開播送權，則仍屬原所有人的權利。

（二）限定語言版本

例如某一電視台向日本動畫公司購買某一卡通影集中文版的著作財產權，而擁有該卡通影集中文版的視聽著作，並享有重製權、公開播送權、公開上映權、公開傳輸權、改作權、編輯權、散布權及出租權等著作財產權。但是，該卡通影集的日文版、英文版或其他種語言版本視聽著作，則仍屬日本動畫公司或其他人所有。

（三）限定特定著作財產權的權能

著作財產權人在限定個別著作財產權分別讓與之同時，可能只是讓與該個別著作財產權權能的一部分。換句話說，是限制受讓人行使該個別著作財產權的方式，例如在讓與語文著作的重製權時，約定受讓人僅能以書摘或精華本方式重製，則該語文著作的重製權中，全文重製的部分並未讓與受讓人。另外，在現代科技發達下，重製所能附著的媒體物，種類更加繁多，前述讓與語文著作重製權時，如只約定受讓人僅能以紙本方式重製，則其他數位化方式的重製，沒有納入讓與的範圍，受讓人仍不得自行以紙本以外的方式重製該語文著作。

（四）限定著作商品化的範圍

隨著社會變遷或科技進步，人物、角色、符號或圖案等美術或圖形著作，均可能在壁紙、貼紙、玩具、文具或服飾上重製或改作，亦即「商品化權利」（merchandizing rights），在實務上商品化權利的分割讓與，也屬於各類著作財產權權能的部分讓與。例如，著作財產權人將其圖案的圖形著作，讓與玩具商使用在其所生產之各種玩具上，即不包括將該圖案之圖形著作使用在服飾或其他事物上。

😊 小博士解說

主管機關或部分學者認為，著作財產權的部分讓與是另一種的授權利用形式，性質上是永久性的專屬授權，並非讓與著作財產權，但在實務上卻普遍存在這種讓與的方式。

著作財產權的部分讓與

意義	著作財產權具有可分性，著作權人可以將各種著作財產權中的一種或數種，分別或同時轉讓給同一人或不同的人，受讓人在受讓範圍內才取得著作財產權。	
限制或區分該著作財產權的範圍	著作權人除可將同一著作的各個著作財產權分別讓與外，也可以將一個原完整的著作財產權（例如重製權），依照當事人間契約來限制或區分該著作財產權的範圍，而作下列權利的部分（一部）讓與：	**①限定地域** 例如將語文著作台灣地區或美國地區的改作權及公開播送權，分別轉讓給同一家或不同二家電視台。
		②限定語言版本 例如某一電視台向日本動畫公司購買某一卡通影集中文版的著作財產權，該卡通影集的日文版、英文版或其他種語言版本視聽著作，則仍屬日本動畫公司或其他人所有。
		③限定特定著作財產權的權能 例如在讓與語文著作的重製權時，約定受讓人僅能以書摘或精華本方式重製，則該語文著作的重製權中，全文重製的部分並未讓與受讓人。
		④限定著作商品化的範圍 例如，著作財產權人將其圖案的圖形著作，讓與玩具商使用在其所生產之各種玩具上，即不包括將該圖案之圖形著作使用在服飾或其他事物上。

著作財產權可否以限定時間作為部分讓與

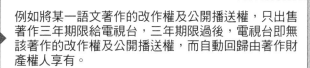

著作財產權可否以限定間作為部分讓與

例如將某一語文著作的改作權及公開播送權，只出售著作三年期限給電視台，三年期限過後，電視台即無該著作的改作權及公開播送權，而自動回歸由著作財產權人享有。

多數學者及主管機關認為，著作財產權一旦為轉讓，即為永久轉讓，當事人如附有期限，則應是一定期間的著作財產權專屬授權。不過，當事人間所為不論是著作財產權的部分讓與或是專屬授權，在現行著作財產權毋庸登記制度下，第三人難以得知，如受讓人再予轉讓時，易生糾紛，交易前應先注意查證或明定讓與人應負充分告知及權利瑕疵的義務。

UNIT 7-5
著作財產權的授權利用

在今日資本密集與細密分工的社會環境中，除非自己具有相當之資金及行銷通路，否則難以充分發揮著作財產權的經濟價值，所以著作權人將著作財產權交由他人實施的情形，越加普遍。著作權人行使著作財產權，大多數是用授權的方式，把著作財產權提供給他人來利用，以收取授權金來獲得著作的經濟效益。

一般來說，授權利用依照授權時有無專屬性，可分為專屬授權與非專屬授權兩種：

（一）專屬授權

專屬授權是指被授權人在被授權範圍內，取得著作財產權人的地位行使權利，並可以用自己的名義為訴訟上行為，例如發現有侵害著作財產權的盜印情形，重製權的專屬被授權人可以不透過授權人，自己逕向法院提起侵權的訴訟。同時，著作財產權人已專屬授權他人行使著作財產權的期間，在專屬授權範圍內被限制不得再行使權利，包括不得再授權第三人與授權範圍相衝突的權利，著作權人自己也不可以自行利用這項著作財產權。通常在被授權人有比較大的資源投入或支付較高授權金的情形，會要求著作權人以專屬的方式授權。又為了避免專屬授權後，被授權人不積極行使權利，著作權人也會相應地要求被授權人提供最低的權利金保證，或是保留在某些條件下終止授權的權利。

（二）非專屬授權

非專屬授權則是指專屬授權以外的其他授權型態，例如：電腦軟體或資料庫的使用授權、廣播或電視公司取得音樂公開播送的授權、電影院所取得電影公開上映的授權等，都是著作財產權的非專屬授權。非專屬授權最重要的特色，就是相同的授權範圍內，可能同時有許多的被授權人存在，都可以利用相同的著作，彼此不受影響。不過，除非著作財產權人同意，否則非專屬的被授權人不可以將被授權的權利再授權給其他第三人使用。無論是專屬授權或是非專屬授權，當著作權人在授權後，才把著作財產權移轉或專屬授權給其他人時，在先前已經取得合法授權的被授權人，都不會受到影響。

🔵 小博士解說

基於著作財產權的授權，著作財產權人與被授權人間係以信賴為基礎，而著作財產權人與再授權的第三人間並無此關係，所以禁止非專屬授權的被授權人在未經著作財產權人同意時，不得將其被授與之權利再授權第三人利用。至於專屬授權因具有物權性格，則不受禁止再授權的限制。例如，著作財產權人先以非專屬授權方式，授權某甲在臺灣地區重製其著作，而後再以專屬授權方式，授權某乙在臺灣地區重製其著作；此時，某乙雖擁有著作財產權人的專屬授權，惟因某甲已取得非專屬授權在先，某乙無法禁止某甲繼續在原授權範圍內重製該著作，而某乙如認為有損害權益，也只能向授權人—即著作財產權人請求解除契約、減少授權金或賠償損失。

專屬授權與非專屬授權

	專屬授權	非專屬授權
授權利用依照授權時有無專屬性，可分為專屬授權與非專屬授權兩種	專屬授權是指被授權人在被授權範圍內，取得著作財產權人的地位行使權利，並可以用自己的名義為訴訟上行為。	非專屬授權則是指專屬授權以外的其他授權型態，非專屬授權最重要的特色，就是相同的授權範圍內，可能同時有許多的被授權人存在，都可以利用相同的著作，彼此不受影響。不過，除非著作財產權人同意，否則非專屬的被授權人不可以將被授權的權利再授權給其他第三人使用。
舉例	例如在授權合約中訂明：❶本合約為專屬授權，授權人在本合約授權範圍內，不得再授權其他人或自己使用；❷被授權人得以著作財產權人之地位行使權利、得對侵害著作權之人主張權利，或為訴訟上之行為。	例如：電腦軟體或資料庫的使用授權、廣播或電視公司取得音樂公開播送的授權、電影院所取得電影公開上映的授權等，都是著作財產權的非專屬授權。
相同點	無論是專屬授權或是非專屬授權，當著作權人在授權後，才把著作財產權移轉或專屬授權給其他人時，在先前已經取得合法授權的被授權人，都不會受到影響。	

授權的限制與法律效果

限制內容	❶授權人在專屬授權範圍內，不得再授權其他人或自己使用。 ❷非專屬的被授權人未經著作財產權人同意，不可以將被授權的權利再授權給其他第三人使用。
舉例	A著作之著作財產權人甲先以非專屬授權方式授予乙在台灣地區重製A著作，而乙未經甲同意即再授權予丙，在台灣地區重製A著作。不久，甲再以專屬授權方式，授予丁在台灣地區重製A著作。最後，甲將A著作之全部著作財產權移轉予戊。
法律效果	❶丙無權重製A著作，甲及丁均得向丙主張權利（要求停止重製A著作及賠償損失），或向丙提起民事、刑事訴訟。 ❷丁取得專屬授權，但無法禁止乙在台灣地區重製A著作（因已取得授權在先，如丁認為有損害其權益，只能向甲請求解除契約、減少授權金或損害賠償）。 ❸戊雖取得A著作之全部著作財產權，但不影響乙與丁繼續在台灣地區重製A著作之權益。

UNIT **7-6**
著作財產權設定質權

圖解著作權法

（一）設定質權的方式

由於著作財產權是權利的一種，因此可以成為質權之標的物，著作財產權的設置是權利質權的一種。當事人間不論以明示或默示方式，只要互相表示的意思一致，就可以成立質權契約的關係。當著作財產權設定質權以後，質權人無法占有該著作財產權，除非設定時另有約定由質權人單獨或由雙方共同行使以外，著作財產權人仍可以行使該著作財產權，也就是由著作財產權人繼續利用或收取授權金，這和一般的權利在質權設定後，是由質權人收取孳息並準占有，截然不同。

依照民法第903條規定，質權標的物之權利，沒有經過質權人的同意，出質人是不可以用買賣、贈與、捐助或拋棄等法律行為，讓已設定質權的著作財產權消滅或變更。所以，著作財產權人將著作財產權設定質權後，除非經過質權人的同意，著作財產權人不能將它轉讓給他人，更不能拋棄該著作財產權，否則是不發生效力的。但是，如果是因為著作財產權的存續期間屆滿而發生權利的消滅時，質權人也不能以擁有質權而主張對於該著作財產權仍享有權利。

（二）實務見解

不過，在實務上，以著作財產權作為設定質權的情形並不普遍，尤其是著作權法在1998年修正時，已刪除了包括著作人、著作財產權讓與、專屬授權、處分及設質等著作權的相關登記制度，目前著作財產權設定質權是由當事人間自行約定，不需要向主管機關登記，也失去公部門登記後可對抗善意第三人的效力，更降低了著作財產權設定質權的意

願。甚至有些學者與實務界人士認為，著作財產權為無體財產，本身並無實體物可用來表彰權利，質權人在設定質權後無法占有或利用收益，又不須經登記，無任何公示機制，缺乏保障，對於交易安全的維護實屬有害，不利於著作財產權市場的發展。

（三）著作財產權評價

本書認為著作財產權設定質權要普及化，除了上述的登記機制外，必須要克服著作財產權評價的根本問題。簡單的說，一項著作要設定質權時，大家會問這著作財產權到底值多少錢？這就涉及到著作財產權的鑑價與交易市場的建立，這些都是屬於制度性問題，需要政府與民間合作，比照不動產市場的模式，從法律制定、鑑價師認證與交易市場運作規則等各層面去構建，當著作財產權市場（其實也會是整個智慧財產權市場）活絡時，著作財產權設定質權的需求，自然會因應而生，蓬勃發展。

💬 小博士解說

2010年2月3日公布的「文化創意產業發展法」中規定，以文化創意產業產生的著作財產權為標的之質權，其設定、讓與、變更、消滅或處分的限制，可以向著作權專責機關登記；未經登記者，不能對抗善意第三人；同時，任何人均得申請查閱登記內容。似乎又將著作財產權設定質權登記制度恢復，但有關著作人、著作財產權讓與、專屬授權、處分等其他部分登記制度仍未恢復，未來執行上恐面臨著作財產權權利歸屬等實質認定的爭議。

著作財產權設定質權

著作財產權設定質權不須經登記

著作權法在1998年修正時，已刪除了包括著作人、著作財產權讓與、專屬授權、處分及設質等著作權登記制度。

目前著作財產權設定質權不須經登記，有學者與實務界認為，著作財產權為無體財產，本身並無實體物可藉以表彰權利，又不須經登記，無任何公示機制，對於交易安全的維護實屬有害，不利於著作財產權市場的發展。

文化創意產業發展法

立法院於2010年1月7日三讀通過並經總統於2月3日公布的「文化創意產業發展法」卻規定

以文化創意產業產生之著作財產權為標的之質權，其設定、讓與、變更、消滅或處分的限制，得向著作權專責機關登記；未經登記者，不得對抗善意第三人。

任何人均得申請查閱登記內容。

似乎又將著作財產權設定質權登記制度恢復，但有關著作人、著作財產權讓與、專屬授權、處分等其他部分登記制度仍未恢復，未來執行上恐面臨著作財產權權利歸屬等實質認定之爭議。

執行上恐面臨著作財產權權利歸屬等實質認定之爭議

著作財產權設定質權的方式

意思一致就可以成立	著作財產權是權利的一種，因此可以成為質權之標的物，著作財產權的設質是權利質權的一種。當事人間不論以明示或默示方式，只要互相表示的意思一致，就可以成立質權契約的關係。
	著作財產權人仍可以行使該著作財產權，也就是由著作財產權人繼續利用或收取授權金。
著作財產權人不能轉讓與拋棄該著作財產權	著作財產權人將著作財產權設定質權後，除非經過質權人的同意，著作財產權人不能將它轉讓給他人，更不能拋棄該著作財產權，否則是不發生效力的。
著作財產權評價	著作財產權設定質權要克服著作財產權評價的問題，一項著作要設定質權時，涉及到建立著作財產權的鑑價與交易市場的制度問題，才能使設定質權普及化。

UNIT **7-7**
出版權

　　出版權雖然是著作財產權專屬授權的一種，但是當事人雙方應負擔的義務，除了依照當事人間的約定外，民法另有詳細的規範，這與一般的授權利用有所不同：

（一）出版權的授與人負有下列五項義務

　　❶**告知義務**：當授與人明知已將著作的全部或其中一部分，交付給第三人出版或是已由第三人公開發表時，就應該在出版契約成立以前，告知出版人，不能將這些情事隱瞞；❷**擔保義務**：授與人在出版契約成立時，應擔保自己是擁有出版授與的權利，如果出版的著作受到法律上的保護時，也要擔保擁有該著作的著作財產權；❸**交付著作的義務**：授與人必須將著作交付給出版人，以便進行著作的印刷、重製及發行的工作；❹**不得為不利於出版人處分的義務**：為保障出版人所付出的代價，除非出版契約另有訂定外，在出版人依約重製發行的出版物尚未賣完前，授與人不能另外交付他人或自行將著作的全部或一部再出版。同時，為防範著作人常常修改著作內容，影響已出版的著作重製物出售，著作人除利用出版人重製新版的機會外，如果自己想要訂正或修改著作時，不能妨害出版人的利益或增加他的責任，且對於出版人因此而產生不可預見的費用，也要負賠償的責任；❺**著作滅失時的協助義務**：當著作不慎滅失時，如果授與人手上還有該著作的稿本，必須將該稿本交付給出版人繼續完成出版工作。萬一沒有稿本時，而授與人本身又正好是著作人，而且不必花太多的勞力就可以重新創作時，授與人必須要重作，不過授與人可以向出版人請求相當金額的賠償。

（二）出版人則負有下列三項義務

　　❶**著作出版義務**：出版人除在合法授權的必要範圍內，與專屬授權作相同的利用外，尚有下列義務：①負有將著作出版的義務，如果契約沒有約定出版的版數時，出版人只能出一版，如要出第二版的話，需要再和授與人另訂出版契約。如果有雙方約定可出數版或是可永遠出版時，在前版的出版物賣完後，出版人卻怠於新版的重製，授與人得聲請法院，強制出版人在一定的期限內，必須再出新版；如果出版人不遵從法院命令而逾期仍不出版，就會喪失此出版權；②出版人應該積極作必要的廣告以及使用一般通常用的方法來推銷出版物；③出版物的賣價雖由出版人來決定，但是不得定價過高，導致有礙出版物的銷售；④當同一位著作人將數個著作交付給出版人來出版時，出版人必須完全依照著作人的指示將這些著作個別或合併出版，不能隨意或自行將這些著作以不同方式出版；❷**給付報酬的義務**：在定有報酬或非得收到報酬才交付著作的出版契約中，出版人負有依約定的數額與方式給付報酬的義務；❸**負擔危險責任的義務**：從著作交付出版人時起，所有危險隨即移轉給出版人承擔，著作因天災人禍等不可抗力因素以至於滅失時，出版人仍須負給付報酬的義務；但是重製完成的出版物，在發行前因不可抗力而全部或一部分滅失，出版人得自己出錢補印的部分，不必再給授與人報酬。

出版權

民法上的意義	依當事人的約定，一方（出版權授與人）為出版而將著作交付給他方（出版人）以印刷或其他方法重製及發行，即成立出版契約時，出版權授與人即授與出版人出版權。
著作權法上的權利	出版權是一般社會上常見與著作權有關的用語，但在著作權法並沒有一個獨立的權利稱為「出版權」。
	以著作權法的角度來看，出版權是指著作的重製權及其他與著作發行相關的權利，例如，若是書籍、期刊、論文等透過線上出版，除了重製權之外，要發行著作一定會涉及公開傳輸權；若是像電影的發行，則一定會涉及公開上映權的部分。
	出版權並不能含括所有的著作財產權，所以，當我們要與人約定出版的權利時，請使用「出版權」或特定的「著作財產權」名稱，而不要使用「版權」，以免意思混淆，造成彼此認知的差異，而徒增履約時的爭議。

出版權的授與人與出版人的義務

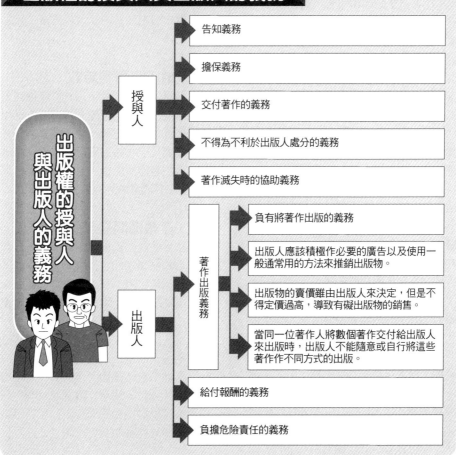

UNIT **7-8**
著作財產權的消滅

著作財產權為財產權的一種，民法中的拋棄與他人取得時效等事由，是形成著作財產權消滅的一般原因，而著作財產權存續期間的屆滿，則是著作財產權消滅的特殊原因。我們把這三種著作財產權消滅的原因再詳細說明如下：

（一）拋棄

拋棄須有明示的意思表示，才能成立。例如，一位作家寫完一篇文章後，覺得不滿意，信手一揉或撕碎丟到垃圾桶中，好像有拋棄他的作品意思，不過，從著作權的觀點來看，這位作家完成作品時，已取得該作品的著作財產權，他所拋棄的原稿只是物權，並沒有明示要拋棄著作財產權，任何人不能因撿到該原稿就主張享有該作品的著作財產權。同樣地，在創意共享公共授權（creative commons licenses）制度下同意公眾使用著作，或是對於侵害著作財產權的人不追訴法律責任，這些都不是拋棄著作財產權的意思表示。

一般來說，著作財產權人通常可以自由地將全部或一部的著作財產權拋棄，但是有下列的情形時會受到限制：

❶當拋棄著作財產權會有妨害他人權利的情形，例如著作財產權上有質權或出版權的設定，就必須先徵得質權人或出版人的同意，否則就不能拋棄。

❷同一著作的部分著作財產權人拋棄權利時，只是該被拋棄的部分著作財產權消滅，而其他人獨立取得的其他著作財產權，仍然存在而不受影響。例如，甲所寫的一部小說（語文著作），其中重製權轉讓由乙所享有，其餘的公開口述、公開演出、公開播送、改作、編輯、出租等著作財產權仍由甲享有，如果甲在日後拋棄他所享有該部小說的著作財產權後，任何人都可以作公開口述等方式的利用。但是，想要重製這部小說時，仍需要取得乙的同意。

❸著作財產權屬於多人共有的情形，當共有人中一人或數人拋棄他應有的部分時，其應有部分的著作財產權並不會消滅，而是由其他共有人享有。例如，甲、乙、丙三人各享有三分之一的某歌曲音樂著作財產權，當甲宣布拋棄自己的應有部分後，甲的應有部分（三分之一著作財產權）由乙、丙二人按照應有部分享有，所以，這首歌曲音樂的著作財產權分別由乙、丙二人各分享二分之一。

（二）他人之取得時效

如果原著作財產權人怠於行使權利，而經他人以著作財產權人的意思，以和平、公然、繼續方式行使（準占有）著作財產權，他人將因取得時效的完成，而取得該著作財產權，原著作財產權人的權利會因此消滅。

（三）存續期間屆滿

著作權法為鼓勵創作而給予著作財產權一定的保護期間，期間一旦屆滿後，就不再給予保護。另外，在著作財產權的存續期間內，也可能發生著作財產權人死亡而無人繼承，其著作財產權依法應歸屬國庫者；或著作財產權人係因法人的消滅，而依法這些著作財產權應該歸屬給地方自治團體，這時著作財產權也會當然消滅，使著作歸社會公有，任何人都可以自由利用著作，以求持續創新，累積更豐富的文化資產。

著作財產權的消滅

著作財產權
的消滅

→ 意義 → 著作財產權的消滅，並不是權利真正的消失，而是權利脫離原來的主體而歸屬到其他的主體，只是權利主體的變更，也就是說將有具排他性的著作財產權歸社會公有，成為公共領域的著作，使得任何人均得利用。

→ 原因 → 著作財產權為財產權的一種，民法中的拋棄與他人取得時效等事由，是形成著作財產權消滅的一般原因，而著作財產權存續期間的屆滿，則是著作財產權消滅的特殊原因。另外，無人繼承時，著作財產權歸屬國庫，也會產生消滅的效果。

著作財產權與物權不同

著作財產權
與物權不同

→ 著作財產權與物權不同，有形的著作物滅失，僅是該著作物的物權（所有權）消滅，而著作財產權並不會因此消滅。

→ 著作人將不滿意的著作原稿隨意丟棄，並不是著作財產權的拋棄，所以當第三人拾獲該原稿，並以所有的意思占有此無主的原稿（動產），也只是取得物的所有權，而不能主張無主先占以取得著作財產權。

→ 同意公眾使用著作，或是對於侵害著作財產權的人不追訴法律責任，都不是拋棄著作財產權的意思表示。

著作財產權與消滅時效的適用

著作財產權
並無消滅時效
的適用

→ 著作財產權是屬於絕對權與支配權，而非請求權，而民法的消滅時效僅適用在請求權上，故著作財產權並無消滅時效的適用。

→ 我國著作權法並沒有公用徵收制度的規定，所以，不會因徵收而使著作財產權消滅的情形。

知識
補充站

甲、乙、丙三人各享有三分之一的某歌曲音樂著作財產權，則甲擬單獨將此歌曲自己的「應有部分」專屬授權予丁時，丁不但無法真正的利用此歌曲，而且還會限制其他共有著作財產權人的權利行使，所以必須取得乙與丙的同意，始能取得完整的授權使用，否則甲所行使著作財產權的專屬授權不生效力，丁仍不能利用此歌曲。

第7章 著作財產權的存續期間、行使與消滅

UNIT **7-9**
製版權與出版權的消滅

（一）製版權的消滅原因

有關製版權的消滅是準用著作財產權消滅的規定，如同前面所介紹的消滅原因，製版權可能因製版人拋棄製版權、他人取得時效完成、存續期間屆滿、製版人死亡後無人繼承而其製版權依法應歸屬國庫，或是製版人為法人消滅而其製版權依法應歸屬地方自治團體等，而發生製版權消滅的原因。

（二）製版權消滅後的製版物任何人均得自由使用

不過，由於製版權的存續期間只有10年的期限，所以理論上，只有在準占有的開始時，必須就是善意（即不知道有製版權人的存在）並且沒有過失，而以所有的意思，在五年間和平、公然、繼續行使該製版權，才可用民法第966條準用第768條之1的規定，因準占有人的取得時效完成，取得製版權。在實務上，製版權必須經登記才能發生效力，並有對抗第三人的效力，且製版權人也會在製版物上標示製版權所有，所以應該不會發生此種準占有人以取得時效完成，而取得製版權的情形。

製版權消滅的製版物，同樣納入公共領域中，任何人均得自由使用，又製版權並無著作人格權的適用，故無侵害製版人人格權的問題。不過，在使用時仍須注意不能有損及文字著述或美術著作原著作人著作人格權的情形。

（三）出版權的消滅

至於出版權的消滅的原因，除因出版人怠於新版的重製，經出版權授與人聲請法院強制出版後，出版人仍不出版時，會喪失出版權外，通常是出版人已將可出版的版數全部印刷及發行完畢，並給付給出版權授與人的報酬，完成出版契約的履行後，出版權因出版契約終了而當然消滅。

另外，出版權是在出版權授與人依出版契約將著作交付給出版人時，才授與出版人。所以，如果是在著作尚未完成前，當事人即先簽訂出版契約，而發生著作人因死亡或喪失能力或非因其過失等原因，導致不能完成該著作的情況，由於著作還沒有完成也沒有交付給出版人，因為出版權並未授與出版人，出版契約並未生效，所以不會有出版權消滅的問題。不過，如果出版契約關係全部或一部的繼續，屬於可能且較為公平時，例如該著作已大致完成，或著作人的繼承人無法返還出版人已先支付的報酬，法院可能衡量後會允許出版契約繼續，並裁定如變更給付的內容或期間等必要的處置，讓出版權得以依照合約來履行，滿足當事人間原來的需要。

製版權消滅的原因

製版權消滅
的原因

- 製版人拋棄製版權

- 他人之取得時效完成

- 存續期間屆滿

- 製版人死亡後無人繼承而其製版權依法應歸屬國庫

- 製版人為法人消滅而其製版權依法應歸屬地方自治團體

製版權消滅的效果

製版權消滅後的製版物任何人均得自由使用

- 製版權的存續期間只有10年的期限，製版權必須經登記才能發生效力，並有對抗第三人的效力，且製版權人也會在製版物上標示製版權所有。

- 製版權消滅的製版物，同樣納入公共領域中，任何人均得自由使用，又製版權並無著作人格權的適用，故無侵害製版人人格權的問題。

- 使用時仍須注意不能有損及文字著述或美術著作原著作人著作人格權的情形。

出版權的消滅

原因	出版人怠於新版的重製，經出版權授與人聲請法院強制出版後，出版人仍不出版時，會喪失出版權。
	出版人已將可出版的版數全部印刷及發行完畢，並給付給出版權授與人的報酬，完成出版契約的履行後，出版權因出版契約終了而消滅。
特殊情形	著作人生前與出版人簽訂出版契約，在著作尚未完成前死亡，由於著作還沒有完成也沒有交付給出版人，出版權並未授與出版人，出版契約並未生效，所以不會有出版權消滅的問題。

第 8 章

著作權的合理使用與強制或法定授權

●●●●●●●●●●●●●●●●●●●●●●●●● ─● 章節體系架構

UNIT **8-1**　為何要有合理使用與強制或法定授權的規定

圖解著作權法

（一）著作是經由文化與人類生活經驗累積而產生

前面介紹著作的各項權利內容，都是著作權人專屬享有，具有排他性，也就是說，這些權利是由著作權人來支配的，別人不能任意行使，否則會有侵權的責任。不過，文化是人類生活經驗的累積，每個人不斷地學習先人所累積的經驗與知識，再往各領域鑽研，讓新的創作源源不斷。正如英國著作權學者兼律師奧古斯丁·畢瑞爾（Augustine Birrell）所說：「如果要我舉證某塊羊腿是我買的，那會是一件輕而易舉的事情；如果要我說出自己所寫的書裡面，有多少內容是我自己所獨立創作的，卻會是一件很困難的事」。著作雖然是著作人個別的創作，但是大多源自於已有的文化，再融入個人的思想或情感而成，如由個人來獨享此成果，則有失公允。

（二）增加著作被廣泛流傳與普遍使用的機會

從著作的創作動機來看，收取權利金或報酬的經濟利益，固然是從事創作者一項重要的誘因，但是仍有許多創作者是為興趣或其他非經濟因素所激發。著作如被大眾廣泛流傳與普遍使用，這種被肯定的成就感，比得到金錢報酬，更具有鼓勵創作的意義。所以法律規範促使大眾能更自由運用，應該符合這些作者的期望。同時，著作權法是平衡著作權人與著作利用人間的利益衝突，世界各國在設計著作權法制或訂定著作權法時，會針對著作權人的權利加以適度限制。除了規定具公益性質之著作不得作為著作權標的，及限制著作財產權的存續期間以外，合理使用與強制或法定授權被也是常見的限制方式。

合理使用如同是法律賦予的保護傘，將某些特定身分的著作利用人、某些特定類型著作的部分權利、非營利而影響著作權人經濟利益不大者等的使用著作，並不需要經過著作權人的同意。不過，使用人也必須謹守分際，一旦逾越合理使用的範圍，就無法再主張免責。

（三）強制授權與法定授權

強制授權與法定授權則是防範著作被少數人壟斷所設計的措施。在許多情況下，可能使用者與著作權人洽談授權使用事宜，需要耗費相當的時間；也可能是著作權人具有議價優勢，要求很高的授權金，讓一般大眾無法負擔；更有可能是使用者根本無法找到著作權人，洽商授權使用事宜。當這些特別情況發生時，使用人可依強制授權制度，事前經由主管機關的許可，並支付法定的使用報酬給著作權人；或依法定授權制度，事前不需要經過著作權人的同意或主管機關的許可，在使用後自行主動依照法定的報酬或經權利人的請求，支付使用報酬給著作權人。這種透過公權力介入的方式，一方面降低著作權交易的社會成本，另一方面提高著作的使用率，或許有些違背市場自由交易的精神，但就社會整體而言，應該是利大於弊的權衡做法。

合理使用與強制或法定授權

原因	著作雖然是著作人個別的創作，但是大多源自於文化的基礎上，再融入個人的思想或情感而成，由個人獨享此成果有失公平。
	許多創作者是為興趣或其他非經濟因素所激發，當其著作被廣泛流傳與普遍使用的成就感，比得到金錢報酬，更具有鼓勵創作的意義。
限制	使用人也必須遵守分際，一旦逾越合理使用的範圍，就無法再主張免責。
	強制或法定授權仍須支付法定的權利金或報酬。

強制授權與法定授權

目的	防範著作被壟斷所設計的措施。
原因	使用者與著作權人洽談授權使用事宜，需要耗費相當的時間。
	也可能是著作權人具有議價優勢，要求很高的授權金，讓一般大眾無法負擔。
	更有可能是使用者根本無法找到著作權人，洽商授權使用事宜。

著作權法授予較寬廣的使用範圍，以利學校教學活動的進行

教育是人類文明的動力，也是文化經驗傳承的必要途徑，而教學必須使用的各項著作作為教材內容，如嚴格遵照使用著作財產權的規定來利用，反不利教育之推動，且教育並非以營利為目的，具有公益性。為因應2019年以來全球新冠疫情，著作權法於2022年修法放寬對教學、教育目的之授予，除原有重製已公開發表之著作外，擴大在必要範圍內得公開演出、公開上映、公開播送或公開傳輸已公開發表之著作。 → 著作權法授予較寬廣的使用範圍，以利學校教學活動的進行

學術研究合理範圍內的著作利用行為

學術研究合理範圍內的著作利用行為 在學術研究時，經常要引用到已公開發表的著作內容，特別是學術論文寫作，更需要以先前的相關研究的結果或權威學者已建立的理論為基礎，只要是引（包括翻譯）用部分內容或以摘要方式轉述，並註明該著作名稱、著作人以及資料來源等基本資訊，則屬於在合理範圍內的著作利用行為。

UNIT **8-2**
為學校授課目的使用已公開發表之著作

圖解著作權法

教育是人類文明的推動力，也是文化經驗傳承的必要途徑，而教學必須使用各項著作為教材內容，如嚴格遵照使用著作財產權的規定來利用，反不利教育之推動，且教育並非以營利為目的，具有公益性，故著作權法授予較寬廣的必要使用範圍，以利學校實體與遠距教學活動的進行。學校及其所聘用之老師，為學校授課目的之必要範圍內，得依下列方式使用已公開發表之著作：

（一）得重製、公開演出或公開上映已公開發表之著作

各級學校及擔任教學的老師，為學校授課目的，可以在必要範圍內重製、公開演出或公開上映已公開發表之著作；舉例來說，老師們為授課之需要，可以選錄某些文學作品的主要內容，或據以改編的電影片段，編輯成正式教材或輔助教學的題材，有時會影印他人著作的部分內容發放給學生參考，如果使用的量不多，應可屬於必要範圍內之使用；如果老師將著作權全部內容影印分送給學生，或是將整部影片播放給學生欣賞，就逾越必要範圍，容易損及著作財產權人的利益，涉有侵害著作財產權行為之嫌。

（二）得公開播送或公開傳輸已公開發表之著作

由於數位科技發展與2019年以來新冠疫情蔓延全球，使得學校遠距教學成為必要工具，學校及老師在網路教學中，經常須公開播送或公開傳輸已公開發表之著作，例如將上述重製文學作品的主要內容，或據以改編的電影片段，以數位教材方式在網路教學中播送或傳輸供學生遠距觀看，或是學校及老師將教學內容製作成教學影片，提供學生非同步或課後線上學習使用，以增強學習效果及學生受教權益。

基於網路傳播無遠弗屆的特性，學校及老師利用遠距教學或教學影片上傳時，未有學校學籍或未經選課之人亦可能接收此等內容，如此將侵害著作財產權人權益甚巨，故學校及老師必須採取合理之技術措施，例如須設置帳號與密碼或其他認證措施，可有效防止非經選課之人者接收（參與）遠距教學或教學影片，始得免責。

（三）不得有害於著作財產權人之利益

由於各級學校及擔任教學的老師，為學校授課目的，可以在必要範圍內重製、公開演出、公開上映、公開播送或公開傳輸已公開發表之著作，容易對於著作財產權人之利益有所侵損，因此於必要範圍內必須加以合理限制。而此必要範圍之認定，則須依該著作之種類、用途及其重製物之數量、方法為前提，加以判別是否有害於著作財產權人之利益，例如擔任教學的學校老師在重製他人著作時，可參考教育部所彙整之美國與香港教科書影印合理標準。

小博士解說

❶為學校授課目的泛指依法設立之各級學校及其所聘用之教師，針對在學校正式註冊具有學籍之學生進行教學活動。
❷經濟部智慧財產局已公布「著作權法第46條規定之遠距教學應採取合理技術措施之指引」乙種，供學校及老師參考。

為教學目的重製已公開發表之著作

遠距教學應採取合理技術措施

❶ 接觸學校及老師上課課程之人，應僅限於該課程有學籍的學生或經註冊選課之人。

❷ 僅可讓有學籍的學生或經註冊選課之人得在學校或老師提供之使用者個人帳號、密碼登入該學習平臺，進行使用；必要時，該帳號、密碼得隨時變動，避免遭不當破解、利用。

❸ 學校及老師應向學生宣導不得將使用者個人帳號、密碼提供予他人。

❹ 得採取其他較帳號、密碼更能有效防止非有學籍的學生或經註冊選課之人，接觸遠距教學內容的措施。

重製他人已公開發表著作的必要範圍

有關教師授課需要而重製他人已公開發表之著作的必要範圍，可參考經濟部智慧財產局彙整之美國和香港教科書影印合理標準，摘要如下：

基本原則	❶ 上課指定之教科書不應以影印的方式代替購買。 ❷ 教師為授課目的所影印的資料對於已經出版銷售的選集、彙編、合輯或套裝教材不應產生市場替代的效果。 ❸ 應由教師自行衡量需不需要重製別人的著作，而不是接受第三人要求或指示而重製。 ❹ 教師授課的合理使用，係出於授課臨時所生的需要，因受到時間的拘束和限制，無法合理期待及時獲得授權。 ❺ 同一教師關於同一資料如在每一學期反覆重製、使用時，應徵求權利人授權。 ❻ 影印本應註明著作人、著作名稱、來源出處、影印日期等，並應向學生說明著作資訊，及提醒學生尊重著作權，及不可再行影印或重製給其他人。
有關重製的數量或比例	❶ 供教師自己使用時，限重製1份： 為供學術研究、教學或教學準備之用，可根據教師個人的需求，由其本人或他人，複製1份下列之著作： ①書籍之1章。 ②期刊或報紙中之1篇著作。 ③短篇故事、短篇論文或短詩，而不論是否來自集合著作。 ④書籍、期刊或報紙中之1張圖表（chart）、圖形（graph）、圖解（diagram）、繪畫（drawing）、卡通漫畫（cartoon）或照片（picture）。 ❷ 供教室內的學生使用時，可重製多份：任課教師為供教學或討論之用，可由本人或他人重製下列之著作： ①所重製的影印本，限於相關課程的學生每人1份。 ②所利用的每1著作的比例要簡短： 　Ⓐ詩：不超過250字；故事或文章：不超過2500字（前述作品的字數限制可以調高，以便重製一首詩未完的一行，或故事或文章未完的段落）。 　Ⓑ藝術作品（包括插圖）：整份作品；如同一頁印有超過一份藝術作品，則可將整頁重製。 　Ⓒ音樂作品：有關的節錄部分不超過作品總頁數10%（可調高有關百分比，以便重製一整頁）。 　Ⓓ其他作品：有關的節錄部分不超過2500字或作品總頁數10%（包括插圖），以較少者為準（可調高有關字數限制或百分比，以便重製一整頁）。 ③同一本書、期刊雜誌使用的比例：如為同一作者，短詩、文章、故事不超過1篇、摘要不超過2篇；同一本集合著作、期刊雜誌不超過3篇。如屬報紙上的文章，同一學年同一課程不超過15件著作。 ④同一學年中，重製的著作件數不超過27件。

（摘自經濟部智慧財產局「教師授課著作權錦囊」，網址：https://www.tipo.gov.tw/tw/cp-180-219554-0f82b-1.html，上網日期：2023年7月22日）

UNIT **8-3**
圖書館的合理使用

圖解著作權法

（一）應閱覽人供個人研究的要求僅能重製一份

　　為讓著作得以廣泛流通，以促進文化藝術的發展，圖書館、博物館、歷史館、科學館、藝術館或其他文教機構，對於所典藏的著作，在應閱覽人供個人研究的要求下，可以提供所收藏已公開發表著作的一部分，或已公開發表之論文集、期刊的單篇著作，讓閱覽人影印（重製）參考，但每位閱覽人僅能重製一份。當閱覽人取得該件重製本後，不論以引用著作中部分內容，或將著作內容翻譯成其他語言，或以摘要方式轉述著作內容，只要註明該著作名稱、著作人以及資料來源等基本資訊，依照前面所介紹的為研究目的需要，都是屬於閱覽人在合理範圍內使用該著作的行為。

（二）配合長期保存典藏之需要的重製

　　圖書館、博物館、歷史館、科學館、藝術館或其他文教機構，為了本身保存收藏資料的需要，或因藝術類之著作，無法以原版真跡供閱覽人使用；或者該著作已絕版或難以在市面上購得該著作重製物等需要，可將該著作或著作重製物再重製後，提供新的著作重製物讓閱覽人借閱使用。而著作已絕版或難以在市面上購得該著作重製物，其他同性質機構當然無法取得典藏，這時如認為有必要取得收藏或應閱覽人使用上的需要，也可以徵得已典藏機構的同意，將其館內所收藏的著作，加以重製後提供給其他同性質機構來使用。

（三）因應電子數位化的重製

　　在網際網路環境中，許多圖書館為順應內容電子數位化，提供遠距資料傳輸服務或為保存需要，而常常需要進行館藏的期刊論文或書籍作全文掃瞄成數位資訊，這種重製行為雖然可適用本項的合理使用規定。不過，重製而成的光碟僅能供典藏或在館內公開傳輸中供使用者瀏覽，並不可將這些光碟直接提供使用者外借，或將該數位資訊提供遠距傳輸服務，在實務見解上認為並不能構成合理使用，必須取得著作財產權人的授權，才能合法使用，否則會涉及使用到這些著作的公開傳輸權。

（四）數位館藏合法授權期間還原著作
（五）促進學術研究風氣的重製

　　為促進學術研究風氣，對於附在已公開發表的碩士或博士學位論文、期刊學術論文、研討會論文集或研究報告中的摘要，著作權法特別賦予供公眾使用的圖書館可以享有重製、翻譯或散布等利用權限，以方便提供給閱覽人來查詢或檢索，增加這些學術著作的使用率。

　　由於圖書館、博物館、歷史館、科學館、藝術館或其他文教機構等單位，肩負文化交流的任務，所以除了可以用重製、翻譯等方式外，也可以借予閱覽人或其他類似機構，這些流通而衍生著作的散布，仍屬於法律所容許的合理使用行為。

（六）國家圖書館數位化重製

　　為避免原館藏因久經翻而滅失、損傷或污損，2022年6月15日公布修正之著作權法第48條第2項，特別允許國家圖書館可對其館內藏書進行數位化重製，並得在館內公開傳輸，以利館藏圖書之保存以及往後研究人員與借閱者使用。不過，如果該著作在市場上已有數位形式提供者，則國家圖書館仍不得重製。同時，也賦予國家圖書館針對中央或地方機關或行政法人於網路上向公眾提供之資料進行數位化重製，具有蒐集與備份當代各級政府或公法人所提供文件之雙重意義。

圖書館的合理使用

圖書館為順應數位電子環境，提供遠距資料傳輸服務或為保存需要，而常需進行館藏的期刊論文或書籍作全文掃瞄成數位資訊，此重製行為雖可適用本項合理使用，但重製而成的光碟僅供典藏或在館內電子設備中供使用者瀏覽，並不可將光碟直接供使用者外借，或將該數位資訊提供遠距傳輸服務，否則涉及散布權及公開傳輸權，在實務見解認為並不構成合理使用，仍須取得著作財產權人的授權，才能合法使用。

供個人研究的要求

閱覽人僅能重製一份

圖書館、博物館、歷史館、科學館、藝術館或其他文教機構，對於所典藏的著作，在應閱覽人供個人研究的要求下，可以提供所收藏已公開發表著作的一部分，或期刊或已公開發表之討會論文集的單篇著作，讓閱覽人影印（重製）參考，但每位閱覽人僅能重製一份。

配合長期保存典藏之需要的重製

典藏需要的重製

為保存該唯一著作或著作重製物，必須將該著作或著作重製物再重製後，提供新的著作重製物讓閱覽人借閱使用。

著作已絕版或難以在市面上購得該著作重製物，其他同性質機構當然無法取得典藏。

電子數位化的重製

涉及侵害著作的公開傳輸權情形

重製而成的光碟僅能供典藏或在館內電子設備中供使用者瀏覽，並不可將這些光碟直接供使用者外借，或將該數位資訊提供遠距傳輸服務。

UNIT **8-4**
政府機關的合理使用

圖解著作權法

（一）重製的範圍與數量必須合理

由於國家機關的運作大多為民眾提供服務，因此中央或地方機關因立法或行政目的上的需要，必須將他人著作列為內部參考資料時，或是司法機關專為司法程序（例如審判）上，有必要使用他人的著作時，都可以在不損害著作財產權人利益的前提下，在合理範圍內重製或翻譯他人不論是否已公開發表的著作。此合理範圍須依照該著作的種類、用途及其重製物的數量、方法來衡量，例如行政院認為有必要影印著作資料給全國各機關，做為推廣教育使用或列為內部參考資料時，如果只是影印其中部分內容給各機關一份，或許可以認定為少量屬合理範圍內的重製；但是，如果是將該著作內容全部影印，並發放給全國每位公務人員一份時，除非可以證明不會損及著作財產權人的利益，或者符合一般概括性的合理使用規定外，否則因數量龐大，而且重製著作的比例過高，可能會侵害到他人的著作財產權。

（二）學位論文與試題可合理使用

中央或地方機關對於附在已公開發表的碩士或博士學位論文、期刊學術論文、研討會論文集或研究報告中的摘要，也可以依照業務的需要重製、翻譯或散布。另外，中央或地方機關常需依法規定辦理各種考試，為製作試題的需要，同樣可以重製、翻譯或散布已公開發表的著作；但是，不可以將已公開發表的試題著作直接重製用來作為考試的試題使用，否則仍屬於侵害他人著作財

產權的行為。

（三）政府機關報告與文書

政府機關除了是著作的使用者外，本身也常是著作的創造者。政府部門經常委託他人進行相關施政問題的研究報告，或是彙集施政成果出版刊物，透過僱傭或出資關係，也可以取得著作人資格或享有著作財產權，由於其創作的目的是以公益為主，大多向大眾宣導傳播，希望廣為流傳，所以如果以中央或地方機關或公法人名義所公開發表的著作，在合理的範圍內，任何人都可以加以重製、公開播送、公開傳輸或翻譯、散布這些著作。此外，司法機關在裁判程序中，所作成的裁判書或裁定書等文件，以及中央或地方機關提供民眾自由取閱、下載傳輸或重製的宣導法令或公開陳述，例如發表新聞稿或聲明書，或是為了說明業務內容、申請作業流程等需要，而製作摺頁、手冊、網頁、檔案或短片等著作資料，任何人都可以自由利用這些著作，不會有侵害著作財產權的顧慮。不過，在使用時最好還是要揭露著作人（大多是機關），除了表示尊重著作權外，也可以避免有侵害著作人格權的情形發生。

為供國家機關運作之目的

為供國家機關
運作之目的
合理使用

中央或地方機關常為宣導法令或說明業務內容、申請作業流程等需要，而製作摺頁、手冊、網頁、檔案或短片等著作資料，供民眾自由取閱、下載傳輸或重製，任何人都可以自由利用這些著作，不會有侵害著作財產權的顧慮。

民眾在使用時最好還是要揭露著作人（大多是機關），除表示尊重著作權外，亦可避免有侵害著作人格權之情形發生。

不損害著作財產權人利益的前提下，在合理範圍內重製或翻譯他人不論是否已公開發表的著作。

學位論文與試題

學位論文與試題
合理使用

中央或地方機關對於附在已公開發表的碩士或博士學位論文、期刊學術論文、研討會論文集或研究報告中的摘要，也可以依照業務的需要重製、翻譯或散布。

中央或地方機關常需依法規定辦理各種考試，為製作試題的需要，同樣可以重製、翻譯或散布已公開發表的著作。

政府機關報告與文書

合理使用

政府部門經常委託他人進行相關施政問題的研究報告，或是彙集施政成果出版刊物，大多向大眾宣導傳播，希望廣為流傳。

以中央或地方機關或公法人名義所公開發表的著作，在合理的範圍內，任何人都可以加以重製、公開播送、公開傳輸或翻譯、散布這些著作。

司法機關所作成的裁判書或裁定書等文件，以及中央或地方機關提供民眾自由取閱、下載傳輸或重製的宣導法令或公開陳述，任何人都可以自由利用這些著作，不會有侵害著作財產權的顧慮。

UNIT **8-5**
媒體機構的合理使用

圖解著作權法

（一）新聞報導與評論

　　新聞報導是日常生活中不可缺乏的一環，不論以廣播、攝影、錄影、新聞紙、網路或其他方法作時事報導時，通常會接觸或利用他人（包括翻譯）的著作，只要在報導過程中的必要範圍內，仍為合理使用。又為報導、評論或其他正當目的之必要，在合理範圍內，也可以引用或翻譯已公開發表的著作。而在新聞紙、雜誌或網路上揭露或刊載的政治、經濟或社會上時事問題的論述，除非已明確註明不許他人轉載、公開播送或公開傳輸者外，否則可以由其他新聞紙或雜誌轉載、翻譯，也可以經由其他廣播或電視公開播送，或者在網路上公開傳輸及散布該著作。

（二）廣播與電視節目

　　我們所收聽的廣播或收看的電視節目，有些節目內容是由廣播或電視業者，為公開播送目的，經過著作財產權人的授權後，利用自己的設備將該著作予以錄音或錄影，再於適當的時段播送節目，這也是著作權法所規範的合理使用方式。但是，這些錄音或錄影的錄製物，除須經著作權專責機關核准保存在指定的處所外，並應該在錄音或錄影後六個月內銷燬該錄製物。另外，無線電視臺經營業者或社區團體，為加強電視節目的收視效能，以及系統經營者（俗稱第四台）依有線廣播電視法第37條規定，需要利用社區共同天線接收後，再同時轉播無線電視臺播送的節目著作，只要社區共同天線、第四台以及播送節目的無線電視臺都是依法申請設立，而且沒有變更節目的形式或內容，都是合理使用的行為。

（三）網路報導與轉載

　　在進入Web 2.0時代，網友自己也可以在網路上開設一個新聞台來報導新聞，同樣享有上述媒體機構的合理使用，也就是說，在自製報導內容中，可以利用在採訪時所接觸到他人的著作，例如在報導某知名畫家的最新作品，可以將採訪過程所拍攝該作品的照片放在新聞報導中，與自己的報導內容一同呈現。不過，在網路上引用他人著作時，我們常誤認為只要註明出處來源，或是利用網路服務業者所提供的Blog「引用」服務功能，就可以轉載網路上的文章、圖片或影音檔案，其實仍會有侵害著作權的問題。在轉載屬於「揭載於新聞紙、雜誌或網路上有關政治、經濟或社會上時事問題之論述」的著作時，同時必須是該著作權人發表時，沒有「禁止轉載」或類似文字的限制，才能主張是合理使用的行為。仍要提醒大家，因為網頁是隨時可以修正變動的，如果需要轉載這些論述時，縱使是符合合理使用的範圍，最好還是將當時著作權人發表的網頁保留下來，日後產生爭議時才有證據可保護自己。

媒體機構的合理使用

媒體機構的合理使用

為報導、評論或其他正當目的之必要，在合理範圍內，可以引用（包括翻譯）已公開發表的著作。而在新聞紙、雜誌或網路上揭露或刊載的政治、經濟或社會上時事問題的論述，除非已明確註明不許他人轉載、公開播送或公開傳輸者外，否則可以由其他新聞紙或雜誌轉載、翻譯，也可以經由其他廣播或電視公開播送，或者在網路上公開傳輸及散布該著作。

已公開發表的著作

新聞報導與廣播電視之合理使用

新聞報導與廣播電視之合理使用

網友可以就「轉載」行為主張合理使用的是，「揭載於新聞紙、雜誌或網路上有關政治、經濟或社會上時事問題之論述」，如果不是跟政治、經濟、社會等有關的時事問題的討論或評析的文章或報導，只是文藝作品、學術論述等其他文章，就不能主張合理使用，更不用說是影音檔案、攝影作品等著作；同時必須是著作權人發表在網路上時，沒有「禁止轉載」或類似文字的限制。

如果需要轉載這些論述時，最好將當時著作權人發表的網頁保留下來，因為網頁是隨時可以修正變動的，日後產生爭議時才有證據可保護自己。另外，轉載時只是節錄部分內容，有可能侵犯作者著作人格權（同一性保持權），故建議大家仍採全文轉載為宜。

不能主張合理使用

想將報紙上的一篇文章，引用在自己的文章裡

知識補充站

進入Web 2.0時代，使用數位媒體報導新聞，需要謹慎，例如在報導某知名畫家的最新作品，可以將採訪過程所拍攝該作品的照片放在新聞報導內容中一同呈現。而我們常認為只要註明出處來源，或是利用網路服務業者所提供Blog服務的「引用」功能處理，就可轉載網路上的文章或圖片影音檔案，這種認知並不正確，會有侵害著作權的問題。

UNIT **8-6**
公益及藝文活動的合理使用

著作權法的立法目的，除了獎勵著作權人的創作外，也負有促進知識文化流通與傳承的功能，因此在公益或藝文文化活動上，在合理使用範圍內，也應給予公眾有較自由的利用空間。

圖解著作權法

（一）公益用途

最典型的公益用途，在於提供視聽障礙人士使用方便的改作。由於絕大多數的已公開發表著作，其呈現方式及使用附著物多以正常人使用為主，對於視覺障礙、學習障礙、聽覺機能障礙或其他視、聽覺認知有障礙的人而言，必須將著作透過改作（如翻譯、附加手語、點字或數位轉換）、錄音、口述影像或其他方式（如放大文字等），才能順利使用。其實，視聽障礙者屬於極少數，由法律授予這些弱勢人士免費的使用，影響著作權人的利益十分細微，應屬合理且符合公益目的。因此，著作權法第53條規定，視覺障礙者、學習障礙者、聽覺障礙者或其他感知著作有困難之障礙者（或其代理人）在個人非營利使用時，以及中央或地方政府機關、非營利機構或團體、依法立案之各級學校，為專供這些障礙者使用之目的，得以翻譯、點字、錄音、數位轉換、口述影像、附加手語或其他方式利用已公開發表之著作。同時，為前述之使用目的所製作成的著作重製物，可以在這些障礙者與中央或地方政府機關、非營利機構或團體、依法立案之各級學校間散布或公開傳輸，以增進他們學習的機會。

（二）非營利的藝文活動

在舉辦非營利的公益或藝文活動中，不論是一般慈善義演、募款、聯歡或慶祝晚會等，通常會播放音樂或錄影錄音等著作，主持人也常會預先安排或現場隨興邀請觀眾作才藝表演，以帶動現場熱絡氣氛。如果該項活動不是以營利為目的，而且對於參加的觀眾或聽眾，並沒有直接收取入場費用，也沒有以會員費、場地費、清潔費、飲食費、管理費、維護費等其他名目收取任何的間接費用，而且對於所要邀請的表演人，不論是職業演員、歌星或是一般民眾，都沒有支付報酬，則在公益或藝文活動中，公開口述、公開播送、公開上映、公開演出或翻譯等利用他人著作的行為，都屬於合理使用的範圍。但是，所利用的著作必須是已公開發表過，如果是把他人未公開發表的著作加以使用時，將侵害著作人格權中的公開發表權，著作人得追究責任。

小博士解說

在著作權的合理使用上，關於公益及藝文活動的認定，並不是單純以活動名稱或內容來看，它著重在要符合非營利公益或藝文性質的活動，才能主張合理使用。我們在日常生活中，可以看到許多公益或藝文活動，採用對外售票，也支付給參加表演或提供服務者報酬，最後結算活動的損益，再將全部的利益或售票所得的一部分，捐贈給慈善機構，這樣的活動方式，在實務上，會被認為不是非營利的公益或藝文活動，而是以營利的手段，再將所得捐贈作公益，因此在利用著作時，不能主張合理使用，必須徵得著作權人的同意，才可以使用著作。如果著作權人認同這樣的活動，而不予追究責任，則另當別論，但也不能說是合理使用。

公益用途

使用翻譯、點字、錄音、數位轉換、口述影像、附加手語或其他方式利用已公開發表之著作，以增進視覺障礙者、學習障礙者、聽覺障礙者或其他感知著作有困難之障礙者的學習機會

合理使用

方便視覺障礙者、學習障礙者、聽覺障礙者或其他感知著作有困難之障礙者使用。

由法律授予這些弱勢人士免費的使用，影響著作權人的利益十分細微，應屬合理且符合公益目的。

這些障礙者(或其代理人)在個人非營利使用時，以及中央或地方政府機關、非營利機構或團體、依法立案之各級學校，為專供這些障礙者使用之目的，得以翻譯、點字、錄音、數位轉換、口述影像、附加手語或其他方式利用已公開發表之著作。

藝文活動

公開口述他人著作

合理使用

藝文活動中，公開口述、公開播送、公開上映、公開演出或翻譯等利用他人著作的行為，都屬於合理使用的範圍。

所利用的著作必須是已公開發表過，如果是把他人未公開發表的著作加以使用時，將侵害著作人格權中的公開發表權，著作人得追究責任。

符合非營利公益或藝文性質的活動才能主張合理使用

採用對外售票，也支付給參加表演或提供服務者報酬，最後結算活動的損益，再將全部的利益或售票所得的一部分，捐贈給慈善機構，這樣的活動方式，在實務上，會被認為不是非營利的公益或藝文活動，而是以營利的手段，再將所得捐贈作公益，因此在利用著作時，不能主張合理使用。

必須徵得著作權人的同意，才可以使用著作

UNIT **8-7** 美術著作、建築著作與電腦程式著作的合理使用

圖解著作權法

（一）美術著作或建築著作

假如美術著作或建築著作是長期呈現在街道、公園、建築物的外牆或其他戶外場所等公開場所，向公眾開放展示的話，由於它創作或設置的目的在於供人接近與使用，因此，著作權法只限制以建築方式重製建築物、以雕塑方式重製雕塑物或以在前述公開場所長期展示及專門以販賣美術著作重製物為目的所為之重製等四種重製權的使用，須經著作權人同意後才能利用外，任何人都可以用任何方法來利用或散布。

以國內臺北101大樓為例，剛落成時是當時全世界最高的建築物，許多人爭相拍攝照片並在各種場合或網路上流傳，該大樓所有人曾向大眾宣稱享有建築著作之著作財產權，任何的利用行為都要經過授權後，才能使用。消息一揭露，引起一片譁然，經著作權法主管機關——經濟部智慧財產局出面說明，除非是仿照它另蓋一棟建築物（以建築方式重製），或是在街道、公園、建築物的外牆等戶外場所長期展示該大樓重製物（如模型）等行為，須經著作權人同意外，任何人都可以主張合理使用該建築著作。

（二）電腦程式著作

又電腦程式著作之經濟利益來自重製物（磁片或光碟）的銷售，消費者購買這項著作重製物時，除了買到磁片或光碟的「物的所有權」外，所附著的電腦程式著作才是最主要的標的，也就是購買電腦程式著作的使用權。由於使用上的特殊性質，下列三種被視為是合理使用的情況：

❶操作使用時的重製

通常為了操作使用電腦程式著作，必須將電腦程式安裝在電腦機器中，也就是「灌入」或「拷貝」到電腦的硬碟記憶體上，此時電腦硬碟中也產生新的一份電腦程式著作重製物，這種使用上必要的重製行為，著作權人銷售著作重製物時，不但可以預見而且也同意這項重製行為。

❷配合電腦硬體需要的修改或保存備份時的重製

由於電腦程式軟體有賴電腦機器硬體的配合，才能運作發揮應有的功能，所以合法電腦程式著作重製物的所有人在自行使用時，因為要配合自己所使用機器的需要，可以修改該電腦程式，也可以將該程式重製作為備用存檔，以供電腦機器故障或電腦程式著作重製物滅失等不時之需。不過，如果電腦程式著作重製物的所有人喪失原重製物的所有權時，除非經過著作財產權人同意以外，應將原修改或重製的程式備用存檔加以銷燬。

❸附含在貨物、機器或設備中的隨同出租

電腦程式常用來操作或控制許多科技產品，而成為該產品不可缺乏的主要部分，因此著作權法規定，附含在貨物、機器或設備的電腦程式著作重製物，如果不是以該電腦程式著作重製物為主要出租標的物，則承租人使用該電腦程式是屬於合理使用，而出租人隨同該貨物、機器或設備的出租行為，也不受電腦程式著作原件或其合法著作重製物的所有人，不能將該原件或重製物出租給他人使用的限制。

美術著作、建築著作

合理使用	對於在街道、公園、建築物的外牆或其他戶外場所等,向公眾長期開放展示的美術著作或建築著作,任何人都可以用任何方法來利用或散布這些美術著作或建築著作。
例外: 須經著作權人同意後才能利用	以建築方式重製建築物。
	以雕塑方式重製雕塑物。
	在街道、公園、建築物的外牆或其他之外場所長期展示。
	專門以販賣美術著作重製物為目的所為之重製情形。
舉例: 臺北101大樓	許多人爭相拍攝照片並在各種場合或網路上流傳,依著作權法主管機關一經濟部智慧財產局解釋:除仿照它另蓋一棟建築物(以建築方式重製),或是在街道、公園、建築物的外牆等戶外場所長期展示該大樓重製物(如模型)外,任何人都可以主張合理使用該建築著作。

電腦程式著作

操作使用時的重製
這種使用上必要的重製行為,著作權人銷售著作重製物時,不但可以預見而且也同意這項重製行為。

配合電腦硬體需要的修改或保存備份時的重製
因為要配合自己所使用機器的需要,可以修改該電腦程式,也可以將該程式重製作為備用存檔,以供電腦機器故障或電腦程式著作重製物滅失等不時之需。

附含在貨物、機器或設備中的隨同出租
附含在貨物、機器或設備的電腦程式著作重製物,如果不是以該電腦程式著作重製物為主要出租標的物,則承租人使用該電腦程式是屬於合理使用。

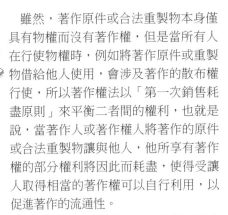

UNIT **8-8** 著作原件或合法重製物所有人的著作使用權利

圖解著作權法

雖然，著作原件或合法重製物本身僅具有物權而沒有著作權，但是當所有人在行使物權時，例如將著作原件或重製物借給他人使用，會涉及著作的散布權行使，所以著作權法以「第一次銷售耗盡原則」來平衡二者間的權利，也就是說，當著作人或著作權人將著作的原件或合法重製物讓與他人，他所享有著作權的部分權利將因此而耗盡，使得受讓人取得相當的著作權可以自行利用，以促進著作的流通性。

我國著作權法規定，取得著作原件或其合法重製物所有權的人，可以享有下列三項著作使用權利：

（一）利用移轉所有權的方式來散布著作

由於著作原件或其合法重製物為物權的標的，所有權人擁有自由處分的權利，當所有權移轉後，該著作原件或重製物由繼受人取得，著作的內容自然就隨之散布。例如，當我們買一本正版的書籍後，不管有無閱讀完畢，都可以隨意轉送給朋友，也可以拿到跳蚤市場或網路拍賣出售，都不需要經過著作權人的同意，著作權人也不能過問或禁止這種行為。不過，因為世界各國對於著作重製物的散布權規定並不一致，當我們出國攜回在國外所購買的著作原件或重製物，以及不論在國內還是國外購買取得的著作非法重製物，都不可隨意轉送給別人或出售，否則仍會侵害到著作權人的散布權。

（二）將著作原件或重製物出租給他人使用

出租權原本是著作權人專有的權利，但是，著作原件或重製物所有人也有將持有的著作物出租給他人使用的權利，所以，當著作權人已出售的著作原件或重製物，這部分的出租權就會移轉給持有者。不過，由於錄音及電腦程式這二類型著作的使用特性，如果也允許原件或著作重製物的所有人出租給他人使用，則多數人會採向重製物所有人租借方式來使用，將會嚴重影響著作權人的權利，所以這二類型著作的原件或著作重製物所有人是不能享有此項出租權。

（三）美術著作或攝影著作原件或重製物的公開展示與散布

美術著作或攝影著作的創作價值著重在供人欣賞，著作權人既然願意將著作原件或重製物出售給他人持有，當然就會預期到著作將被公開展示的情況，所以著作權法賦予美術著作或攝影著作原件或合法重製物的所有人，可以由自己或同意由他人來公開展示該著作原件或合法重製物。又這二類型著作屬於藝術特性，呈現著作人強烈的主觀意識，在公開展示時多有向參觀人解說著作內涵的需要，因此也可以在印製的說明書內重製該著作，並且隨著這些說明書的流傳而被散布出去。

著作原件或合法重製物

**權利的性質
與範圍**

著作權與著作物是不同的權利客體，著作權是無形的財產權，著作物是有形的物權。

著作權的權利所有者並不以占有著作所依附的媒體為必要的條件，當他把著作物出售時，除非有特別約定將著作權一併轉讓，否則取得該著作物的人，只擁有該著作物的所有權，並未享有著作權。

著作原件或合法重製物本身僅具有物權而沒有著作權。

第一次銷售耗盡原則，當著作人或著作權人將著作的原件或合法重製物讓與他人，他所享有著作權的部分權利將因此而耗盡，使得受讓人取得相當的著作權可以自行利用，以促進著作的流通性。

三項著作使用權利

**三項著作
使用權利**

利用移轉所有權的方式來散布著作
由於著作原件或其合法重製物為物權的標的，所有權人擁有自由處分的權利，當所有權移轉後，該著作原件或重製物由繼受人取得，著作的內容自然就隨之散布。

將著作原件或重製物出租給他人使用
出租權原本是著作權人專有的權利，但是，著作原件或重製物所有人也有將持有的著作物出租給他人使用的權利，所以也將著作權人已出售的著作原件或重製物，這部分的出租權移轉給持有者。

美術著作或攝影著作原件或重製物的公開展示與散布
美術著作或攝影著作的創作價值著重在供人欣賞，公開展示權也是這二類型著作權人所特別專有的權利，著作權人既然願意將著作原件或重製物出售給他人持有，當然就會預期到著作被公開展示的情況，所以著作權法賦予美術著作或攝影著作原件或合法重製物的所有人，可以由自己或同意由他人來公開展示該著作原件或合法重製物。

UNIT 8-9
一般的合理使用

圖解著作權法

當我們未經著作權人的同意或授權而使用他人的著作時，如果能夠主張利用行為係在合理使用的範圍內，即可阻卻違法而不構成著作財產權的侵害。除了上述各種合理使用的態樣外，著作權法為促進學習及文化發展等考量，也適度放寬一般的合理使用，有以下三種方式：

（一）政治或宗教上公開演說的合理使用

在政治或宗教上的公開演說，其目的無非在於宣傳政治理念或宗教教義，本來就具有公益性，也希望演說內容能廣為流傳，任何人的利用行為（包括翻譯及散布），只要不侵害其著作人格權，應不會有違背公開演說者的本意或損及其經濟利益；所以，著作權法明文規定屬於合理使用的範圍。但是，如果有人想要針對特定人的演說或陳述，將它集結編輯成一本或一套編輯著作時，由於其利用的數量與程度較大，又其須投入相當資源，應有其特別目的，是否會損及著作權人，宜保留由著作財產權人事先審視並經同意後才能實施，較能衡平著作財產權人利益與社會公益。

（二）供個人或家庭為非營利目的之合理使用

就個人或家庭常會為使用某些著作的部分，到圖書館、博物館、歷史館、科學館、藝術館或其他文教機構等以借閱方式使用，因為使用者使用前並未在市場上以合理價格取得著作物，使用以後也不可能再付費購買該著作物，對於著作權人在市場的收益本來多少會有些影響。但是在立法上，斟酌這些普遍存在的需求殷切，權衡著作權人的私益與大眾的公共利益後，為促進文化發展，特別允許個人或家庭在非營利目的條件下，可以利用圖書館及其他非供公眾使用的機器，重製已公開發表的著作；同時，也可以在利用他人著作時，將該著作進行改作，而另創作為新的著作，並加以散布。

（三）為個人備份或使用需要的重製

當消費者購買CD、DVD或書籍等著作物後，為防範該重製物不慎毀損，也可能希望在家中、辦公室的個人空間及自用車上都能聆聽或欣賞該著作，所以再製作一份或數份著作重製物，供自己備份或使用。只要不把將這些再重製的著作物轉贈或借供他人使用，並在移轉原來購買的著作物所有權後，立即將這些再重製的著作物銷毀，通常還是屬於合理使用的範圍。

總之，個人在利用著作時，如果屬於學術研究的性質或非營利的目的，又能符合上述各種合理使用的態樣，可以謹慎小心的使用著作。如果利用著作的目的在於娛樂消遣，例如聽音樂、看電影，就應該購買合法的著作物；如果是以利用他人的著作營業謀利，例如編輯視聽伴唱帶或拷貝音樂片販賣，更需要事先洽商著作權人或其所屬著作權仲介團體授權使用事宜，以免誤蹈法網。

政治或宗教上公開演說

合理使用 ➡ 其目的在於宣傳政治理念或宗教教義，具有公益性也希望演說內容能廣為流傳，任何人的利用行為（包括翻譯及散布），只要不侵害其著作人格權，應不會有違背公開演說者的本意或損及其經濟利益。

宣傳政治理念

③

供個人或家庭為非營利目的

合理使用 ➡ 權衡著作權人的私益與大眾的公共利益後，為促進文化發展，特別允許個人或家庭在非營利目的條件下，可以利用圖書館及其他非供公眾使用的機器，重製已公開發表的著作。

圖書館

個人備份或使用需要的重製

檔案備份

合理使用

消費者購買CD、DVD或書籍後，為防範該重製物不慎毀損，也可能希望在家中、辦公室的個人空間及自用車上都能聆聽欣賞該著作，而再製作一份或數份著作重製物，通常還是屬於合理使用範圍。

消費者購買電腦程式著作重製物（磁片或光碟），除了買到電腦程式著作所附著的磁片或光碟的「物的所有權」，通常為了操作使用，必須將電腦程式「灌入」電腦硬碟中，此時電腦硬碟中也新產生一份電腦程式著作重製物，實際上已構成電腦程式著作的重製行為。

購買電腦程式著作重製物其實也是購買電腦程式著作的使用權，這種因使用上必要的重製行為，應不必再經著作財產權人的同意。

UNIT **8-10**
合理使用的判斷基準

圖解著作權法

由於著作權人與利用人在主觀上的看法不同，合理使用的認定又常因各種利用情形不同，或隨著科技的發展而會有不同的結論。例如，寫一篇關於梵谷畫風的論文，利用梵谷的一幅畫，來作為說明的體裁，可以被認為是合理使用；反之，利用梵谷某幅畫中的一小部分，作成領帶的圖案銷售，就不能被認為是合理使用。又例如同樣是從網路上下載檔案的行為，從網路上下載許多篇文章供自行研究，基於資訊流通自由，可被認為是合理使用。但是，我們從網路上下載許多首MP3音樂檔案供私下欣賞，會嚴重影響音樂的錄音著作的銷售量，而被認為不是合理使用。

在未經過著作權人同意下利用的著作行為，是否合乎上述所列舉的各種合理使用態樣？或是除此之外還有其他的合理使用情形？該如何來認定？常是紛爭的癥結。著作權法除了以列舉各種合理使用的態樣外，為求能更適用在現實生活中所發生的各種不同狀況，特別規定下列四項主要的判斷基準：

❶利用之目的及性質，包括係為商業目的或非營利教育目的。

❷著作之性質。

❸所利用之質量及其在整個著作所占之比例。

❹利用結果對著作潛在市場與現在價值之影響。

在實務案例判斷時，除了上述四項判斷基準外，也有引用其他如「使用者所投入的勞力、金錢等成本與使用所得的利益或該著作的價值」、「重製後產品是否可替代原來著作物」或「以何種方法完成使用或重製」等因素，而強調「使用的必要性」與「基於公共利益而利用該著作」也都是重要的主張。另外，著作權人團體與利用人團體就著作的合理使用範圍已達成協議，也可以作為判斷的參考因素。

😊小博士解說

在著作權侵權訴訟實務上，面對原告追訴侵權的法律責任，被告通常會採取下列三階段的抗辯策略：

第一階段，先抗辯原告所主張是屬於根本不受著作權法保護的標的，例如該標的屬於著作權法所明定不得為著作之標的。

第二階段，一旦確定原告所主張的客體，係屬於著作權法保護的著作，則被告通常抗辯自己並未接觸該著作，或原告所述利用著作的行為並非自己所為，或自己之著作係屬獨立創作，並無利用原告著作的行為。

第三階段，利用著作之行為已確認係被告所為，則被告即須運用上述四項判斷基準，主張利用該著作係在合理使用範圍內，為最後抗辯之理由。

合理使用的判斷基準

為求能更適用在現實生活中所發生的各種不同狀況，特別規定四項主要的判斷基準	利用之目的及性質，包括係為商業目的或非營利教育目的
	著作之性質
	所利用之質量及其在整個著作所占之比例
	利用結果對著作潛在市場與現在價值之影響
其他可以作為判斷的參考因素	使用者所投入的勞力、金錢等成本與使用所得的利益或該著作的價值
	重製後產品是否可替代原來著作物
	以何種方法完成使用或重製
	使用的必要性
	基於公共利益而利用該著作
	著作權人團體與利用人團體就著作的合理使用範圍已達成協議

著作權侵權訴訟實務

第一階段 先抗辯原告所主張是屬於下列根本不受著作權法的保護標的：	該標的為思想、程序、製程、系統、操作方法、概念、原理或發現，非屬於著作，不受著作權法保護。
	是屬於下列著作權法所明定不得為著作之標的： ① 憲法、法律、命令或公文 ② 中央或地方機關就前款著作作成之翻譯物或編輯物 ③ 標語及通用之符號、名詞、公式、數表、表格、簿冊或時曆 ④ 單純為傳達事實之新聞報導所作成之語文著作 ⑤ 依法令舉行之各類考試試題及其備用試題
	不受保護的外國著作
	該著作財產存續期間已屆滿，已成為公共領域之著作。
第二階段	被告通常抗辯自己並未接觸該著作，或原告所述利用著作的行為並非自己所為，或自己之著作係屬獨立創作，並無利用原告著作的行為。
第三階段	利用著作之行為已確認係被告所為，則被告即須運用上述四項判斷基準，主張利用該著作係在合理使用範圍內，為最後抗辯之理由。

UNIT 8-11
音樂著作的錄音強制授權

圖解著作權法

（一）避免壟斷

通常使用他人的著作財產權，都透過由當事人談判協商取得授權方式進行，但是在音樂著作中，常有一首流行歌曲走紅時，不但錄音帶、CD的著作權歸發行的唱片公司所有，主唱者是唱片公司旗下的歌手，甚至連歌詞、歌曲都是唱片公司專屬的作詞、作曲者所完成的著作，也就是音樂著作容易被唱片公司壟斷，反而有礙於一般大眾欣賞該著作的機會。著作權法制定了「音樂著作強制授權」制度，一方面避免這種壟斷情形的發生，另一方面也可解決利用人找不到作詞作曲者，或經過協商授權仍無法得到授權的困境。

（二）向經濟部智慧財產局申請強制授權的許可

當錄有音樂著作的銷售用錄音著作已發行滿六個月後，任何個人或公司想要利用該音樂來錄製其他銷售用的錄音著作，可以向經濟部智慧財產局申請強制授權的許可，並給付該音樂著作的著作財產權使用報酬後，就可以依許可的方式，利用該音樂著作另行錄製錄音著作，但必須在國內市場上銷售，不得將該錄音著作的重製物銷售到國外去。

（三）強制授權可以利用的對象是音樂著作本身

由於獲准強制授權可以利用的對象是音樂著作本身，不是原有的錄音著作，所以利用人可以找原來的歌手或演奏者，也可以找其他的歌手或演奏者重新灌錄錄音帶或CD，而不可直接將原有的錄音著作加以重製。而且，該音樂著作必須是已被錄製成錄音帶或CD在市面上銷售，如果該音樂著作是以MTV或DVD等視聽著作方式錄製，或只是供贈送親友，或是專為特定舞台劇背景音樂而錄製的錄音帶或CD時，該音樂著作都不得作為強制授權的對象。

申請支付經核准後，必須先支付使用報酬給音樂著作的著作財產權人，才可以利用他的音樂著作。申請人如果找不到音樂著作的著作財產權人，可以依提存法以音樂著作的著作財產權人為受領人，向法院提存使用報酬，並將提存的事實報請經濟部智慧財產局備查。

小博士解說

音樂著作的強制授權是伯恩公約（國際性著作權公約）所允許的三種強制授權之一，其他還有翻譯權及重製權等強制授權，不過這二種主要是為保護開發中國家而制定的。當某一文字著作發行經過一段時間，可能因談判磋商不成，在某一（通常為開發中國家）國家始終無法獲得該著作的合法授權重製或翻譯，為避免阻礙該國人民吸收新知、引進科技文化的機會，則該國得規定任何人經政府主管機關的許可，並向著作財產權人支付主管機關所定的使用報酬後，就可以逕行在該國領域內發行重製該著作（原文版）或翻譯本。我國著作權法自1992年起至1998年間，也曾有翻譯權的強制授權規定，後來，因為我國經濟發展成為已開發國家，又申請加入WTO，所以廢除了這項制度。

音樂著作的錄音強制授權

原因	避免壟斷	著作權法制定了「音樂著作強制授權」制度，一方面避免這種壟斷情形的發生，另一方面也可解決利用人找不到作詞作曲者，或經過協商授權仍無法得到授權的困境。
向主管機關申請	向經濟部智慧財產局申請強制授權的許可	並給付該音樂著作的著作財產權使用報酬後，就可以依許可的方式，利用該音樂著作另行錄製錄音著作，但只能在國內市場上銷售。
客體	強制授權可以利用的對象是音樂著作本身	由於獲准強制授權可以利用的對象是音樂著作本身，不是原有的錄音著作，所以利用人可以找原來的歌手或演奏者，也可以找其他的歌手或演奏者重新灌錄錄音帶或CD，而不可直接將原有的錄音著作加以重製。
補償	仍需支付報酬	申請支付經核准後，必須先支付使用報酬給音樂著作的著作財產權人，才可以利用他的音樂著作。

伯恩公約的強制授權

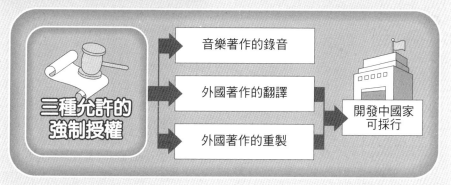

三種允許的強制授權 → 音樂著作的錄音

三種允許的強制授權 → 外國著作的翻譯

三種允許的強制授權 → 外國著作的重製

→ 開發中國家可採行

知識補充站

目前音樂著作強制授權的使用報酬是依下列公式計算：

使用報酬＝（預定發行之錄音著作零售價格×5%×預定發行之錄音著作數量）÷預定發行之錄音著作所利用之音樂著作數量

預定的零售價格和後來實際的零售價格並不一定會相同，在考慮到強制授權制度多少已經影響音樂著作財產權人的權利，所以，採多不退少須補的原則，如果申請人後來實際的零售價格高於申報時預定的零售價格時，申請人應將使用報酬的差額補足給音樂著作的著作財產權人。

UNIT **8-12** 法定授權

圖解著作權法

（一）教育目的的法定授權

除合理使用著作外，還有法定授權的適用方式。使用者只要符合下列三種法定情況，事前不需要經過著作權人的同意，也不必申請主管機關的許可，即能先行依法定方式利用這些著作，再於使用後自行將利用情形通知著作財產權人，並依照主管機關所訂的報酬率，支付使用報酬給著作權人：

❶為編製依法令應經教育行政機關審定的教科用書，或者是教育行政機關編製教科用書者，在合理範圍內，可以重製、改作或編輯他人已公開發表的著作，並得公開傳輸該教科書。

❷教科用書編製者為編製附隨在該教科用書並且是專供教學者教學用的輔助用品，也可以重製、改作或編輯他人已公開發表的著作，並得公開傳輸該輔助用品。

❸依法設立的各級學校或教育機構及其擔任教學之人為教育目的之必要範圍內，得公開播送或公開傳輸他人已公開發表的著作。

為因應網路科技環境發展趨勢，目前許多教育機構及其教學工作者漸漸採用數位遠距教學方式，作為替代或輔助教學使用。其教學對象擴及於社會大眾的遠距教學型態，例如非營利性的線上課程平台（eDX、磨課師等），以往僅能利用電視公開播放作為教學媒介，2022年6月15日公布修正之著作權法增訂第46條之1，納入網路公開傳輸之遠距教學，在為教育目的之必要範圍內，得公開播送或公開傳輸已公開發表之著作。同時，亦修正同法第47條將數位教科用書（或稱電子書包）及其專供教學者使用之輔助用品，編製者得重製、改作或編輯已公開發表之著作，並得公開傳輸該教科用書，以營造目前學校或教育機構及其擔任教學之人，進行遠距教學活動之有利環境。此種法定授權，其使用已非一般之合理使用範圍，基於教育目的與非營利之性質，而以法律排除使用著作前之個別授權（含使用報酬之洽訂）程序，使用著作仍應依經濟部智慧財產局2023年2月所修訂「著作權法第四十七條第三項之使用報酬率」規定標準支付報酬予著作財產權人。

（二）錄音著作公開演出之法定授權

錄音著作的公開演出也適用法定授權。錄音著作是屬於著作鄰接權之一種，由於本身的創作性質較低，世界各國認定它為著作與否各有不同，給與的保護程度也不一致。我國是直接將它視為著作的一種類型，給予相當的著作權保護，不過，基於使用傳播的方便性，對於錄音著作的公開演出權使用方式，以法定授權加以限制，一般使用者可以直接將錄音著作作為公開演出的內容，不須經過著作權人的同意，著作權人得請求將錄音著作公開演出的人支付使用報酬，沒有制止或排除他人公開演出的權利。這樣的法定授權使用雖然十分方便，不過，如果著作權人或其所加入的團體，事先沒有公告其使用錄音著作的報酬費率，當著作權人請求支付使用報酬時，須靠雙方協商確認金額，如有爭議，則難免須循調解或訴訟程序謀求解決，讀者應有此認知，建議在使用前宜先接洽了解，避免事後爭議發生。

小博士解說

教育目的之法定授權，限於非營利使用，一般補習班或營利事業無法適用。但錄音著作之公開演出，則不限非營利使用，一般營業使用可適用。

教育目的法定授權的適用方式

使用者只要符合下列法定情況，事前不需要經過著作權人的同意，也不必申請主管機關的許可，即能先行依法定方式利用這些著作，再於使用後自行將利用情形通知著作財產權人，並依照主管機關所訂的報酬率，支付使用報酬給著作權人。

為編製依法令應經教育行政機關審定的教科用書，或者是教育行政機關編製教科用書者，在合理範圍內，可以重製、改作或編輯他人已公開發表的著作，並得公開傳輸該教科書。

教科用書編製者為編製附隨在該教科用書並且是專供教學者教學用的輔助用品，也可以重製、改作或編輯他人已公開發表的著作，並得公開傳輸該輔助用品。

依法設立的各級學校或教育機構及其擔任教學之人為教育目的之必要範圍內，得公開播送或公開傳輸他人已公開發表的著作。

數位遠距教學使用他人著作

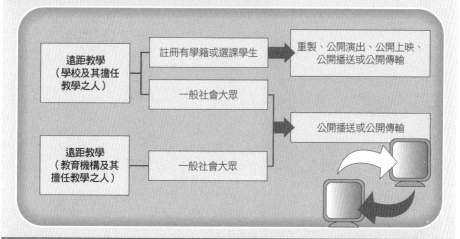

遠距教學（學校及其擔任教學之人）
　├ 註冊有學籍或選課學生 → 重製、公開演出、公開上映、公開播送或公開傳輸
　└ 一般社會大眾

遠距教學（教育機構及其擔任教學之人）
　└ 一般社會大眾 → 公開播送或公開傳輸

錄音著作的公開演出權使用方式，以法定授權加以限制

一般使用者可以直接將錄音著作作為公開演出的內容，不須經過著作權人的同意。

著作權人得請求將錄音著作公開演出的人支付使用報酬，沒有制止或排除他人公開演出的權利。

這樣的法定授權使用雖然十分方便，不過，如果著作權人或其所加入的團體，事先沒有公告其使用錄音著作的報酬費率，當著作權人請求支付使用報酬時，須靠雙方協商確認金額，建議在使用前宜先接洽瞭解，避免事後爭議發生。

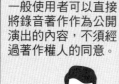

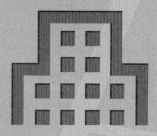

第 9 章

保障著作權的救濟方法

●●●●●●●●●●●●●●●●●●●●●●●●●●● 章節體系架構 ▼

UNIT **9-1**
著作權集體管理團體

圖解著作權法

（一）集體管理

　　在教育文化與資訊傳播不普及的年代，著作人和利用人都不多，且利用及散布範圍也十分有限，著作權人多能自己管理著作權，自行決定著作的利用方式與授權範圍。隨著人類文化經濟的發展，不但著作數量龐大，著作權內容複雜，著作人、著作權人及利用人更是日益增多且散布各地，個別的著作（權）人實難憑一己之力分別與散布各地的利用人訂立授權契約，收取報酬。相對地，利用人也無法就想利用的著作，找出個別的著作（權）人，一一請求其授權，因此由「集體管理」（collective administration）著作權的概念，著作權集體管理團體遂應運而生。

（二）促進著作利用的效率

　　著作財產權人及其專屬授權的被授權人為行使權利、收受及分配使用報酬，可經經濟部智慧財產局的許可，組成著作權集體管理團體來集中管理，由管理團體代理著作權人授權他人利用其著作，利用人也可以透過它取得所需著作的授權，如此不僅可增進對著作人權益的保護，同時也促進著作利用的效率。

😊 小博士解說

　　世界第一個著作權團體是1851年在法國成立的SACEM（Sociere des Auteurs Compositeurs et Editeurs de Musique），代理音樂著作財產權人對利用人授權，收取使用報酬，並分配於著作財產權人，爾後世界各國也紛紛出現著作權集體管理團體。我國自1997年制定著作權仲介團體條例，2010年修正名稱為「著作權集體管理團體」，目前經許可成立的計有五家，其相關資料如下：

❶社團法人中華音樂著作權協會（MÜST），網址http://www.must.org.tw；❷社團法人亞太音樂集體管理協會（ACMA），網址https://www.acma.org.tw/；❸社團法人台灣音樂著作權集體管理協會（TMCA），網址http://www.tmca.tw/；❹社團法人台灣錄音著作人協會（ARCO），網址http://www.arco.org.tw；❺社團法人中華有聲出版錄音著作權管理協會（RPAT），網址http://www.rpat.org.tw。

　　著作權集體管理團體主要業務是代理著作財產權人（會員）管理著作財產權，對外以自己的名義與利用人訂立個別授權契約或概括授權契約，並代收使用報酬後再分配給應得的會員。會員將著作財產權交由著作權集體管理團體後，即不得自行管理或另行授權他人管理，如果發生侵害著作權的情事，會員也無法自行主張權利，而需由集體管理團體以自己名義追訴侵權者的法律責任。

　　另依著作權仲介團體條例第10條規定，仲介團體之會員應為著作財產權人，且著作財產權人不得同時為二個以上辦理相同仲介業務之同類著作仲介團體之會員。如同時加入者，視為均未入會；其先後加入者，就後加入之仲介團體，視為未入會。

著作權集體管理團體之緣由

緣由

隨著人類文化經濟的發展，不但著作數量龐大，著作權內容複雜，著作人、著作權人及利用人更是日益增多且散布各地，個別的著作（權）人實難憑一己之力分別與散布各地的利用人訂立授權契約，收取報酬。

利用人也無法就想利用的著作，找出個別的著作（權）人，一一請求其授權，因此由「集體管理」（collective administration）著作權的概念，著作權集體管理團體遂應運而生。

「使用者付費」之精神

「使用者付費」
之精神

由於旅館、醫療院所、餐廳、咖啡店、百貨公司、賣場、便利商店、客運車、遊覽車……等營業場所播放電視、廣播供客人觀賞，是社會上常見的利用行為，但因事先無法得知及控制播放之內容，且不易取得完全之授權，因此面臨刑事追訴之風險；此外，廣告中所用到的音樂係由廣告製作公司所選擇，電台、電視台無法決定，以致於廣告在電視台播出時，電視台與個別權利人洽商授權時常面臨刑事追訴之風險。針對上述問題，立法部門、廣大利用人、各著作權團體及行政機關長期的努力之下，達成利用人本「使用者付費」之精神，著作權團體本「促進市場和諧」之原則，創造權利人與利用人雙贏。

著作權集體管理條例

我國在二〇一〇年將「著作權仲介團體條例」修正為「著作權集體管理條例」

將「著作權仲介團體」修正為「著作權集體管理團體」（以下簡稱「集管團體」），就未加入集管團體，權利人個別行使權利之情形，將營業場所公開播送之二次利用著作行為，以及著作經個別權利人授權重製於廣告後，後續公開播送或同步公開傳輸行為，免除利用人刑事責任。

利用人將不必再擔心遭受個別權利人刑事訴追，但仍有依法支付使用報酬之義務，不支付者，則仍須負擔民事侵權法律責任。

增設「共同使用報酬率」及「單一窗口」之制度。

由於我國目前已經成立之仲介團體共有7家，且同種著作類別之仲介團體不只1家，利用人於實務上常發生需同時與5、6家團體洽取授權之不便，也造成團體個別向利用人收費之困難，為使授權更為簡便，爰增訂多家團體就專責機關指定之利用型態有訂定「共同使用報酬率」之義務，並應由其中一個團體向利用人收取。

被指定的利用型態包括：旅館、美容業等公開場所二次利用行為、KTV、卡拉OK及伴唱機之利用等大量利用著作之利用型態。由於共同使用報酬率之訂定有其複雜性，於修正條文中規定兩年之過渡期間。

UNIT **9-2**
著作權審議及調解委員會

圖解著作權法

經濟部智慧財產局為制訂法定使用報酬率，並簡化紛爭之處理，依法設置著作權審議及調解委員會，負責辦理下列事項：

❶審議使用報酬率，以供利用人依法應支付給著作財產權人的使用報酬（指著作權法第47條中，教科用書編製者為編製教科用書以及所附隨專供教學之人教學用之輔助用品，而須重製、改作或編輯他人已公開發表的著作；以及各級學校或教育機構，為教育目的而需要公開播送他人已公開發表的著作）。

❷調解著作權集體管理團體與利用人間對於使用報酬的爭議。

❸調解著作權或製版權的爭議。但涉及刑事者，以告訴乃論罪的案件為限。

❹其他有關著作權審議及調解的諮詢。

當上述爭議案件經著作權審議及調解委員會調解成立後，經濟部智慧財產局應在七日內將調解書送請管轄法院審核。如調解書經法院核定後，當事人就該事件不得再行起訴、告訴或自訴；而且經法院核定的民事調解，與民事確定判決有同一之效力；經法院核定的刑事調解，如以給付金錢或其他代替物或有價證券之一定數量為標的者，該調解書則具有執行名義。

😊小博士解說

由於侵害著作財產權須負民事責任及刑事責任，而著作權人多以尋求填補其經濟損失為主，希望侵害人賠償其損害，至於讓其受國家刑罰制裁，則非關注重點；因此，訴訟實務上，著作權人往往採「以刑逼民」，先提起刑事自訴，迫使被告出面談判和解，或同時提起刑事與民事訴訟，再尋求和解，如侵害人與著作權人達成和解時，著作權人即撤回告訴。

雙方當事人如能自行協調或經由律師、其他第三人居中而協調達成和解，即可避免耗時費錢的司法訴訟程序。如無法達成和解，為簡化訴訟程序及節省司法資源，依現行法令規定，侵害著作財產權提起訴訟前或進行時，得依下列三種調解途徑尋求和解：

❶鄉鎮市調解委員會——可由當事人一方聲請調解，民事事件應徵得另一方當事人之同意，而告訴乃論之刑事事件應得被害人（著作權人）同意；或第一審法院受理後裁定移付之案件，鄉鎮市調解委員會即得依「鄉鎮市調解條例」等規定進行調解。其委員雖具有法律或其他專業知識及信望素孚之公正人士，但受區域限制，較難有充分之著作權專業知識。

❷著作權審議及調解委員會——係由經濟部智慧財產局依著作權法規定設置，為國內最專業之著作權調解單位。

❸法院——除訴訟標的之金額或價額在新臺幣50萬元以下者，必須於起訴前應經法院調解外，其餘案件亦得向管轄法院聲請調解，由法官或其選任調解委員進行調解程序。

設置著作權審議及調解委員會

目的	為制定法定使用報酬率及簡化紛爭之處理。
功能	審議使用報酬率，以供利用人依法應支付給著作財產權人的使用報酬。
	調解著作權集體管理團體與利用人間對於使用報酬的爭議。
	調解著作權或製版權的爭議，但涉及刑事者，以告訴乃論罪的案件為限。
	其他有關著作權審議及調解的諮詢。

有關著作權爭議案件的和解

和解途徑	鄉鎮市調解委員會
	著作權審議及調解委員會
	法院
和解效力	著作權審議及調解委員會調解成立後，經濟部智慧財產局應在七日內將調解書送請管轄法院審核。
	經法院核定後，當事人就該事件不得再行起訴、告訴或自訴。
	經法院核定的民事調解，與民事確定判決有同一之效力；經法院核定的刑事調解，如以給付金錢或其他代替物或有價證券之一定數量為標的者，該調解書則具有執行名義。

審議與調解的法律依據與委員資格

鄉鎮市調解委員會	依「鄉鎮市調解條例」等規定進行調解	其委員雖具有法律或其他專業知識及信望素孚之公正人士，但受區域限制，較難有充分之著作權專業知識。
著作權審議及調解委員會	依著作權法規定設置，為國內最專業之著作權調解單位	由行政院新聞局、公平會、法務部、經濟部、教育部等有關機關代表、著作權、會計、經濟、資訊領域之學者專家及2位智慧局業務有關人員及權利人代表及利用人代表兼任組成。
法院	依法院組織法設置，並依民事訴訟法進行調解	訴訟標的之金額或價額在新臺幣五十萬元以下者，必須於起訴前應經法院調解。
		其餘案件亦得向管轄法院聲請調解，由法官或其選任調解委員進行調解程序。

UNIT 9-3
著作人格權受侵害時的救濟方法

著作人對於侵害著作人格權之救濟，得依民事與刑事二種途徑請求救濟：

（一）民事救濟

著作人在民事救濟上，可歸納為下列四項請求權：

❶侵害禁止請求權

著作人對於已侵害其著作人格權者，得請求排除之，以及對於有侵害著作人格權之虞者，也可以請求防止其發生。而且此種請求權並不以侵害人有故意或過失為前提，只要發生侵害著作人格權的事實或有發生的可能者，即得請求排除或防止以為救濟。

❷損害賠償請求權

侵害他人著作人格權者，應負損害賠償責任，且縱然不是財產上的損害，被害人也可以請求賠償相當的金額。所以，著作人對於侵害其著作人格權者，得請求財產上及非財產上之損害賠償：①財產上之損害賠償：不論著作人是自然人或法人，都可以請求財產上的損害賠償，而侵害著作人格權係屬侵權行為態樣之一，應適用民法第184條第1項「因故意或過失，不法侵害他人之權利者，負損害賠償責任。故意以背於善良風俗之方法，加損害於他人者亦同。」及第2項「違反保護他人之法律，致生損害於他人者，負賠償責任。但能證明其行為無過失者，不在此限」之規定；②非財產上之損害賠償：由於非財產之損害賠償為撫慰金請求，須以被害人精神上受有痛苦為必要，著作人如為法人者，因無精神上之法益，故無精神上痛苦可言，依司法實務上的見解，自不能請求非財產上之損害賠償。

❸回復名譽請求權

著作人格權受侵害時，被害人除得請求損害賠償外，並得請求表示著作人姓名或名稱、更正內容等回復名譽的適當處分，也可以請求「在特定媒體的特定版面或時段，登載聲明道歉啟事」等其他方式以回復著作人的名譽。另著作人亦得請求由侵害其著作人格權之人負擔費用，將判決書內容全部或一部分登載新聞紙、雜誌，也是回復名譽請求權的實踐方法。

❹銷燬請求權

著作人請求禁止侵害時，對於侵害行為作成之物或主要供侵害所用之物，得請求銷燬或為其他必要的處置。例如，出版社將某作家的語文著作，以歪曲、竄改的方法改變其著作內容，使其有淫穢不雅之情事，並重行印製擬予發行，則著作人得以該發行之改作，已侵害其著作人格權，或雖未發行但有侵害其著作人格權之可能，請求將該改作後的原件或其重製物予以銷毀，以避免再繼續損害其名譽。

（二）刑事救濟

在刑事救濟途徑上，著作人得以自訴方式提起訴訟，追訴侵害著作人格權之行為人刑事責任，如經法院審理其犯罪事實確定者，可處2年以下有期徒刑、拘役，或科或併科新臺幣50萬元以下罰金。

著作人格權的保護內容與請求主體

著作人格權的保護內容	以列舉方式保護公開發表權、姓名表示權及同一性保持權等三種著作人格權。
	專屬於著作人享有，不得轉讓或繼承，但在著作人死亡後，其著作人格權之保護，仍視同生存或存續，任何人不得侵害。
請求主體	當著作人死亡後，除非其遺囑另有指定外，否則依其親屬依配偶、子女、父母、孫子女、兄弟姊妹及祖父母的順位，得對於侵害其權利者，請求排除之；對於侵害之虞者，得請求防止之；也可以請求表示著作人姓名或名稱、更正內容或為其他回復的適當處分等民事救濟。
	無法請求財產上及非財產上之損害賠償，或依刑事救濟途徑以追究其刑責。如果有對於已死的著作人有公然侮辱或誹謗的情事，其親屬（不限上列的順位）則可依刑法侮辱誹謗死者罪規定提告。

著作人格權受侵害之救濟方法

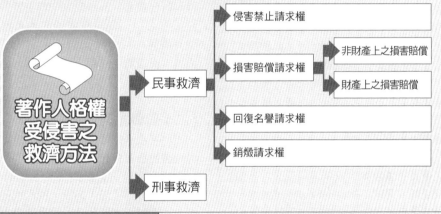

著作人格權受侵害之救濟方法
- 民事救濟
  - 侵害禁止請求權
  - 損害賠償請求權
    - 非財產上之損害賠償
    - 財產上之損害賠償
  - 回復名譽請求權
  - 銷燬請求權
- 刑事救濟

損害賠償請求權

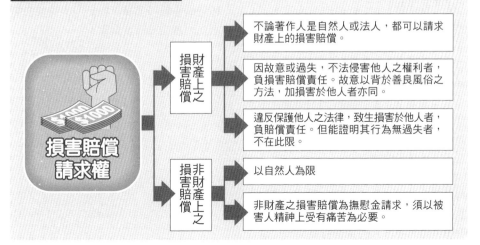

損害賠償請求權
- 財產上之損害賠償
  - 不論著作人是自然人或法人，都可以請求財產上的損害賠償。
  - 因故意或過失，不法侵害他人之權利者，負損害賠償責任。故意以背於善良風俗之方法，加損害於他人者亦同。
  - 違反保護他人之法律，致生損害於他人者，負賠償責任。但能證明其行為無過失者，不在此限。
- 非財產上之損害賠償
  - 以自然人為限
  - 非財產之損害賠償為撫慰金請求，須以被害人精神上受有痛苦為必要。

UNIT **9-4**
著作財產權或製版權受侵害時的救濟方法

圖解著作權法

著作財產權、製版權人或其專屬被授權人對於侵害著作財產權或製版權之救濟，可以循民事途徑請求救濟；而著作財產權或其專屬被授權人，也可以再另依刑事途徑請求救濟：

（一）民事救濟

著作人在民事救濟上，可歸納為下列四項請求權：

❶侵害禁止請求權

著作權人對於已侵害其著作財產權或製版權者，得請求排除之；同時，對於有侵害著作財產權或製版權的可能者，也可以請求防止其發生。而且此種請求權並不以侵害人有故意或過失為前提，只要發生侵害著作財產權或製版權的事實或有發生的可能者，即得請求排除或防止以為救濟。

❷損害賠償請求權

因故意或過失不法侵害他人之著作財產權或製版權者，負損害賠償責任。如果是數人共同不法侵害時，則須負連帶負賠償責任。而被害人得依下列規定擇一請求損害賠償：

①依民法第216條所規定法定損害賠償範圍請求。但被害人不能證明其損害時，得以其行使權利依通常情形可得預期之利益，減除被侵害後行使同一權利所得利益之差額，為其所受損害。

②請求侵害人因侵害行為所得的利益。如果侵害人不能證明其成本或必要費用時，則以其侵害行為所得的全部收入，作為其所得的利益。

③如果是被害人不易證明其實際損害的金額，得請求法院依照侵害的情節輕重，酌定新臺幣1萬元以上100萬元以下賠償金額。侵害人的損害行為屬於故意

且情節重大時，法院可將賠償金額增加到新臺幣500萬元。

❸刊載判決書請求權

著作著作財產權或製版權受侵害時，被害人除得請求損害賠償外，並得請求由侵害人負擔費用，將法院判決書內容全部或一部分登載新聞紙、雜誌，以彰顯重視著作財產權，並有告誡其他人勿蹈侵害人的覆轍。

❹銷燬請求權

著作權人請求禁止侵害或損害賠償時，對於侵害行為作成之物或主要供侵害所用之物，得請求銷燬或為其他必要的處置，以避免再繼續流通或供其使用，侵害著作財產權或製版權人之權益。

（二）刑事救濟

在刑事救濟途徑上，著作權人得以自訴或請檢察官提起公訴，追訴侵害著作財產權之行為人刑事責任，科處3年以下不等之有期徒刑、拘役，或科或併科罰金。另於科處罰金時，應審酌犯人的資力及犯罪所得的利益，如果所得利益超過罰金最多額時，得於所得利益的範圍內酌量加重罰金數額。

著作財產權受侵害之救濟方法

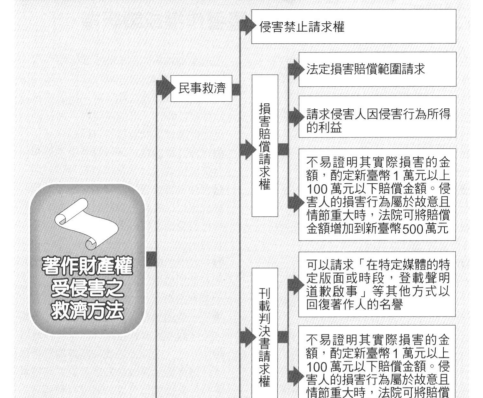

著作財產權
受侵害之
救濟方法

民事救濟
├─ 侵害禁止請求權
├─ 損害賠償請求權
│   ├─ 法定損害賠償範圍請求
│   ├─ 請求侵害人因侵害行為所得的利益
│   └─ 不易證明其實際損害的金額，酌定新臺幣1萬元以上100萬元以下賠償金額。侵害人的損害行為屬於故意且情節重大時，法院可將賠償金額增加到新臺幣500萬元
├─ 刊載判決書請求權
│   ├─ 可以請求「在特定媒體的特定版面或時段，登載聲明道歉啟事」等其他方式以回復著作人的名譽
│   └─ 不易證明其實際損害的金額，酌定新臺幣1萬元以上100萬元以下賠償金額。侵害人的損害行為屬於故意且情節重大時，法院可將賠償金額增加到新臺幣500萬元
└─ 銷燬請求權

刑事救濟

著作財產權或製版權受侵害時的刑事訴責

採告訴乃論為主
亦有公訴罪

我國著作權法對於侵害著作權行為之刑事訴責，採告訴乃論為主，但「意圖銷售或出租而擅自以重製之方法侵害他人之著作財產權者」、「明知係侵害著作財產權之重製物而散布或意圖散布而公開陳列或持有者」及「擅自以公開傳輸之方法侵害他人之著作財產權」等三種犯行則為公訴罪，著作權除得以自訴方式提起刑事訴訟外，亦得向檢察署舉發犯罪事實，由檢察官發動偵查，蒐集犯罪證據後提起公訴。

UNIT *9-5*
什麼情況算是侵害著作權或製版權

圖解著作權法

為規範使用者在何種情況下利用著作時，會被視為侵害著作權或製版權的行為，而受到著作權人追訴法律責任，著作權法第 87 條第1項明確列舉下列七種情形，為侵害著作權或製版權的行為：

❶以侵害著作人名譽之方法利用其著作者。

❷明知為侵害製版權之物而散布或意圖散布而公開陳列或持有者。

❸輸入未經著作財產權人或製版權人授權重製之重製物或製版物者。

❹未經著作財產權人同意而輸入著作原件或其國外合法重製物者。但下列情形則排除適用而不視為侵害著作權或製版權的行為：

①為供中央或地方機關之利用而輸入。但是如果是供學校或其他教育機構利用或非以保存資料為目的而輸入視聽著作原件或其重製物時，仍須先經著作財產權人同意後才可以輸入；②為供非營利之學術、教育或宗教機構保存資料之目的而輸入視聽著作原件或一定數量重製物，或為其圖書館借閱或保存資料之目的而輸入視聽著作以外之其他著作原件或一定數量重製物，並應依著作權法第48條所規定合理使用之方式來利用；③為供輸入者個人非散布之利用或屬入境人員行李之一部分而輸入著作原件或一定數量重製物者；④中央或地方政府機關、非營利機構或團體、依法立案之各級學校，為專供視覺障礙者、學習障礙者、聽覺障礙者或其他感知著作有困難之障礙者使用之目的，得輸入以翻譯、點字、錄音、數位轉換、口述影像、附加手語或其他方式重製之著作重製物，並應依第53條規定利用之；⑤附含於貨物、機器或設備之著作原件或其重製物，隨同貨物、機器或設備合法輸入者，該著作原件或其重製物在使用或操作貨物、機器或設備時不能再重製；⑥附屬於貨物、機器或設備之說明書或操作手冊，隨同貨物、機器或設備之合法輸入者。但如果單獨或以說明書或操作手冊為主要輸入者，則須先經著作財產權人同意後才可以輸入。

❺以侵害電腦程式著作財產權之重製物作為營業使用者。

❻明知為侵害著作財產權之物而以移轉所有權或出租以外之方式散布者，或明知為侵害著作財產權之物，意圖散布而公開陳列或持有者。

❼未經著作財產權人同意或授權，採取廣告或其他積極措施，教唆、誘使、煽惑、說服公眾利用電腦程式或其他技術侵害著作財產權者，或對公眾提供可公開傳輸或重製著作之電腦程式或其他技術，而受有利益者。

❽明知他人公開播送或公開傳輸之著作侵害著作財產權，意圖供公眾透過網路接觸該等著作，有下列情形之一而受有利益者：①提供公眾使用匯集該等著作網路位址之電腦程式；②指導、協助或預設路徑供公眾使用前目之電腦程式；③製造、輸入或銷售載有第一目之電腦程式之設備或器材。

😃 小博士解說

在下列情況下，所輸入的「一定數量」著作原件或其重製物，雖然未經著作財產權人同意，但不視為侵害著作權或製版權的行為：❶為供非營利之學術、教育或宗教機構保存資料之目的而輸入視聽著作重製物者，以一份為限；❷為供非營利之學術、教育或宗教機構之圖書館借閱或保存資料之目的而輸入視聽著作以外之其他著作重製物者，以五份以下為限；❸為供輸入者個人非散布之利用而輸入著作重製物者，每次每一著作以一份為限；❹屬入境人員行李之一部分而輸入著作重製物者，每次每一著作以一份為限。

侵害著作權或製版權的行為

**著作權法
第87條第1項**

以侵害著作人名譽之方法利用其著作者。

明知為侵害製版權之物而散布或意圖散布而公開陳列或持有者。

輸入未經著作財產權人或製版權人授權重製之重製物或製版物者。

未經著作財產權人同意而輸入著作原件或其國外合法重製物者。

以侵害電腦程式著作財產權之重製物作為營業使用者。

明知為侵害著作財產權之物而以移轉所有權或出租以外之方式散布者，或明知為侵害著作財產權之物，意圖散布而公開陳列或持有者。

未經著作財產權人同意或授權，採取廣告或其他積極措施，教唆、誘使、煽惑、說服公眾利用電腦程式或其他技術侵害著作財產權者，或對公眾提供可公開傳輸或重製著作之電腦程式或其他技術，而受有利益者。

明知他人公開播送或公開傳輸之著作侵害著作財產權，意圖供公眾透過網路接觸該等著作，有下列情形之一而受有利益者：①提供公眾使用匯集該等著作網路位址之電腦程式；②指導、協助或預設路徑供公眾使用前目之電腦程式；③製造、輸入或銷售載有第一目之電腦程式之設備或器材。

不視為侵害著作權或製版權的行為

未經著作財產權人同意而輸入著作原件或其國外合法重製物而不視為侵害著作權或製版權的行為

為供中央或地方機關之利用而輸入。

為供非營利之學術、教育或宗教機構保存資料之目的而輸入視聽著作原件或一定數量重製物，或為其圖書館借閱或保存資料之目的而輸入視聽著作以外之其他著作原件或一定數量重製物，並應依著作權法第48條所規定合理使用之方式來利用。

為供輸入者個人非散布之利用或屬入境人員行李之一部分而輸入著作原件或一定數量重製物者。

中央或地方政府機關、非營利機構或團體、依法立案之各級學校，為專供視覺障礙者、學習障礙者、聽覺障礙者或其他感知著作有困難之障礙者使用之目的，得輸入以翻譯、點字、錄音、數位轉換、口述影像、附加手語或其他方式重製之著作重製物，並應依第53條規定利用之。

附含於貨物、機器或設備之著作原件或其重製物，隨同貨物、機器或設備合法輸入者。

附屬於貨物、機器或設備之說明書或操作手冊，隨同貨物、機器或設備之合法輸入者。

UNIT **9-6**
查扣及沒入

圖解著作權法

（一）海關阻絕非法輸入或輸出著作物

著作具有經濟價值，尤其透過國際貿易更能擴大收益，而非法輸入或輸出著作物對著作權人或製版權人的權益影響甚鉅，如能在海關予以阻絕，則可杜絕該等著作物在市場上流通，減少經濟上的損失。因此，著作權人或製版權人對輸入或輸出侵害其著作權或製版權之物者，得申請海關先予查扣，再循民事訴訟程序取得法院民事確定判決，該等著作物確實屬於侵害著作權或製版權，海關即予以沒入並銷燬之。

由於海關查扣之行為，影響從事該著作物進出口者的權益，而且尚未經由司法訴訟程序判決確定前，即以行政作為限制人民權利，必須審慎為之，以防無辜傷害合法之貿易行為。所以，著作權人或製版權人必須以書面向海關申請，並且須釋明侵害的事實，以及提供相當於海關核估該進口貨物完稅價格或出口貨物離岸價格之保證金，以作為未來海關廢止查扣時，被查扣人因查扣所受損害的賠償擔保。

（二）程序

海關受理申請並審查符合規定時，即實施查扣，並以書面通知申請人及被查扣人；申請人必須在12日內（海關得視需要延長為24日內），就該查扣物為侵害物提起訴訟，否則海關即予廢止查扣，並將該查扣物放行。又著作權人或製版權人通常無法及時獲知他人非法的進出口行為，為加強保護他們的權益，當海關在執行職務時，如果發現進出口貨物的外觀顯有侵害著作權的嫌疑者，得在一個工作日內通知權利人並通知進出口人提供授權資料。權利人接獲通知後對於空運出口貨物應於四小時內，空運進口及海運進出口貨物則應在一個工作日內至海關協助認定。

當權利人不明或無法通知，或者是權利人未在通知的期限內至海關協助認定，或者是經過權利人認定並未侵權者，海關應即依其通關規定審查後放行。如經認定疑似有侵權的貨物，海關應採行暫不放行措施，由權利人在三個工作日內，向海關申請查扣或採行保護權利的民事、刑事訴訟程序，權利人逾期未採行保護權利行動，該進出口貨物也無違反其他通關規定時，海關應即放行。

😊小博士解說

查扣是遏止侵害著作權或製版權進出口貨物流通的有效手段，但也常被引用作為競爭的工具，因此對於濫用查扣機制與確定侵害他人著作權或製版權者，都須付出相當代價。就申請人（權利人）而言，除須提供相當保證金作為擔保外，有查扣之物經法院確定判決，不屬於侵害著作權或製版權之物者；或申請人未在海關告知後12日或24日內，就查扣物為侵害物提起訴訟者；或申請人申請廢止查扣者等情形之一時，海關即廢止該查扣，申請人並須要賠償被查扣人因查扣所受損害。

為何有查扣及沒入

意義	非法輸入或輸出著作物對著作權人或製版權人的權益影響甚鉅，如能在海關予以阻絕，則可杜絕該等著作物在市場上流通，減少經濟上的損失。
	著作權人或製版權人對輸入或輸出侵害其著作權或製版權之物者，得申請海關先予查扣，再循民事訴訟程序取得法院民事確定判決，該等著作物確實屬於侵害著作權或製版權，海關即予以沒入並銷燬之。
優點	查扣是遏止侵害著作權或製版權進出口貨物流通的有效手段。
缺點	常被引用作為競爭的工具。

廢止查扣與保證金返還

海關廢止查扣之情形

- 查扣之物經法院確定判決，不屬於侵害著作權或製版權之物者。
- 申請人未在海關告知後12日或24日內，就查扣物為侵害物提起訴訟者。
- 申請人申請廢止查扣者。

可申請保證金返還之情形

- 取得勝訴之確定判決或與被查扣人達成和解，已無繼續提供保證金之必要。
- 廢止查扣後，申請人證明已定20日以上之期間，催告被查扣人行使權利而未行使。
- 被查扣人同意返還。

查扣物予以沒入

查扣物予以沒入	當法院民事確定判決該查扣物為侵害著作權或製版權時，除該查扣物由海關予以沒入外，有關沒入物的貨櫃延滯費、倉租、裝卸費等費用暨處理銷燬費用，均必須由被查扣人負擔。

UNIT *9-7* 著作權禁止平行輸入

圖解著作權法

（一）平行輸入

在著作權跨國貿易時，除由著作財產權人或其授權的代理商在外國製造後再輸入國內外，也可能是貿易商在沒有經過著作財產權人或其代理商的授權，從國外買到著作原件或合法的著作重製物後，自行輸入國內販售；由於貿易商的輸入行為與著作財產權人或其授權的代理商的輸入行為，二者會產生平行效果，所以被稱為「平行輸入」，又由於平行輸入之物品必係真品，故亦稱為真正商品（真品）平行輸入。

（二）只有著作權法禁止真品平行輸入

在我國智慧財產權法制領域中，只有著作權法禁止真品「平行輸入」，專利法與商標法，則允許真品「平行輸入」。著作權法除賦予著作權人散布權外，並另賦予著作權人禁止他人未經同意輸入其著作物原件及重製物，即原則上禁止真品平行輸入，而為因應世界各國不同的交易習慣或基於實際需要，再明列排除之事由，不對所列之例外輸入行為加以限制。

小博士解說

「平行輸入」所進口的貨品，通常也稱為「水貨」，因夾雜合法（在生產國）與非法（對進口國），在美國稱之為灰色市場（Gray market or import）。形成平行輸入的原因，大致上可能因匯率使二國市場價格差距，或二國市場生產及銷售的成本差異，或是企業在全球化的趨勢下，為求其總體利潤或市場占有率之增加，對不同區域採用差別訂價策略，其價差高於商品轉換市場的成本時，則必會產生有人從中賺取差價的套利行為。到底應不應禁止真品「平行輸入」，在著作權法言，是指要不要賦予著作權人一項「輸入權」，這是立法政策上見仁見智的問題，並不是是非或道德的問題。

贊成真品「平行輸入」的人認為，既然不是盜版品，基於貨暢其流的精神，就應該允許任何人自由輸入，以抑制廠商高價與壟斷的可能性，讓消費者可以用較合理的價格買到想要的貨品；反對開放真品「平行輸入」的人則認為，市場環境不同，各地營運成本與消費習慣不同，應該允著作財產權人對於其創作商品有市場區隔的權利。尤其當著作財產權人或其代理商投注許多財力與人力，透過廣告與努力，打開消費市場後，貿易商的「水貨」卻「搭便車」（free riding）取得不公平的銷售利益。國際著作權公約對於是否禁止真品「平行輸入」任由各國立法決定，世界上大多數國家的著作權法也多禁止真品「平行輸入」，歐盟禁止歐盟以外國家的真品「平行輸入」進入歐盟，對歐盟內部國家間的進出口則不禁止；美國禁止真品「平行輸入」，但不包括自美國輸出後再輸入美國境內的行為。

何謂真品平行輸入

著作權跨國貿易

由著作財產權人或其授權的代理商在外國製造後再輸入國內。

貿易商在沒有經過著作財產權人或其代理商的授權，從國外買到著作原件或合法的著作重製物後，自行輸入國內販售。

貿易商的輸入行為與著作財產權人或其授權的代理商的輸入行為，二者會產生平行效果，所以被稱為「平行輸入」，又由於平行輸入之物品必須是真品，也稱為真正商品（非仿冒品）平行輸入。

我國真品平行輸入之規定

平行輸入之規定

著作權法禁止真品「平行輸入」

商標法允許真品「平行輸入」

專利法允許真品「平行輸入」

真品「平行輸入」的爭議

真品可否「平行輸入」？

① 贊成：既然不是盜版品，基於貨暢其流的精神，就應該允許任何人自由輸入，以抑制廠商高價與壟斷的可能性，讓消費者可以用較合理的價格買到想要的貨品。

② 反對：開放真品「平行輸入」——市場環境不同，各地營運成本與消費習慣不同，應該允許著作財產權人對於其創作商品有市場區隔的權利。

第 10 章
網路環境中著作權的保護

●●●●●●●●●●●●●●●●●●●●●●●●●●● 章節體系架構 ▼

UNIT **10-1**
美國電子千禧著作權法

圖解著作權法

在電子科技的網路環境下，使用者很容易接近著作，可在滑鼠輕輕一點或手指的觸碰螢幕的瞬間發生並完成各種非法利用的行為，與傳統的排版或照相影印等複製行為迥然不同。

（一）U.S. v. LaMacchia案促成立法

在美國發生U.S. v. LaMacchia的案例，一名麻省理工學院（MIT）的學生利用學校網路，架設名為「Cynosure」的留言板，鼓勵其他人上傳流行的電腦軟體，任何人只要獲知密碼並上其網站，即可免費下載，一時蔚為風潮。依當時的著作權法對侵害行為的要件——必須是惡意且為商業利益或私人經濟收益。本案學生LaMacchia架設網站不符合蓄意及營利的侵害行為要件，無線網路詐欺條款也就無法適用。本案僅管被告侵害著作權事實明顯，法院也只能判決被告無罪，此案例促使美國為避免類似利用網路的違法剽竊與複製的行為，嚴重侵害著作權人權益的情況發生，在1998年加速立法通過電子千禧著作權法（the Digital Millennium Copyright Act，簡稱DMCA），以嚴格的反詐欺條款及罰金規定，來保護網路中的著作權。

自此世界各國開始重視此議題，陸續修法規範運用電子資訊利用著作的各種行為，從著作權人權利管理電子資訊與防盜拷的科技保護措施，到使用者利用網路服務業者（Internet Service Providers，簡稱ISPs）所提供網路平台，所衍生侵害他人著作權時，網路服務業者應否負擔責任的避風港條款等，都是保護網路環境中著作權的重點。

（二）「權利管理電子資訊」與「科技保護措施」

「權利管理電子資訊」與「科技保護措施」都不屬於著作人的著作權能，但這二種技術是數位網路下，保護著作權甚為重要的手段，所以1996年「世界智慧財產權組織著作權條約」及「世界智慧財產權組織表演及錄音物條約」二國際條約，要求各國應立法確保著作權人所揭示的「權利管理資訊」完整性不被破壞，所採取的「科技保護措施」不被規避，也就是提供更進一步法制上的保護。我國著作權法在2003年增訂對「權利管理電子資訊」的保護條款，並在2004年著作權法修正時，納入「反盜拷措施」的規範，加以保護。

（三）責任避風港

為鼓勵網路服務提供者在網路環境中，積極建構防止網路侵權的機制，以有效遏止侵權，國際間賦予網路服務提供者「責任避風港」，讓著作權人或製版權人發現網路侵權行為時，可以通知網路服務提供者移除網路流通的侵權資料，而網路服務提供者若遵循法律所定程序，得就使用者涉有侵害著作權及製版權的行為，主張不負損害賠償責任。我國著作權法在2009年增訂所謂「三振條款」，網路使用者只要三次被認定侵權就會被停權，也增訂「避風港條款」，網路業者只要對使用者侵權行為盡到告知義務，就可以避免連帶法律責任。

美國電子千禧著作權法

美國電子千禧著作權法

立法目的
> 網站、大眾傳播、MP3、電子書等的盛行，改變對著作權的傳統應用方式，唯有通過修法與世界各國立足於數位平台，才能維持在國際社會的競爭力，同時兼顧創作者與消費者二者之間的利益平衡，鞏固整體經濟的良策。

立法重點
> 美國是首度將1996年世界智慧財產權組織（World Intellectual Property Organization，簡稱WIPO）條約規範置入法令的國家。

> 1998年美國制定電子千禧著作權法，內容有關反規避條文之定義及罰則，如規避DRM系統以取得著作物，追蹤裝置以獲得使用途徑進行規避及追蹤破解，DRM在複製及分配文件限制，此法規範使著作權人增加對著作保障之權利，內容有對於侵害行為刑罰規定，增加著作權人求償管道及可能性。

台灣相關立法修正經過

台灣相關立法修正經過

1996年
> ①「世界智慧財產權組織著作權條約」及「世界智慧財產權組織表演及錄音物條約」國際條約。
> ②要求各國應立法確保著作權人所揭示的「權利管理資訊」完整性不被破壞，所採取的「科技保護措施」不被規避，也就是提供更進一步法制上的保護。

2003年
> 我國著作權法在增訂對「權利管理電子資訊」的保護條款。

2004年
> 著作權法修正時，納入「反盜拷措施」的規範，加以保護。

2009年
> 增訂所謂「三振條款」，網路使用者只要三次被認定侵權就會被停權，也增訂「避風港條款」，網路業者只要對使用者侵權行為盡到告知義務，就可以避免連帶法律責任。

立法目的
> 為鼓勵網路服務提供者在網路環境中，積極建構防止網路侵權的機制，以有效遏止侵權，國際間賦予網路服務提供者「責任避風港」，讓著作權人或製版權人發現網路侵權行為時，可以通知網路服務提供者移除網路流通的侵權資料，而網路服務提供者若遵循法律所定程序，得就使用者涉有侵害著作權及製版權的行為，主張不負損害賠償責任。

UNIT **10-2**
權利管理電子資訊

圖解著作權法

（一）保護著作權人

在數位化網路環境中，著作權人難以用傳統方式在著作原件或其重製物（如書籍的封面或底頁）上，以文字標示著作權的權利內容，使得著作財產權及著作人格權極易遭受侵害。尤其在透過儲存媒體或網路向公眾傳達著作時，更需要崁入相關的權利管理電子資訊，才能讓公眾在接近著作時，可以確認得知著作、著作名稱、著作人、著作財產權人，或其授權之人、授權利用期間及授權條件等訊息，來保護著作權。因此，世界各國大多已立法保護著作權人所揭露的權利管理電子資訊（rights management information）。且此類電子資訊必須是著作權人對其著作所採取的技術，才給予保障。至於所使用的電子資訊內容，並不以文字為限，利用數字或符號來表示，也同樣地受到保護。

（二）科技保護措施

網路興盛使得資訊的傳播在彈指之間無遠弗屆，重製及散播的速度遠遠超越著作權人或影音製作公司所能掌控的範圍，科技技術日新月異如網站、點對點技術（Peer to Peer，簡稱P2P）的廣泛運用，使著作權人也嘗試以反規避（Anti-Circumvention）規範防止網路濫用藉以避免侵害行為，並發展防盜拷技術運用，即科技保護措施（Technological Protection Measures，簡稱TPMs）及權利管理電子資訊（Digital Rights Management，簡稱DRM）系統。

（三）禁止移除或變更

崁入在著作中的相關權利管理電子資訊，是禁止移除或變更的；同時，如果利用人已明知著作權利管理電子資訊，業經非法移除或變更，即不得散布或意圖散布而輸入或持有該著作原件或其重製物，也不得公開播送、公開演出或公開傳輸，否則均屬違反著作權法行為，將被追究刑事責任而處有期徒刑及罰金，且須負民事上的損害賠償責任。但是，利用人在合法利用著作時，如因現有技術的限制，非得將崁入著作的著作權權利管理電子資訊移除或變更，才能利用時；或者是在錄製或傳輸系統轉換時，轉換技術上必要的移除或變更，這些大多為錄製或轉換程式原有的設計功能，顯然不可歸責給利用人，自然不受限制，也不算是構成侵害著作權的行為。

😊 小博士解說

一般常見的權利管理電子資訊，大多以類似書面的版權頁方式，用文字來標示著作權的權利內容，但已有許多應用軟體提供「浮水印」的功能，將版權頁或著作權人設計的LOGO直接加在著作原件或其重製物的每一頁或任何一角落上，當著作向公眾傳達時，即能隨時揭露權利管理電子資訊，也能兼具防盜拷的功能。

權利管理電子資訊

權利管理電子資訊

- 意義 → 此類電子資訊必須是著作權人對其著作所採取的技術，才給予保障。至於所使用的電子資訊內容，並不以文字為限，利用數字或符號來表示，也同樣的受到保護。

- 表現方式 → 大多以類似書面的版權頁方式，用文字來標示著作權的權利內容，但已有許多應用軟體提供「浮水印」的功能，將版權頁或著作權人設計的LOGO直接加在著作原件或其重製物的每一頁或任何一角落。

- 功能 → 網路興盛使得資訊的傳播在彈指之間無遠弗屆，重製及散播的速度遠遠超越著作權人或影音製作公司所能掌控的範圍，科技技術日新月異如網站、點對點技術（Peer to Peer, 簡稱P2P）的廣泛運用，使著作權人也嘗試以反規避（Anti-Circumvention）規範防止網路濫用藉以避免侵害行為，並發展科技保護措施（Technological Protection Measures,簡稱TPMs）及權利管理電子資訊（Digital Rights Management,簡稱DRM）系統。

美國發展與我國現況

美國　如1998年美國制定電子千禧著作權法，內容有關反規避條文之定義及罰則，如規避DRM系統以取得著作物，追蹤裝置以獲得使用途徑進行規避及追蹤破解，DRM在複製及分配文件限制。

TPMs及DRM系統使著作權人更有優勢，當面臨與個別使用者簽約契約時，DRM提供予著作權人絕大的利基，通常這類契約甚至賦予著作權人優於著作權法的保障，而更傾向於提供公平交易及平等競爭的法令、政策保護，若著作權人可對行使規避TPMs及DRM 系統的個人，運用反規避條款提出訴訟，則使反規避與反裝置款（Anti-Device Provisions）形同著作權的新規範。

台灣　我國著作權法對於「科技保護措施」，是以「反盜拷措施」稱之，而其所禁止的，除了「直接規避行為」，也包括「直接規避行為」以前之「準備行為」，我國則在2004年9月修正的著作權法第3條第1項第18款增定「反盜拷措施」條款。

UNIT **10-3**
防盜拷措施

在網際網路環境中，為保護著作權人的權益，也可避免使用者無意識的侵權行為發生，以科技來控制接觸、列印、儲存、重製、傳輸或修改著作的防盜拷措施（access controls）因應而生，提供著作權人額外的保護。

（一）防盜拷措施規範的內涵

防盜拷措施的規範，可分為「使用者自己的破解行為」與「提供別人的破解行為」二個部分。前者是指使用者的「直接規避行為」，當著作權人採取禁止或限制他人擅自接觸或進入著作，也就是不讓利用人接觸著作的技術措施，如果有人去破解、破壞或用其他方法規避而進入，就違反著作權法的規定，雖然不會受刑罰之處分，但要負民事賠償的責任。至於後者是提供別人破解的「準備行為」，也就是用來破解、破壞或規避防盜拷措施的設備、器材、零件、技術或資訊，如果沒有經合法授權的話，禁止去製造、輸入、提供公眾使用或則為公眾提供服務，違反時則會處有期徒刑、拘役，或科或併科罰金的刑事責任；另還須負民事上的損害賠償責任。至於破解、破壞或以其他方法規避著作權人所採取反盜拷措施後，進入他人著作的進一步的利用著作，例如重製、公開傳輸等行為，則應視有無合理使用或是否構成侵害著作權而定，又是另外的一項違法行為。

（二）產品序號

我們常見軟體業者為避免他人非法安裝電腦軟體，所發展出的產品序號，即屬於「防盜拷措施」的一種。民眾利用網路上獲得的軟體序號來安裝該軟體，即係以此非法的軟體序號來破解軟體業者所採取「防盜拷措施」，以達到重製該軟體的目的，不只侵害了著作權人的「重製權」，也非法破解他人「防盜拷措施」。此外，如果民眾除自己破解外，更將此軟體序號公布在網路上，提供任何人來存取、使用，也同樣違反「防盜拷措施」規定，依法須負擔相關之民、刑事責任。同時，也可能構成刑法第359條「無故取得、刪取或變更他人電腦或相關設備之電磁紀錄，致生損害於公眾或他人」罪行。

🙂 小博士解說

美國曾發生一家國際知名的錄放影機製造公司被一家電視公司，以許多家庭都使用該公司製造的錄放影機錄製電視節目為由，被控侵害電視公司的著作權。法院最後認為錄放影機設計與生產的目的，並不是供作他人作為盜錄的工具，況且使用者只是將無法及時收看的電視節目預錄下來，在他方便收看的時間重放欣賞該節目，也不會對電視公司造成侵害。從這個判決，也讓大家思考，科技的研發與著作權的保護二者如何兼顧，立法者更須隨著科技發展與社會需要作適當的規範。

何謂防盜拷措施

著作權法 第80條之2規定	對於著作權人所採取禁止或限制他人擅自進入著作之防盜拷措施,未經合法授權不得予以破解、破壞或以其他方法規避之。
	同時,也對於破解、破壞或規避防盜拷措施之設備、器材、零件、技術或資訊,未經合法授權不得製造、輸入、提供公眾使用或為公眾提供服務。
我國著作權法 規定的防盜拷 措施	禁止「直接規避行為」方面,並不禁止對於著作權人所採取的禁止或限制他人擅自「利用」著作之防盜拷措施加以破解、破壞或以其他方法規避之行為。
	禁止對於著作權人所採取禁止或限制他人擅自「進入著作」之防盜拷措施(access controls)之破解、破壞或以其他方法規避。
	至於破解、破壞或以其他方法規避著作權人所採取禁止或限制他人進入著作以後之進一步「利用著作」(例如重製、公開傳輸等著作權法所明定之利用行為)之防盜拷措施(copy controls)行為,則不在本項適用範圍,應視其有無合理使用或是否構成侵害著作權而定其法律效果。
法律責任	違反「直接規避行為」規定者,僅有民事責任而無刑事責任,致著作權人受損害者,負賠償責任。數人共同違反者,負連帶賠償責任。
	違反「準備行為」規定者,則除須負民事責任外,在刑事責任方面,依著作權法第96條之1規定,可處1年以下有期徒刑、拘役,或科或併科新臺幣2萬元以上25萬元以下罰金。

防盜拷措施

防盜拷措施

「控制接觸措施」 ← → 「控制重製措施」

防止未經授權而「接觸」(access)著作之科技措施,也就是「控制接觸措施」(Access control measure),主要在於避免未經授權,破解密碼,非法進入數位著作(如資料庫或數位儲存媒體),閱覽、收聽或收視資訊內容。

防止未經授權而侵害著作法所保護權利之科技措施,也就是「控制重製措施」(Copy control measure),其功能在於避免未經授權,將資訊內容非法下載、複製或轉貼。

未經授權非法下載、閱覽、收聽或收視資訊內容。

未經授權非法下載、複製或轉貼。

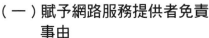

UNIT 10-4
避風港條款

網際網路環境帶給著作權極大衝擊，尤其在網路拍賣、部落格、社群與遊戲網站結合的各式各樣網絡世界中，存在一個關鍵的靈魂人物——網路服務提供者，它不但提供網路所需要的軟、硬體平台，也是資訊內容的直接提供者或是資訊搜尋的媒合者，更是環境運作中遊戲規則的制定者。由於侵害著作權行為的發生，也是在網路服務提供者所提供的環境中進行，不論是事前的防範、行為時的制止與事後追究責任，在在都需要網路服務提供者配合並承擔責任。

（一）賦予網路服務提供者免責事由

不過，加重網路服務提供者的責任，讓業者承擔過高的營運風險，也會礙網際網路的發展，對整個社會並不利。因此，為釐清使用者與網路服務提供者間責任關係，以及著作權人或製版權人追究網路服務提供者責任的範圍，避免糾紛發生，在國際間各國的做法，是賦予網路服務提供者某些民事免責事由——通稱「避風港」或「安全港」（Safe Harbor）條款，又稱為ISP法案。一方面讓著作權人能以通知網路服務提供者移除網路流通侵權資料的方式，減少侵權行為的擴大，降低可能的損失；另一方面，網路服務提供者假如能遵循法律所規定的程序，可以就自己所提供服務使用者的侵害著作權及製版權行為，主張不負損害賠償責任。

（二）通知／取下的機制

「避風港」條款主要是以美國1998年立法通過數位千禧年著作權法第512條所架構「通知／取下」（Notice & Take Down）的機制為藍本，其他國家也陸續參考立法，如歐盟在2000年通過「電子商務指令」（Directive of Electronic Commerce）第12條至第14條規定，日本於2001年通過「特定電信服務提供者損害賠償責任限制及發信者資訊提供相關法律」，中國大陸於2006年通過「信息網路傳播權保護條例」，韓國在2008年修正通過「著作權法第6章」，以及我國則在2009年4月21日通過修正著作權法，都是作類似機制的規定。

小博士解說

「通知／取下」的運作機制，依經濟部智慧財產局說明的程序為：

❶ 權利人之「通知」

權利人一旦發現網路上有侵害其著作權的內容時，只需依新修正著作權法的規定通知ISP，即可經由ISP之配合取下而迅速排除侵權行為，並避免損害範圍的擴大。同時，ISP必須指定窗口來配合收取權利人的通知。

❷ ISP之「取下」

ISP對於使用者利用其服務從事著作權侵權的行為，只要：①依照權利人通知立即取下該涉嫌侵權的內容；或是②ISP因其他管道知悉該等侵害情事，善意取下該涉嫌侵權之內容。

何謂避風港條款

緣由	世界各國大多參考美國DMCA第512條規定「避風港」的作法，除著作權人依法得要求網路服務提供者移除網路流通之侵權資料外，網路服務提供者亦可依法針對使用者涉有侵害著作權及製版權之行為，主張已盡其一定之事先預防作為，以及暫停對被舉發有可能發生之侵權行為提供服務或移除其涉嫌之侵權資料等防範擴大侵權範圍措施時，即可不負損害賠償責任。
	透過著作權人與網路服務提供者共同合作，以減少網路侵權行為，並解決網路服務提供者與使用者二者間爭議問題，落實著作權保護，並減少爭訟案件，確保網路服務提供者經營之法律安定性。
網路服務提供者意義	連線服務提供者、快速存取服務提供者、資訊儲存服務提供者及搜尋服務提供者。
我國著作權法規定	我國在2009年5月13日修正公布的著作權法中，新增第六章之一「網路服務提供者之民事免責事由」，將上述網路服務提供者「避風港」機制納入立法規範。 當網路服務提供者欲引用避風港條款以自保前，必須先檢視是否符合四項共通之先決要件後，再依所提供網路服務類別 之特性，分別符合其各類之特別要求，始能引用避風港條款來主張對其使用者之侵害他人著作權或製版權之行為，不負賠償責任。

通知／取下流程圖

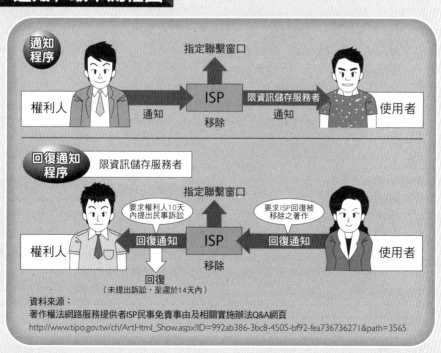

資料來源：
著作權法網路服務提供者ISP民事免責事由及相關實施辦法Q&A網頁
http://www.tipo.gov.tw/ch/ArtHtml_Show.aspx?ID=992ab386-3bc8-4505-bf92-fea736736271&path=3565

UNIT 10-5
網路服務提供者的基本保護責任

圖解著作權法

網路科技發展使得複製與傳輸技術更加便捷，在網路侵權情形氾濫下，網路侵權行為又有侵害數量龐大且易於分散的特性，著作權人很難透過法律程序對於網路無數的侵害使用者一一去清查蒐證，轉而向提供網路服務平台的業者追訴責任，造成網路服務提供者隨時面臨被告侵權的訴訟風險。因此，避風港條款提供網路服務提供者明確的安全區域，只要能符合或已履行法定條款的規定後，即可不須為使用者所為侵害著作權人或製版權人著作權的行為負損害賠償責任。

依照我國著作權法的規定，當網路服務提供者想要引用避風港條款來自保前，必須先檢視自己所提供的服務環境，是否已符合下列四項先決的基本要件：

❶應將自己的著作權或製版權保護措施，用契約、電子傳輸、自動偵測系統或其他方式（如設置檢舉專線）告知使用者，並且要確實履行這些保護措施。為鼓勵連線服務提供者協助防制網路侵權行為，尤其是P2P網路交換軟體所提供檔案下載或分享的侵權態樣，只要該業者在接獲著作權人或製版權人就其使用者所為涉有侵權行為的通知後，將該通知以電子郵件轉送該使用者，即視為符合本項條件規定。

❷以契約、電子傳輸、自動偵測系統或其他方式，告知使用者如果發生三次涉有侵權的情事（即通稱「三振條款」）時，得終止提供全部或部分的服務，以此機制杜絕、遏制使用者的網路侵權行為。

❸公告接收通知文件的聯繫窗口資訊，以便利著作權人或製版權人提出通知，或使用者提出回復通知，以加速處理時效，發揮「通知／取下」的機制功能。

❹應配合執行著作權人或製版權人所提供，為保護著作權或製版權，且經主管機關核可的通用辨識或保護技術措施，例如過濾侵權資訊或監測網站流量等技術措施。而這些通用辨識或保護的技術措施，是依據著作權人、製版權人及網路服務提供者的共識下，所開發完成而且被大家所採行的辨識或保護技術措施，且不會增加網路服務提供者重大費用支出或導致系統或網路運作重大或不合理的負擔。同時，網路服務提供者僅負有執行的責任，並沒有被課予發展該等技術措施的義務。

當符合這四項先決要件時，也表示對自己所提供的網路服務環境已盡到基本的保護責任，才能進一步檢視是否滿足各保護責任的特別要件，最後始可受到「避風港」機制所提供的免責保護。但是，我們也不能作「若不符合這些條件，即應負民事上的法律責任」的反面推論，仍應依個案檢視是否符合民法或著作權法的侵權行為規定要件，來判斷業者就使用者的侵權行為應否共同負擔相關的責任。

🔲 小博士解說

我國著作權法網路服務提供者區分為：連線服務提供者、快速存取服務提供者、資訊儲存服務提供者與搜尋服務提供者等四種服務類型。

引用避風港條款的共通先決要件

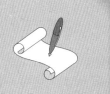

引用避風港條款的共通先決要件

應將自己的著作權或製版權保護措施，用契約、電子傳輸、自動偵測系統或其他方式（如設置檢舉專線）告知使用者，並且要確實履行這些保護措施。而為鼓勵連線服務提供者協助防制網路侵權行為，尤其是P2P網路交換軟體所提供檔案下載或分享的侵權態樣，只要該業者在接獲著作權人或製版權人就其使用者所為涉有侵權行為的通知後，將該通知以電子郵件轉送該使用者，即可視為符合本項條件的要求。

以契約、電子傳輸、自動偵測系統或其他方式，告知使用者如果發生三次涉有侵權的情事（即通稱「三振條款」）時，應終止提供全部或部分的服務，以此「通知／取下」的機制杜絕、遏制使用者的網路侵權行為。不過，以現行的技術，連線服務提供者不可能對於使用者所有利用其連線服務所傳輸之內容予以過濾、檢視，實難以期待連線服務提供者能主動知悉其使用者有涉及侵權之情形，而可以合理預期「涉有侵權情事」應多來自於權利人團體之侵權通知。

公告接收通知文件的聯繫窗口資訊，以便利著作權人或製版權人提出通知，或使用者提出回復通知，以加速處理時效，發揮「通知/取下」的機制功能。

應配合執行著作權或製版權人所提供為保護著作權或製版權，且經主管機關核可的通用辨識或保護技術措施。而這些通用辨識或保護的技術措施，是依據著作權人、製版權人及網路服務提供者的共識下，所開發完成而且被大家所採用的辨識或保護技術措施，且不會增加網路服務提供者重大費用支出或導致其系統或網路運作重大或不合理的負擔。同時，網路服務提供者僅負有執行經主管機關核可通用辨識或保護技術措施之責任，並未被課予發展該等技術措施的義務。

知識補充站

我國在2009年修正著作權法時，主要考量網路世界之國際性及共通性，針對網路服務提供業者新增避風港條款規定，藉此誘因鼓勵網路服務提供業者與著作權人合作，共同遏止網路侵權。所以，我國避風港條款規定的適用對象範圍及將網路服務提供業者的分類方式，均已參考各國相關規定加以規範，與世界各國是一致的。又大家可能會發現，相關條文中只明定網路服務提供業者進入安全避風港後，得免除其與網路使用者間之民事共同侵權責任，並未明文規定相關的刑事責任的問題，這主要是，當網路服務提供業者將移除或取下可能涉及侵權的相關資料後，即無「故意」侵權的意圖可言，自然沒有刑事責任的問題。

UNIT **10-6**
連線服務提供者免責之特別要件

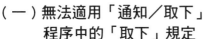

在網際網路中，透過P2P等網路交換軟體來下載或分享檔案資料，是最常見的侵害著作權型態，而連線服務提供者則是網路交換環境的建構者。由於檔案資料都存放在使用者的電子設備中，使用者是否享有適當的著作財產權，而其他的使用者是否可以合法傳輸、重製或公開播送等利用行為，連線服務提供者都不能在事先或行為發展時進行檢視，也無法做預防或阻止的措施，只能在發現後才能採取補救與防堵的措施。

（一）無法適用「通知／取下」程序中的「取下」規定

又依連線服務提供者只是提供資訊匯流通道的特性，無法在著作權人或製版權人通知其使用者涉有侵權行為後，立即移除或使其他使用者無法進入該涉有侵權的內容或相關資訊，所以無法適用「通知／取下」程序中的「取下」規定。不過，為鼓勵連線服務提供者協助防制網路上的侵權行為，只要連線服務提供者在接獲著作權人或製版權人通知使用者有涉及侵權行為的情事後，即將此通知以電子郵件轉送給該IP位址的使用者，則可認定已確實履行著作權或製版權保護措施。這種「轉送」的規定，只是一種選擇性的措施，並不一定非要採行的強制規定，或是法律課予連線服務提供者的義務，只要連線服務提供者已有其他確實履行著作權或製版權保護措施的事實，縱使連線服務提供者並未配合轉送著作權人或製版權人的通知給使用者，仍可主張已符合確實履行著作權或製版權保護措施的規定。

（二）兩項特別要求

當連線服務提供者須先達成前節四項先決的基本要件要求外，必須再符合下列兩項特別要求，才能引用避風港條款來主張對其使用者侵害他人著作權或製版權的行為，不負賠償責任：

其一，所傳輸的資訊係由使用者主動啟動或請求，不是連線服務提供者邀約或主動傳輸。

其二，連線服務提供者係經由自動化技術來執行資訊傳輸、發送、連結或儲存，而且也未對傳輸的資訊作任何篩選或修改。

由於連線服務提供者僅提供連線服務，如其所傳輸資訊，係由使用者所發動或請求，不是連線服務提供者本身放上網路或進一步傳輸，而且資訊傳輸、發送、連結或儲存，都是經由自動化技術執行，連線服務提供者並未再就傳輸之資訊為任何篩選或修改，自然不能要求對其使用者侵害他人著作權或製版權的行為，來負擔賠償責任。

🔵 小博士解說

連線服務提供者通常是以提供網路連線（Connection）的基礎服務為主，透過所控制或營運的系統或網路，以有線或無線方式，提供資訊傳輸、發送、接收，或在這些過程中的中介及短暫儲存，例如Hinet、So-net、TANet與Seednet等業者即是提供撥接連線上網的服務。

連線服務提供者特別要求

連線服務提供者須先達成先決的基本要件要求外，必須再符合下列兩項特別要求，才能引用避風港條款來主張對其使用者侵害他人著作權或製版權的行為，不負賠償責任：

→ 所傳輸的資訊係由使用者主動啟動或請求，不是連線服務提供者邀約或主動傳輸。

→ 連線服務提供者係經由自動化技術來執行資訊傳輸、發送、連結或儲存，而且也未對傳輸的資訊作任何篩選或修改。

由於連線服務提供者僅提供連線服務，如其所傳輸資訊，係由使用者所發動或請求，不是連線服務提供者本身放上網路或進一步傳輸，而且資訊傳輸、發送、連結或儲存，都是經由自動化技術執行，連線服務提供者並未再就傳輸之資訊為任何篩選或修改，自然不能要求對其使用者侵害他人著作權或製版權的行為，來負擔賠償責任。

P2P資料傳遞概念

P2P資料傳輸技術

在P2P資料傳遞概念首先由每個用戶跟中央伺服器（Media Server）要求影音片段，有些片段會在傳輸過程因某些原因而遺失。其次左邊的用戶Peer跟中間的用戶Peer則會要求它尚未收到的影音片段。接著中間的用戶Peer跟右邊的用戶Peer要求它尚未收到的影音片段。最後右邊的用戶Peer跟中間的用戶Peer要求它尚未收到的影音片段。該資料傳遞則是直到每個用戶Peer都擁有完整的影音片段才算結束。

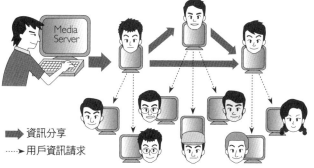

➡ 資訊分享
┄┄► 用戶資訊請求

P2P資料傳輸技術

P2P資料傳輸技術

P2P資料傳輸技術具有很大的潛力，同時能帶來運算功能、企業合作及電子商務等新模式，但也和其他新興技術相同，擁有虛擬與實際上的問題，例如：P2P的合法應用，智財權的保護及使用者是否使用合法資源等問題，這些問題都是將來眾人必須面對得值得深思探討。

UNIT **10-7** 資訊儲存服務提供者與搜尋服務提供者免責之特別要件

圖解著作權法

資訊儲存服務提供者僅是透過所控制或營運的系統或網路，應使用者的要求提供資訊儲存服務，而搜尋服務提供者則僅提供使用者有關網路資訊之索引、參考或連結之搜尋或連結之服務。此兩種類型網路服務提供者除達成前述四項先決要件要求後，只要能符合下列三項特別要求，即能引用避風港條款來主張對其使用者侵害他人著作權或製版權的行為，不負賠償責任：

❶對使用者涉有侵權行為不知情

對於使用者利用業者設備或資料搜尋工具等服務進行侵權情事，有極為明顯的事實或情況顯示，業者確實不知情，或並不了解該侵權活動，例如使用者上傳未具名的文章或影片者，資訊儲存服務提供者與搜尋服務提供者不可能從外觀上得知是否違法，業者主張對於使用者涉有侵權行為並不知情，應可被接受。但是，假若使用者為個人，而上傳院線電影或偶像表演團體新發行的音樂專輯，業者就無法再主張對使用者的侵權一事不知情。

❷未直接自使用者之侵權行為獲有財產上利益

網路服務提供者的獲益與使用者的侵權行為間不具有相當因果關係，則符合「未直接自使用者之侵權行為獲有財產上利益」的要件。例如，網站拍賣平台的經營者對於使用者收取費用，是使用者使用其服務的對價，不論使用者從事買賣合法或非法的商品，都一律要收取費用，而且也不是以買賣是否合法而有不同的收費標準，就很難認經營者是直接從侵權行為而獲有財產上的利益。又網路服務提供者常以廣告收益為主要收入來源，如果侵權活動占所有提供服務

的比率很微小時，也很難認該廣告收益係屬直接從使用者侵權行為所獲得的財產上利益；反之，若其提供的所有服務中，侵權活動所占的比率很高時，該廣告收益即可能構成直接自使用者侵權行為獲有財產上利益。又「財產上利益」是指金錢或可以用金錢來計算的利益，廣告收益及會員入會費等都要計入財產上的利益。

❸經著作權人或製版權人通知其使用者涉有侵權行為後，立即移除或使他人無法進入該涉有侵權之內容或相關資訊

當著作權人或製版權人通知其使用者涉有侵權行為後，業者也能配合執行「通知／取下」程序，立即移除或使他人無法進入該涉有侵權之內容或相關資訊，自然不應使其對於該資訊之侵害行為負責。

🗨 小博士解說

資訊儲存服務提供者是透過所控制或營運的系統或網路，應使用者的要求提供資訊儲存（Information Storage）的服務者，例如提供部落格、網路購物、網路拍賣等服務的Yahoo!奇摩、PCHome、露天拍賣等業者都屬之。

搜尋服務提供者主要是提供資料搜尋工具（Search Tool）供使用者有關網路資訊的索引、參考或連結等資訊搜尋或連結的服務者，例如Google、Yahoo!奇摩、百度等都是這類行的網路服務提供者。

哪些是資訊儲存服務提供者

資訊儲存服務提供者是透過所控制或營運的系統或網路，應使用者的要求提供資訊儲存（Information Storage）的服務者，例如提供部落格、網路購物、網路拍賣等服務的Yahoo!奇摩、PChome、露天拍賣等業者都屬之。

引用避風港條款的特別要件

資訊儲存服務提供者與搜尋服務提供者的三項特別要求	對使用者涉有侵權行為不知情	對於使用者利用資料搜尋工具等服務進行侵權，有明顯的事實或情況顯示，業者不知情，或不了解此侵權行為。但是如果使用者是個人，而上傳院線電影片或新專輯，業者就無法再主張對使用者的侵權一事不知情。
	未直接自使用者之侵權行為獲有財產上利益	網路服務提供者的獲利與使用者的侵權行為間不具有相當因果關係，則符合「未直接自使用者之侵權行為或有財產上利益」的要件。「財產上利益」是指金錢或可以用金錢來計算的利益，廣告收益及會員入會費等都要計入財產上的利益。
	經著作權人或製版權人通知其使用者涉有侵權行為後，立即移除或使他人無法進入該涉有侵權之內容或相關資訊	當著作權人或製版權人通知其使用者涉有侵權行為後，業者也能配合執行「通知／取下」程序，立即移除或使他人無法進入該涉有侵權之內容或相關資訊，自然不應使其對於該資訊之侵害行為負責。 

UNIT **10-8**
快速存取服務提供者免責之特別要件

（一）三項特別要求

快速存取服務提供者僅就資訊為中介及暫時儲存，以提供往後的使用者要求傳輸該資訊時，不必再次去搜尋或傳輸，即可從暫時儲存的資訊，直接傳輸給使用者，以加速取得該資訊，節省重複搜尋或傳輸的等候時間與資源耗用。

因此，快速存取服務提供者除達成前述四項先決要件要求後，需要符合下列三項特別要求，才能引用避風港條款來主張對其使用者侵害他人著作權或製版權的行為，不負賠償責任：

❶沒有改變存取的資訊。

❷當資訊提供者就該自動存取的原始資訊作修改、刪除或阻斷時，快速存取服務提供者也透過自動化技術作相同的處理。

❸經著作權人或製版權人通知其使用者涉有侵權行為後，依「通知／取下」程序，立即移除或使他人無法進入該涉有侵權的內容或相關資訊。

（二）「通知／取下」機制下，使用者的救濟辦法

此外，本章所提「通知／取下」機制運作下，網路使用者的資訊可能因權利人或他人不實的通知，而遭網路服務提供者取下時，使用者可依下列途徑尋求救濟：

❶使用者可發送「回復通知」，要求ISP回復其被移除之內容

使用者如認為其有合法權利而得利用被ISP取下之資訊時，得檢具回復通知（Put-Back or counter notification）文件，要求ISP回復其被取下之內容。ISP業者則須在接獲使用者回復通知後，應立即轉送（Forward）權利人。著作權人或製版權人在接獲資訊儲存服務提供者所轉送使用者回復通知次日起算10個工作日內，向資訊儲存服務提供者提出已對該使用者訴訟證明的話，資訊儲存服務提供者不負回復（Restore）的義務。如果該權利人並未在法定期間內提出訴訟之證明時，ISP至遲應在轉送回復通知之次日起14個工作日內，回復被取下的相關資訊。

❷使用者可請求損害賠償

如果權利人提出不實通知，致ISP依該通知取下涉有侵權內容，造成使用者損害時，可以向該提出不實通知之人依民法第184條規定請求侵權之損害賠償。

🙂 小博士解說

快速存取服務提供者主要提供「系統快取」（System Caching）的服務，服務者應使用者的要求傳輸資訊後，透過所控制或營運的系統或網路，將這些傳輸過的資訊作中介及暫時的儲存，以提供往後有要求傳輸這些相同資訊的使用者，能更快速地進入或取得該資訊。上述Hinet、So-net、TANet與Seednet業者也都提供快速存取服務。

快速存取服務提供者免責之特別要件

依我國著作權法相關規定，為發揮「通知／取下」的功能，明確區分使用者、網路服務提供者與權利人的權利與義務，除網路服務提供者執行通知與取下的程序外，尚有通知、轉送與回復等機制，整理說明如下：

快速存取服務提供者免責之特別要件

通知
著作權人或製版權人將使用者涉有侵權行為，通知資訊儲存服務提供者。

取下
網路服務提供者接獲通知，立即移除或使他人無法進入該涉有侵權之內容或相關資訊，並依其與使用者約定之聯絡方式，或使用者留存之聯絡資訊，轉送該涉有侵權之使用者。但依其提供服務之性質無法通知者，不在此限。

回復通知
使用者接獲「取下」之轉送通知，認自己無侵權情事者，得檢具回復通知文件，要求網路服務提供者回復其被移除或使他人無法進入之內容或相關資訊。

轉送
網路服務提供者於接獲使用者回復通知後，應立即將回復通知文件轉送著作權人或製版權人。

提訴證明
著作權人或製版權人於接獲網路服務提供者所轉送使用者回復通知之次日起10個工作日內，向資網路服務提供者提出已對該使用者訴訟之證明者，資訊儲存服務提供者不負回復之義務。

回復或告知（Notify）
著作權人或製版權人未依規定提出訴訟之證明，網路服務提供者至遲應於轉送回復通知之次日起14個工作日內，回復被移除或使他人無法進入的內容或相關資訊。但無法回復者，應事先告知使用者，或提供其他適當方式供使用者回復。

第 **11** 章

科技時代中
著作權法新議題

●●●●●●●●●●●●●●●●●●●●●●●●●● 章節體系架構 ▼

UNIT **11-1**
網路公司間之戰

（一）Sprint & Cogent Communications之戰

2008年10月30日美國緬因州政府（Maine）處理Sprint Nextel及Cogent Communications兩家網路公司間，因為網路樞紐連線中斷的問題而焦頭爛額，對於因而造成美國與加拿大間眾多大學失聯、緬因州政府與其他鄉鎮失去聯繫，數以百萬的Sprint寬頻無線用戶無法上網，美國FCC和加拿大廣播電視及通訊委員會（the Canadian Radio-Television and Telecommunications Commission）無計可施，全球通訊與網路連線中斷了整整三天。

其實，早在2002年Cogent及Sprint二家公司協議且簽訂契約，以無償的方式交換彼此的網路系統。由於二家公司系統線路需經另一第三人經營的路徑才能進行，Sprint提出能讓雙方直接連通的解決方案，但是要求Cogent需另外付費給Sprint。Cogent當然無法理解互益的雙方，為何只有自己需要付費給對方？經協商後，Sprint堅持要有90天的試運期，假如雙方往來的量數及比例相當，Sprint才願意以無償的方式進行合作；經過評估與冗長的爭議，Cogent與Sprint直到2006年9月19日才正式簽訂合作契約。

（二）造成網路系統癱瘓

到2007年6月時，透過雙方的合作關係，雙方已在美國六個城市及全球其餘地區建立高效頻的網路連結。不過，Sprint始終堅持認為Cogent除需支付90天試驗期共美金478,000元的費用外，每個月也寄發近十萬元的帳單給Cogent；Cogent則發現Sprint或許根本無心共構免費的網路，互享合作的成果。兩家公司因而陷入冷戰，直到2008年7月底時，累積帳款已達120萬美金，Sprint決定提出訴訟；Cogent則認為既經測試結果，雙方已簽訂合約，實無理由再要求支付費用；倘若Sprint仍不滿意雙方的聯結與配合狀況，最簡單的做法便是中斷連結。果真如此，首先執行切斷完全依賴Sprint系統的網路服務，如美國聯邦各級法院即遭斷線，再切斷完全依賴Cogent系統提供服務的各大律師事務所網路，如此結果，幾乎讓美國境內與鄰國間網路系統完全癱瘓，全球通訊與網路服務也受到嚴重衝擊。

上述現象說明，現今網路管理建立在私人公司間的契約關係上，有如空中的一條細絲，禁不起風雨的打擊，無論個人、公司、學校或公部門間的通訊與網路聯繫，都有可能隨時在無預警情況下被完全終止；而私人企業間的紛爭，竟然可以造成社會大眾的紛擾，整體社會成本卻由全民買單，因此政府應思考管理模式，建立市場秩序，實在值得檢討。

Sprint & Cogent Communications網路公司之戰

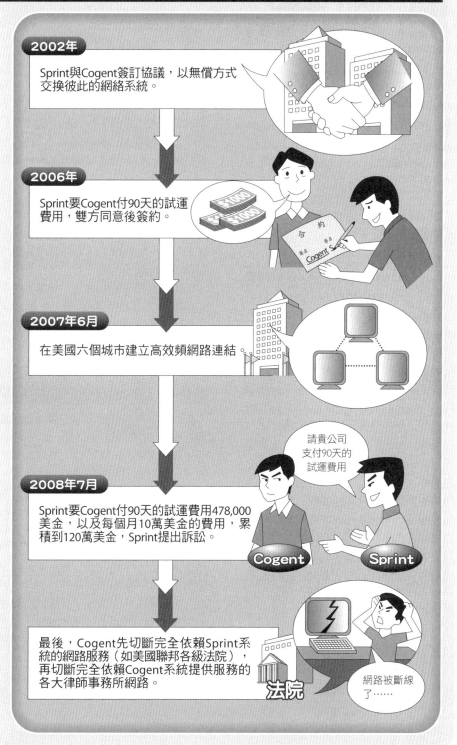

2002年

Sprint與Cogent簽訂協議，以無償方式交換彼此的網絡系統。

2006年

Sprint要Cogent付90天的試運費用，雙方同意後簽約。

合約

Cogent S

2007年6月

在美國六個城市建立高效頻網路連結

2008年7月

Sprint要Cogent付90天的試運費用478,000美金，以及每個月10萬美金的費用，累積到120萬美金，Sprint提出訴訟。

請貴公司支付90天的試運費用

Cogent　Sprint

最後，Cogent先切斷完全依賴Sprint系統的網路服務（如美國聯邦各級法院），再切斷完全依賴Cogent系統提供服務的各大律師事務所網路。

法院

網路被斷線了……

UNIT **11-2**
網路著作權管理

圖解著作權法

（一）Package Media

目前眾多網站採用套裝包裹（Package Media），並透過由使用者同意發行的方式（Publication of User-Generated Content，簡稱UGC或稱Consumer-Generated Media），即藉由影音頻道、同學錄或相片集，達到使用人本身也是作品提供者，比部落格或聊天室、個人網站所提供的功能或使用狀態，更具多樣化。

（二）End User License Agreement

經營網站的獲利，架構在使用者數目能迅速累積及提昇的基礎上。而微軟公司的使用者註冊契約（End User License Agreement，簡稱EULA），是提供軟體免費使用或分享的先驅。而「一按即成」（Shrink-Wrap or Click-Wrap）的設置下，由使用人直接觸碰「接受鍵」（I agree），即可進入該系統或使用軟體，使架設軟體的速度十分快捷。網路經營者及使用者在UGC的架構下大量運用其便利性，使用如此便利，無可避免地會觸及智慧財產權保障的相關問題。美國的著作權法規範，也包含以電子媒體的方式重製、預備重製、散布或公開播放他人文學、音樂、戲劇、動畫及其他影音作品，都是侵害到著作權法所保障著作權人的專屬權利。

（三）YouTube & Myspace 蓬勃發展

據統計，以影音分享為主的YouTube，到2010年5月止已超過140億的影片瀏覽次數，且每分鐘約有計24小時長度的新影片會被上傳至該網站。另一知名的社群網站——Facebook，在2010年7月時有效的會員已突破6億人大關。這驚人的成長速度，也讓這些網站價值連城，例如，2003年Myspace設立，2年後該網站價值已超過美金5億8,000萬元，而2006年Google則以美金16億5,000萬元的價格買下YouTube。其實，網路使用的主要精神源自於「分享」，也就是利用網路架設平台供彼此分享新資訊與見聞，所以針對網路著作權的管理，首重在對於使用者行為的規範與著作權人權益保障，讓使用者與業者、業者與業者間在互益公平的平台進行，才能維護交易秩序與彼此利益，確保網路蓬勃發展。

小博士解說

在我國網路著作權與公平競爭政策重疊或競合的關係值得探究，依司法院司法官釋字第548號解釋，將禁止權力濫用的原則導引至智慧財產權的領域；而公平交易法第45條規定「依照著作權法、商標法或專利法行使權利之正當行為，不適用本法之規定。」也有平衡智慧財產權保護政策與競爭保護政策之立法意涵。衡平來看，著作權等智慧財的權利行使與一般有實體物的所有權，應該是一致的，只要是屬於正當的行使權利行為，即不違反公平法的規定，這也是著作權等智慧財適用公平法的當然結果。

Yahoo!奇摩網站

無名小站案例	Yahoo!奇摩網站到達率達98％，占台灣整體網路廣告市場達五成以上，是全台灣最大的入口網站。目前台灣最知名的社群網站為無名小站，有近3,000,000名的會員。2006年網路拍賣市集要向商家及賣家收取商品交易手續費，就引來賣家串連抗議，也曾經向公平會提出申訴。但公平會最後判決並未違反公平法。

  網路使用者與當今政策息息相關	2009年Yahoo 4月27日公布終止部分9項服務，無名小站欲停止的服務有：	PK擂台服務
		哈啦討論區
		網誌備份XML下載
		網誌投票功能
		Mypage
		中華電信MMS上傳照片網誌服務
		NOKIA上傳電信服
		發表網誌文章時可以塞入整張電子地圖（即地圖出現功能）
		網誌邊欄「我的訂閱」功能

無名小站宣布5月26日起將停止部分網路服務及網誌功能，其中包括網誌備份、RSS「我的訂閱」等，網友應注意5月底前先完成內容備份、移轉。無名小站未先徵求會員同意或舉行內部會員公開意見調查與投票，主要影響付費會員。後因但輿論力量無名小站於6月3日恢復網誌備份的功能。在在說明網路使用者與當今政策的息息相關，公平競爭與網路著作權有別於以往傳統法學的更迭速度，由使用者（廣大網民）的使用習慣與偏好可以影響立法！

UNIT **11-3** 點對點傳輸概念

圖解著作權法

（一）用戶與主機間傳輸易塞車

科技研發進步神速，徹底顛覆以往我們習慣的消費形式、人際互動模式，甚至改變休閒娛樂的方式，網際網路的使用，無論在建立學術資料、電子郵件往返、即時通訊息、文件檔案交換傳遞、新聞事件即時傳送、電子公佈欄及電子商務交易……等各方面，帶給人類無與倫比的便利性，在在提昇與改變人類的生活模式，亦對消費習慣影響深遠。

傳統的HTTP（hypertext transmission protocol超文件傳輸協定）或FTP（File Transfer Protocol）採用戶與主機通訊模式（Client-Server Mode）來傳送檔案，當使用網路進行下載資料時，經常會碰到某個檔案的下載人數越多，就越難下載得到的「下載悖論」問題。其原因在於，檔案伺服器為單一固定，網路頻寬也是固定，一旦下載人數過多，就會出現占用頻寬與下載檔案不完全的情形。

（二）用戶與用戶間傳輸暢通無阻

點對點傳輸（peer to peer，簡稱P2P）軟體技術的出現則解決這個困擾，P2P採取用戶與用戶間通訊模式，它能夠充分利用多餘的上傳頻寬，網路使用者不再只是從單一固定伺服器進行上傳或下載檔案，而可以同時連接多個下載點，分散式下載檔案；且使用者的電腦在下載檔案的同時，也可成為網路的伺服器，利用使用者的頻寬上傳或下載完整的檔案，只要下載者越多，實際的網路頻寬就會越大，更能快速完成所需的檔案與資料下載目標。目前普受採用的Skype、MSN、Yahoo等即時通訊，也是P2P的應用工具。

P2P資料傳輸技術，簡單來說，就是藉由系統彼此間直接交換，來進行電腦資訊和服務的分享，最廣為人知的應用模式就是早期訴訟案纏身的Napster，以及即時傳訊（Instant Messenger）服務，隨著這些便利服務受到歡迎，P2P軟體也受到多數人的注意。現在使用者利用P2P技術，便可以透過系統直接連結，彼此互相交換資訊、共享資源，而P2P技術更可以減輕伺服器的負擔，讓系統執行更加順暢，對整個網際網路系統而言有相當大的好處。

（三）P2P技術應用廣泛

P2P帶動著作被傳輸的效率，無遠弗屆藉由網路複製、分享電子化的音樂、影片、電視節目、藝術作品，大大減少以往藉由實體買賣、傳送、複製所需耗用的時間與金錢。P2P資料傳輸技術具有很大的潛力，同時能帶來運算功能、企業合作及電子商務等新模式，但也和其他新興技術相同，擁有虛擬與實際上的問題，例如：P2P的合法應用，智財權的保護及使用者是否使用合法資源等問題，這些問題都是將來眾人必須面對值得深思探討。

FTP檔案傳輸

FTP檔案傳輸

FTP是一群學者們在1985年所提出一種開放的協定，已獲得網際網路世界普遍採用的通訊協定之一，它提供給想要製作檔案傳輸相關應用的電腦軟體設計者們參考，讓大家可以依照這個標準，獨立製作出支持FTP協定的檔案傳輸軟體，又可以確保相互間能夠相容。FTP是一種Client and Server主從式的架構，有FTP Server及FTP Client參與協定的運作；FTP Server就好像是圖書館，裡面放著很多圖書及影音資料（可想像為電腦中的檔案），隨時供讀者來借閱或還書；讀者就像是FTP Client，會到圖書館借閱(想像為FTP中的下載動作)或是把書子還給圖書館（想像為FTP中的上傳動作）。因此，想要提供一個讓別人與自己的電腦透過網路作檔案上、下傳輸服務的人，就要安裝FTP Server的軟體，也就是所謂的FTP伺服器；而想要到別人的FTP Server去抓檔案或是傳檔案給別人的人，就需要安裝FTP Client的軟體，唯有這兩組軟體搭配，才能達成FTP檔案傳輸的功效。

FTP

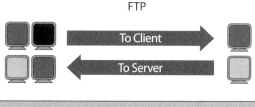

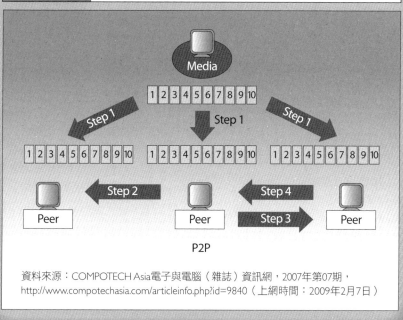

資料來源：COMPOTECH Asia電子與電腦（雜誌）資訊網，2007年第07期，
http://www.compotechasia.com/articleinfo.php?id=9840（上網時間：2009年2月7日）

UNIT **11-4**
P2P檔案分享與散布權

近年來，美國有數起與P2P檔案分享與散布權有關的案件，例如：

（一）Atlantic Recording Corp. v. Brennan

2008年康乃迪克州Atlantic Recording Corp. v. Brennan 案，唱片公司控告個別使用人在網路分享音樂檔案，地區法院認為「散布」必須符合事實上的散布行為，原告指稱被告散布原告所有著作之指控不成立。

（二）Elektra Entm't Group, Inc. v. Barker

紐約州Elektra Entm't Group, Inc. v. Barker 案，原告指控被告於Kazaa（運用P2P的一個軟體）與人分享611個音樂檔案，地區法院駁回原告申請，認為著作權法雖未明文定義散布（Distribution），但有定義「發表」（Publication）指：為公共表演或展示之目的而將複製品分配給一般大眾，被告僅對他人提出要約不構成「散布」，且原告也無法舉證被告符合供他人廣為散布的要件，法院判決原告敗訴。

（三）London-Sire Records, Inc. v. Doe 1

麻薩諸薩州地區法院在London-Sire Records, Inc. v. Doe 1 案，則有不同判決結果，法院最終做出結論，原告已充分證明被告不僅實際從事散布的步驟，也有實際散布的事實，符合美國著作權法第106條第3款的散布行為。

（四）Atlantic Recording Corp. v. Howell

在Atlantic Recording Corp. v. Howell案中，亞利桑那州地區法院也採取和London-Sire Records, Inc. v. Doe 1一案類似的見解，認為「發表」與「散布」並非同義詞，「發表」有散布或向他人要約即將散布的意義，「散布」則包括買賣或其他所有權的移轉。法院認為原告不能證明被告有違法散布的事實，而只能證明被告有散布的意圖，並無破壞原告對其著作的專屬散布權，也未牽涉到著作本身被移轉的情形，由於著作權法並未針對意圖犯有罰責，法院認為若要處以刑責，應訴諸立法政策才能執行。同時，法院也認為原告未釐清直接侵害與間接侵害責任，假如被告僅提供檔案分享的途徑給公眾中的不特定人，則不能被歸責為直接侵害人，只能認為是危害原告重製權的間接侵害人；其次，原告亦無說明KaZaA文件分享系統的構造，使被告擁有直接破壞原告專屬散布權的能力，或只提供第三人侵害原告著作的管道（輔助侵害原告的重製權）；縱使能舉證被告的輔助侵害責任成立，原告還要再證明第三人已取得該著作的複製品，即直接侵害行為已確定發生。最後，法院拒絕原告對被告使用Kazaa軟體上傳未取得授權的音樂檔案，供不特定之大眾下分享之控訴，結果判決原告敗訴。

音樂產業對抗檔案分享

音樂產業發起新一波訴訟案與起訴，以對抗整個歐洲檔案分享，其效力之一是遏止線上海盜行為以及鼓勵使用合法音樂服務。
——大約有2,000個案子在10個國家當中進行，這些數字並沒有包含美國，RIAA囊括大約18,000件官司。如葡萄牙其所販售之實體CD在過去四年內銷售量下滑40%，主要是因為嚴重檔案分享使用所致，尤其是大學生。IFPI法律訴訟並非只針對非法下載音樂個人，也包括「上傳者」，將具有版權之音樂放入檔案分享網路當中。IFPI表示，數位音樂的銷售量在2005年上揚，但不足以補償實體媒體格式，例如：CD持續下滑銷售量約為3%。音樂產業在歐洲發起更大規模的法律訴訟。

http://www.nytimes.com/reuters/technology/tech-media-music-lawsuits.html
最後瀏覽日：2006/4/15

音樂產業的法律行動

音樂產業的法律行動

倫敦2005年4月12日報導，反制網路音樂檔案的最大一波法律行動在針對963個位在歐洲及亞洲11個國家中的個人所發起之新案件。由IFPI代表1450家以上唱片公司整合之新一波訴訟，所影響對象不僅止於Kazza網路（KaZaA, KazaaLite, iMesh），也包括eDonkey、eMule與各個Gnutella服務〔Bearshare、Limewire〕、OpenNap、WinMX及Winny、DirectConnect和BitTorrent等新檔案交換服務業者。IFPI更提出最新證據顯示反制行動已產生效果。德國在2004年音樂檔案下載數量銳減，從前一年6億2百萬減少35%而至3億8千2百萬個檔案。2005年3月德國IFPI委託GFK機構針對10,000人所做調查結果。Kazaa會是最大與最流行之檔案交換服務業者，自從採取包括訴訟和警告反制行動後，其用戶數量減少約45%（從4,200萬至2,300萬經常用戶）。2004年西班牙及瑞典音樂產業皆遭受盜版重創，銷售量分別下跌12.5%及18%，他們以即時通訊方式警告那些正在檔案分享服務網路上非法散布音樂的人。迄今已對美國以外12個國家之利用檔案分享服務的個人發出1,200萬則警告通知。音樂檔案交換者面臨迄今最大規模法律行動，許多人已經付出違法代價。
http://wwwifpi.org.tw/news/音樂交換法律行動新聞稿，最後瀏覽日：2005/4/15。

★音樂產業的新對策

音樂產業對於P2P檔案分享等網路可能的侵權行為，除採法律行動外，也順應消費者使用音樂著作的習慣改採下列新的行銷策略：
①網路數位發行，除可節省實體製作與舖貨等成本，也可經由社群網路行銷，縮短發行時間與廣告成本。
②在Facebook、YouTube等檔案分享網站中提供音樂錄音供民眾試聽，民眾加入會員後，利用單曲點選方式，欣賞自己喜歡的歌曲，按次收取較低的費用，也可以避免只為聽某一首新歌，卻要花很高的代價購買整張專輯。
③與電訊業者合作，將熱門的新曲採罐頭音樂方式，供使用者下載到手機中，可以當來電答鈴音樂，也可以隨身播放欣賞。
④對於餐廳、大賣場等營業之公共場所，以提供全套播放機器設備及授權歌曲方式，讓業者能全年播放使用，並有定時更新歌曲內容之服務，讓消費者隨時可欣賞到悅耳動聽的歌曲，業者也不必擔心著作權的問題。

UNIT **11-5**
P2P著作權爭訟

（一）美國唱片工業協會提出告訴

以P2P檔案分享方式，交換或傳輸未經授權的軟體或他人著作，或將他人著作非法放置在網路中，提供免費下載、上傳或交換、傳輸，這種免費或收費低廉的複製價格，對使用者形成強力的誘因，卻大大侵害創作者的權益，降低創作的動機。國際唱片交流基金會（International Federation of the Phonographic Industry, 簡稱IFPI）公布2008年的音樂市場報告指出，當年度違法下載的音樂檔案約有400億個，盜版率高達95%。而美國唱片工業協會（the Recording Industry Association of America，簡稱RIAA）歷年來對P2P終端使用者提起的數宗訴訟，雖互有勝負，但是判決結果則影響世界其他國P2P相關規範甚大。

（二）我國ezPeer及Kuro案

我國在IFPI所屬會員（財團法人國際唱片業交流基金會）對ezPeer及Kuro二家P2P網路業者展開法律追訴行動，經提起公訴後，台灣士林地方法院先在2005年6月30日判決ezPeer網站之負責人無罪，台北地方法院則在同年9月9日判決Kuro公司之代表人有罪。兩案間或許各有不同的情況，不過都是提供P2P檔案傳輸，供會員利用網路下載、上傳或交換、傳輸，分享音樂或影片，判決卻迥然不同，顯示法院對於P2P的合法性、態樣的多元性，與所涉及侵害著作權之認定，存在許多認知差異。雖然，我國已在2009年修正著作權法增列ISP避風港條款，但相關爭議是否會降低，仍有待觀察。

🙂小博士解說

台灣士林地方法院92年度訴字第728號判決：「ezPeer在網際網路上P2P檔案分享下載的模式，使下載ezPeer軟體之使用者間得不經傳統伺服器主機系統，互相直接分享其個人電腦主機內分享夾內之檔案資料，由於使用者得經由此套機制下載傳輸MP3錄音檔案，無疑地衝擊告訴人原所享有之實體音樂市場，以條件因果理論而言，不能不謂ezPeer機制之行為造成了錄音著作權中重製權、公開傳輸權之損害。但ezPeer負責人確實並未從事著作權上關於擅自重製或公開傳輸他人著作罪之構成要件行為，實際重製或公開傳輸告訴人MP3錄音著作者為ezPeer軟體之使用者，而經過本院以上之檢驗，並認為其無由與上開實際從事著作權侵害之軟體使用者成立共犯關係」。

台灣台北地方法院92年度訴字第2146號判決：「Kuro網站經營長達數年，召募之會員人數眾多，所獲利益甚豐，期間並不斷大量違法重製MP3檔案提供其他會員下載，足認負責人係反覆從事以同種類行為即以重製方法侵害他人之著作權為職業，並恃以維生，自屬常業犯。飛行網股份有限公司之代表人、受僱人因執行業務，共同犯擅自以重製之方法侵害他人之著作財產權為常業之罪。」

音樂、唱片或其他著作授權

商機驚人

美國詞曲創作人、作者、出版商協會（the American Society of Composers, Authors and Publishers）2006年為7億8,550萬美元。

傳播音樂機構（Broadcast Music Incorporated） 2007年為美金8億5,000萬元。

德國GEMA（Gesellschaf für musikalische Aufführungs-und-mechanische Vervielfaltigungsrechte）2006年為12億8,600萬美元。

法國SACEM2006年為11億1,400萬美元。

根據統計光以音樂、唱片或其他著作授權每年產生的利潤十分可觀，世界四大著作權授權團體（copyright collectives或稱 collective management organizations, 簡稱 CMOs）的收益結果。

P2P著作權爭訟結果與影響

P2P著作權爭訟	美國唱片工業協會對P2P終端使用者提起的數宗訴訟。
	我國財團法人國際唱片業交流基金會對ezPeer及Kuro二家P2P網路業者追訴刑事責任。
法院判決結果	在美國互有勝負，更有許多採庭外和解方式解決爭議。
	我國地方法院ezPeer案無罪，Kuro案有罪。
對公部門的影響	由於法院判決存有很大差異，無法解決P2P著作權爭訟，促使世界各國立法部門重視對P2P相關規範的擬訂，如美國電子千禧著作權法與我國2009年修正著作權法增列ISP避風港條款。
對私部門的影響	網路服務提供者提醒其使用者尊重著作權，並願意配合避風港條款及採行通知／取下等措施，避免侵害行為發生，也減低被追究法律責任的風險。
	音樂發行業者以數位方式行銷，加快發行速度，提供試聽、單曲選聽與下載服務，多樣的選擇及使用的單價，迎合消費者的需求。

UNIT 11-6
著作權的間接侵害責任

圖解著作權法

近年來網際網路盛行後,著作權人引用美國著作權法中間接侵害責任的規定,控告軟體設計者及網路服務提供者,以求償因P2P檔案傳輸等侵害著作權的權益損失。間接侵害責任包括輔助侵害責任(contributory liability)及替代侵害責任(vicarious liability),引誘侵害責任(inducement liability)等三種類型:

(一)輔助侵害責任

此項責任的要件是行為人「知情」(knowledge)及參與(participation),即輔助侵害人必須對侵害事實知情且誘使、幫助或參與其侵害活動,該侵害事實造成其他人的損害,且輔助侵害人給予主要侵害人相當協力或鼓勵以進行該當侵害行為,對於受到侵害的企業、組織或個人所遭受的痛苦,輔助侵害人與主侵害人應連帶負責,而當事人參與的情節輕重則會與其責任多寡有關。

(二)替代侵害責任

「經濟上獲利」(financial benefit)是替代責任最重要的要件,也就是說當個人尋求利益係建立在預期必將發生的損失時,通常合理且公平的做法,是將該損失歸於得到利益的他方,以達到平衡。至於監督的權利與能力,則為次要的要件,即對主要侵害人有監督的權利與能力,能避免侵權行為的發生。換句話說,原告必須證明被告符合:
❶主要侵害人造成的直接侵權行為。
❷被告享有因此侵害行為的直接經濟收益(包括營業量或顧客群的增加)。
❸被告有權限與能力監督侵害人的行為等三要件,被告才須負擔替代侵害責任。替代侵權行為責任與輔助侵權行為責任的主要區別在於,並不以被告知情為要件。

(三)引誘侵害責任

引誘侵害責任係由法院在Grokster一案中所確立的一項間接侵害責任,該案經原告提出證據證明:
❶Grokster明知或意圖分散其軟體,使使用者能散布擁有著作權的內容(Grokster擁有的作品高達90%為有著作權)。
❷Grokster確知其使用者乃為下載其他擁有著作權的資訊內容,才會使用其產品(例如在Grokster接收的電子郵件中,多數是詢問有關如何播放有著作權的電影)等情事後,法院認為被告有❸明知並意圖幫助或教唆其使用者從事侵害他人著作權的行為,必須負擔引誘侵害責任。

上述間接侵害責任,我國著作權法並未正式予以條文化,在訴訟實務上,原告仍須依照民法侵權行為或刑法共犯、幫助犯等構成要件,依個案去舉證被告的犯罪事實,法院才能認定是否成立侵害原告的著作權,再依法判決被告所應負擔的法律責任。

著作權的間接侵權責任

著作權的間接侵權責任

- 輔助侵害責任 → 對侵害事實知情且誘使、幫助或參與其侵害活動。

- 替代侵權責任 → 不以知情為要件，但要符合下列三要件：
  ①主要侵害人造成的直接侵權行為。
  ②被告享有因此侵害行為的直接經濟收益（包括營業量或顧客群的增加）。
  ③被告有權限與能力監督侵害人的行為。

- 引誘侵權責任 → ①明知或意圖分散其軟體，使使用者能散布擁有著作權的內容。
  ②確知其使用者乃為下載其他擁有著作權的資訊內容，才會使用其產品。
  ③明知並意圖幫助或教唆其使用者從事侵害他人著作權的行為。

Grokster案著作權的引誘侵害責任

本案法院認定Grokster必須承擔侵權責任，理由如下：

Grokster案著作權的引誘侵害責任

→ 被告嘗試吸收之前Napster的使用者，除了Grokster及Napster名稱相類似，二者提供的內容也有許多類似之處，且被告怠於阻止及限制侵權行為之發生，並從中取利。

→ 法院發現被告未曾嘗試或盡力發展過濾或使用其他工具、技術以終止因運用其軟體而造成的侵權行為，第九巡迴上訴法院未曾考量此點，最高法院則以此更加肯定被告意圖使使用者更易於從事侵權行為。

→ 更多人使用被告之軟體，被告獲取更多廣告收益。本案判決結果在技術革新及資源分配方面並未達到正面助益，因為內部或公共的分享皆會引致侵權行為的產生，因此判決結果，可能導致新發明的事論，然而不論此案判決，網際網路上檔案的分享與時俱增，即使不透過前述系統，僅以電子郵件寄送方式或即時訊息（MSN）即可。

★Grokster及Stream Cast Networks案

本案被告Grokster（使用Fast Track P2P系統）及Stream Cast Networks（使用Grnutella P2P系統）並未使用中央集中管理目錄系統。Grokster運用Fast Track「超級點」（super nodes）進行「目錄」的功能，Grnutella則使用全部分散式的目錄系統。本案被告改良及分配系統軟體，使使用者能更方便使用，法院發現使用人之侵害行為造成直接侵權行為（direct infringement），雖然被告軟體有相當部分為實質非侵害目的之使用，惟大量證據顯示被告的確知情其使用人之侵害使用情形，尤其重要的是被告對「時機」的把握，當獲知大量的侵害情形存在時，被告並未盡力避免及防堵，本案法院並不衡量造成非侵害使用部分之比例，而著眼於被告之「知情」程度，判決被告必須負間接侵害責任。

UNIT **11-7**
未來展望

從著作權人嘗試以科技保護措施規範防止網路濫用藉以避免侵害行為，並發展防盜拷技術運用，藉此防範使用人未取得授權蓄意侵害著作權，破壞TPMs系統進而分配著作的行為，與網路公司單方採取停止服務的舉動，再經由消費者反撲又恢復服務的例子觀察，網路著作權的保護確實是由實務引領政策與立法。依我國現狀及美加經驗，本書認為未來可朝下列方向發展。

(一) 網站、使用人、系統服務提供者之間能架設互相溝通的平台

網路跨國界、跨地域使用的特色，使用人享受免費或低廉的服務時，亦應維護安全與合理的使用秩序與空間，而網站、使用人、系統服務提供者摒棄私益為整體創作環境考量，才能營造使用人、著作權人雙贏的局面。因此，架設互相溝通的平台是刻不容緩的，政府除立法制定各項遊戲規則外，輔導非營利組織以第三部門立場，促進各網路參與者的共識，應該是當務之急。

(二) 簽訂多方契約

網路活動具有跨地域、跨產業、無時間限制的特性，在莫衷一是的自由貿易體系裡，沒有任何一家公司或企業能獨立擁有規範網路活動的核心準則，要使參與整體運作的每一方都能得到滿意的結果，並不容易，如何兼具符合公平性及穩定度，並為各方謀求最大利益。如有一方或各方以追求自身投資的最佳獲益出發，類似Sprint Nextel及Cogent Communications的案例仍會發生。例如，線上影音盛行，雖創造寬頻服務的

平台提供者與有線數據機無限商機，但是網路平台的經濟價值，是由使用者的需求、寬頻服務公司的連線、數據機業者的產銷、程式設計人員的研發、影音內容作者的創作與業者的投資，共同建立形成。當多數人在擔心寬頻服務公司是否有斷線的危機再度發生時，程式設計人員又憂慮平台服務提供者會減少支付酬金、設計費、月租金或其他對價，因而降低設計的誘因，放慢更新程式的速度或以折騰人的迴避策略，平台服務提供者將遭遇程式提供傳送不穩，如此惡性循環下，減損整體表現的品質與商業競爭力。因此，使各方基於互助合作的精神，制定多方契約，建立新的合作模式，也許可以使合作的平台更加圓滿。

(三) 維繫交易秩序與和諧競爭

為使網際網路的運用更活絡、更具彈性，網路著作權管理者可採三階段策略，以解決寬頻提供者與網路樞紐連線業者的爭端與疑義。首先，由政府機構扮演成企業家準則的角色，制定各個公司或企業間遵奉的規定與標竿，同時將通用的用語與準則一致化；其次，透過私人的團體管理方式運作，統籌成共同管理暨管制的集體合作模式；最後，不採用預先規範而採用事後繳納授權金的方式，並以私人管理的形式達成各個企業間的合作。

網路技術日新月異

雲端運算 	雲端運算（Cloud Computing）於2007年10月美國最大的網路搜尋引擎廠商Google，宣佈與IBM共同攜手合作建立藍雲（Blue Cloud）全球資料中心，於美國大學各校園推廣雲端運算的計畫後，就不斷出現在全世界的各大報章媒體上。國際大廠紛紛推動結合雲端運算計畫，雲端運算已經被視為繼Web2.0之後，下一波科技產業的重要商機。雲端運算是一種共享式IT基礎架構，好比是一台龐大的虛擬伺服器，把眾多電腦系統連結成大型資源庫，提供IT服務，由於使用的是「虛擬」資源，因此不受遠端或近端電腦的限制，資訊科技界市調機構Gartner預測，到2012年，《財星雜誌》前1000大企業中，有80%將部分採用雲端運算服務，成為企業資訊應用環境的一環。

雲端運算之內容

雲端運算	內容
成本	超級主機、電腦維修成本、專業人員……等固定費用，若產業越多、領域越多，則分攤成本更多。
收入	廣告費用、企業使用收費。
運用原理	各個專業區域將自成一個領域，網路為「區域網路」接近「論壇」、「BT」、「銀行區域網路」、「駭客」方式。
分區類別	如：書籍領域——亞馬遜書店、博客來 拍賣領域——eBay、奇摩拍賣 電子產品領域——3c、大同、全國電子
危機	某一區域被入侵，則可能會造成主機內部所有資料被完全窺視。
網路著作權侵害	如： 駭客將共同的網際網路「偽裝」成區域網路 ↓ 將一般網頁偽裝為亞馬遜書店的連接網頁 ↓ 包裝為區域網路欺騙超級電腦主機 ↓ 直接入侵至主機內部，則將主機的全部資料竊取 ↓ 當超級主機追尋對方時，僅能找到亞馬遜的跳板網頁

UNIT **11-8**
2013年美國聯邦最高法院Kirtsaeng案

圖解著作權法

（一）Kirtsaeng案背景

本案有關一名泰國留學生（被告Kirtsaeng）在1997年從泰國到美國就讀Cornell大學，隨後又在University of Southern California取得博士學位，他依賴泰國政府的獎學金完成學業，並有回去泰國後執教十年的義務。到美國唸書時，覺得美國的教科書價格昂貴，透過泰國的親朋好友從泰國購買當地相同版本後寄到美國，Kirtsaeng利用泰國當地便宜售價與美國的差價賺取利潤。原告是該教科書的出版商（John Wiley & Sons, Inc.公司），依據美國著作權法規範專屬權，著作權人可以散布重製品，但受到第107條到第122條的種種限制，所有權人可以散布複製品，主張被告侵害其著作專屬權，尤其是「第一次銷售理論」（first sale doctrine）。所有權人對其持有的合法重製物或唱片，不需經過著作權人同意可以將其拋棄或販售，但私自進口在國外製造的重製物，對國內的著作權人造成侵害。

2008年原告提起控訴，一審時紐約南區地方法院判決被告，依每件75,000元的賠償金額，共需賠償原告美金600,000元，「第一次銷售理論」不適用於外國製造的受美國著作權保障的商品。原告（本案上訴人）是專門印製教科書的出版社，從作者們取得外國及國內的著作授權，惟美國國內的著作權人，經常將國外出版、編輯、販售等事項全權委由國外的分支機構處理，在國外的出版品往往載明只限當地銷售。原告就其英文教科書亞洲市場的銷售、印刷、製作，全部授權其外國分公司（Wiley Asia），而在國外販售的這些書籍，在未經過原告同意下不能進口美國，因此，原告控告被告違反專屬權的規定與進口的限制；被告則抗辯其進口的書籍全部都是合法製造，並且符合「第一次銷售理論」，因此，販售行為不須經原告同意。

（二）法院判決

一審時地院認為「第一次銷售理論」不適用於外國製造的貨品，且被告故意侵害原告的著作權，因而，被告應向原告承擔侵害責任，二審法院也認同此理論，對美國著作權法第109條a項條文的解釋是，不適用在外國進口的貨品；第104條規範還沒出版的作品（國內或國外皆可），第一次出版在與美國有互惠約定的180個國家，要加上地域限制徒增條文用語解釋困難度。本案二審時第二巡迴上訴法院判決書中一再探討是否以此斷定「第一次銷售理論」的地域限制。

第九巡迴上訴法院為何對「第一次銷售理論」規定美國境外合法製造但首次在美國販售，並取得著作權人許可的產品，這樣的限制乃是避免國內買家販售如日本進口的電動遊戲或德國製作的影片或中國大陸做的衣服，即使進口商有取得原著作權人的同意，但如原告的出版商，可以在國外印刷並進口到美國販售，但卻禁止學生在校園書局內再出售其二手教科書。然而最高法院在此判決中卻認為被告的抗辯有理由，回溯當時立法過程與背景，國會立法時應該沒有想到地理區域的限制，原告解釋該條文加上地域限制，排除分公司Wiley Asia的書籍販售，被告則解釋該條文不應加上地域限制。從條文文義解釋，本案判決意見採取認為採取非地域限制的解釋。

未來適用疑義

許多著作物是在美國發行，但印刷製作等前製工作都是在其他費用低廉的國家中完成，因此，圖書館館員在計算或散布這些書籍前，必須先取得著作權人的同意，如果某些書本是數十年前的作品，如何取得授權？若書本遺漏製作地點，更無從知悉確切的印製地點！即使知道印製地，聯繫、協調、溝通取得授權等，皆需花費甚鉅。在沒有取得授權前，圖書館館員是否不應該陳列或散布這些在國外被印製的書籍？

灰色市場（gray market）或平行輸入（parallel import）商品

灰色市場（gray market）或平行輸入（parallel import）商品在國際貿易市場上常見，這些都是合法製造的產品，通常灰色市場商品是指同樣商品但分為美國版與非美國版，灰色市場或稱盜版貨（piracy），和黑色市場（black market）不同在於，前者是合法製造的商品但未經過合法授權買賣，後者是未經授權製造的違法商品　；一般而言，非美國版的外型和美國版類似，但往往品質較差，內容也不盡完全相同或使用較便宜、廉價的原料製作，相對地，售價也會較低，著作權人會選擇在不同市場銷售不同的版本，而市場的區隔通常是以地理區域做為劃分標準　，非美國版限定不能在美國銷售，因為美國版本身售價較高，然而，若這樣的限制未被遵守時，貨品就會流向灰色市場。

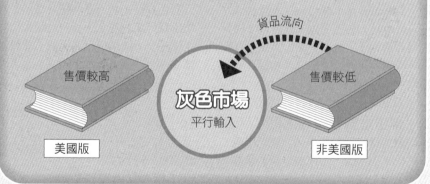

 ★第一次銷售理論

本案對第109條a項條文解讀傾向被告的非地域限制的解釋。美國圖書館協會提供數據顯示，至少有兩億本的書籍在美國國外被印製，多數都是在與美國有著作權互惠協定的國家中，首次出版發行，並因而享受美國著作權法的保障。

UNIT **11-9**
著作權集體管理

圖解著作權法

(一) 著作權集體管理團體條例

「著作權集體管理團體條例」，將「著作權仲介團體」修正為「著作權集體管理團體」。著作權制度在於賦予著作權人，就其著作擁有專屬利用及禁止之權利（exclusive right），藉此權利之賦予，提供著作人繼續創作的誘因。然而，隨網際網路使用「普及」與興盛，已對著作權管理造成嚴重之衝擊與影響；著作利用人數短期內以倍數增長並迅速散布各地，著作權人最初行使之個別管理機制，已無法確保著作權人之權利，如個別著作權人無法分別與各利用人訂定授權契約、收取報酬；又如，怎要求各使用者直接去尋找並協議著作權人取得授權；甚或從著作權侵害角度來看，如何對侵權之人提出損害賠償請求或適當救濟等措施，實務上皆有其困難之處。因此，著作權集體管理的概念與機制（collective management；collective administration）油然而生。簡言之，組成一著作財產權人團體，藉由集體管理方式，替會員管理且爭取著作相關權利之事宜。

(二) 著作權集體管理團體

著作權集體管理團體中，扣除已申請廢止的COLCCMA，管理著作類別無非是音樂著作、錄音著作及音樂視聽著作為主，通通屬音樂領域；礙篇幅有限，僅以會員數及歌曲量最為龐大之MUST為代表。中華音樂著作權仲介協會（Music Copyright Intermediary Society of Chinese Taipei，簡稱MUST），個人會員有音樂詞曲作家、或享有著作財產權之人或繼承人，團體會員則是指擁有音樂著作財產權之出版人或法人；會員皆需與MUST簽定音樂著作權管理契約，「專屬授權」予MUST統一管理，而授權型態區分為概括授權及個別授權二種，主要以演唱會或劇場演出為主；雖訂有使用報酬費率表，但費率及金額得視使用對象及情形不同，經商議後得視使用情形酌減。

(三) 實務運作三大特色

集體管理是指權利管理集中化，利用人僅需與集體管理團體交涉，且依據事先已確定的費率表，支付使用報酬即可；即團體收取使用報酬、分配予著作財產權人，無涉及對利用人之授權行為。實務運作下有其三大特色：❶事前無須得到著作人授權；❷支付適當權利金；❸報酬須回饋給著作財產權人；至於使用報酬率應如何計算，則尊重集管團體與利用人，依市場協商機制，自行公告且訂定。此一機制隱含著，為落實使用者付費的理念，著作財產權人在著作權法上，請求權已減弱成「報酬請求權」。

著作權集體管理團體管理著作資訊

	團體名稱	負責人	著作類別	管理權能	地址 / 電子信箱 / 網站 電話 / 傳真	備註
1	社團法人中華音樂著作權協會（MÜST）	吳楚楚	音樂著作	公開播送權、公開演出權、公開傳輸權	104台北市中山區南京東路2段71號4樓 http://www.must.org.tw 電話：（02）2511-0869 傳真：（02）2511-0759 電子信箱：service@must.org.tw	88.1.20許可 88.5.17法人登記
2	社團法人亞太音樂集體管理協會（ACMA）	李春祥	音樂著作	公開播送權、公開演出權、公開傳輸權	110台北市信義區松德路171號7樓之5 https://www.acma.org.tw/ 電話：（02）2726-0289 傳真：（02）2726-0239 電子信箱：acma.tw.autho@gmail.com	106.9.25許可 106.11.29法人登記
3	社團法人台灣音樂著作權集體管理協會（TMCA）	陳秉麟	音樂著作	公開播送權、公開演出權、公開傳輸權及因公開傳輸之機械技術而發生之重製權	106台北市大安區忠孝東路4段107號5樓之1 http://www.tmca.tw/ 電話：（02）2773-9555 傳真：（02）2740-0606 電子信箱：service@tmca.tw	109.6.4許可 109.7.30法人登記
4	社團法人台灣錄音著作權人協會（ARCO）	張耕宇	錄音著作	公開播送權、公開演出報酬請求權	105台北市松山區八德路4段83號3樓 http://www.arco.org.tw 電話：（02）2718-9517 傳真：（02）2742-0621 電子信箱：info@arco.org.tw	88.1.20許可 88.5.31法人登記 （99.12.24許可併入社團法人中華音樂視聽著作仲介協會）
			視聽著作	公開播送權、公開上映權		
5	社團法人中華有聲出版錄音著作權管理協會（RPAT）	黃銘得	錄音著作	公開播送權、公開演出報酬請求權	111台北市士林區後港街161號9樓2 http://www.rpat.org.tw 電話：（02）2883-1833 傳真：（02）2883-1811 電子信箱：audio.audio@msa.hinet.net	90.10.22許可 91.2.7法人登記

（資料來源：https://topic.tipo.gov.tw/copyright-tw/cp-448-857771-cd560-301.html，拜訪日期：2023年7月22日）

國家圖書館出版品預行編目資料

圖解著作權法／曾勝珍、黃鋒榮 著. -三版.
-臺北市：五南圖書出版股份有限公司，2023.10
　　面；　公分.
　ISBN 978-626-366-525-5（平裝）
　1.CST: 著作權法
588.34　　　　　　　　　　　112013809

1QK4

圖解著作權法

作　者 ― 曾勝珍（279.3）　黃鋒榮（301.9）

發 行 人 ― 楊榮川

總 經 理 ― 楊士清

總 編 輯 ― 楊秀麗

副總編輯 ― 劉靜芬

責任編輯 ― 呂伊真

封面設計 ― 陳亭瑋、P.Design視覺企劃

出 版 者 ― 五南圖書出版股份有限公司

地　　址：106台北市大安區和平東路二段339號4樓

電　　話：(02)2705-5066　傳　　真：(02)2706-6100

網　　址：https://www.wunan.com.tw

電子郵件：wunan@wunan.com.tw

劃撥帳號：01068953

戶　　名：五南圖書出版股份有限公司

法律顧問　林勝安律師

出版日期　2012年3月初版一刷
　　　　　2014年11月二版一刷
　　　　　2016年12月二版二刷
　　　　　2023年10月三版一刷

定　　價　新臺幣350元

經典永恆・名著常在

五十週年的獻禮──經典名著文庫

五南，五十年了，半個世紀，人生旅程的一大半，走過來了。

思索著，邁向百年的未來歷程，能為知識界、文化學術界作些什麼？

在速食文化的生態下，有什麼值得讓人雋永品味的？

歷代經典・當今名著，經過時間的洗禮，千錘百鍊，流傳至今，光芒耀人；

不僅使我們能領悟前人的智慧，同時也增深加廣我們思考的深度與視野。

我們決心投入巨資，有計畫的系統梳選，成立「經典名著文庫」，

希望收入古今中外思想性的、充滿睿智與獨見的經典、名著。

這是一項理想性的、永續性的巨大出版工程。

不在意讀者的眾寡，只考慮它的學術價值，力求完整展現先哲思想的軌跡；

為知識界開啟一片智慧之窗，營造一座百花綻放的世界文明公園，

任君遨遊、取菁吸蜜、嘉惠學子！